近代珍稀史料研究丛书

不列颠图书馆藏近代中英关系珍稀史料研究

王天根◎著

北京师范大学出版集团
BEIJING NORMAL UNIVERSITY PUBLISHING GROUP
安徽大学出版社

图书在版编目(CIP)数据

不列颠图书馆藏近代中英关系珍稀史料研究/王天根著. —合肥:安徽大学出版社，2019.8(2024.3 重印)

(近代珍稀史料研究丛书)

ISBN 978-7-5664-1755-8

Ⅰ. ①不… Ⅱ. ①王… Ⅲ. ①中英关系—国际关系史—史料—清后期 Ⅳ. ①D829.561

中国版本图书馆 CIP 数据核字(2019)第 025037 号

不列颠图书馆藏近代中英关系珍稀史料研究

Buliedian Tushuguan Cang Jindai Zhongying Guanxi Zhenxi Shiliao Yanjiu　　**王天根** 著

出版发行: 北京师范大学出版集团
安 徽 大 学 出 版 社
(安徽省合肥市肥西路 3 号 邮编 230039)
www.bnupg.com
www.ahupress.com.cn

印　　刷: 合肥图腾数字快印有限公司
经　　销: 全国新华书店
开　　本: 710 mm×1010 mm　1/16
印　　张: 15.5
字　　数: 239 千字
版　　次: 2019 年 8 月第 1 版
印　　次: 2024 年 3 月第 2 次印刷
定　　价: 60.00 元

ISBN 978-7-5664-1755-8

策划编辑: 李加凯
责任编辑: 李加凯
责任校对: 龚婧瑶
装帧设计: 张　浩　李　军
美术编辑: 李　军
责任印制: 陈　如　孟献辉

本书系王天根主持的国家社会科学基金重大项目“不列颠图书馆藏中国近代珍稀文献辑录、校勘并考释”(15ZDB038)、全国高等院校古籍整理项目(1206)、教育部人文社会科学重点研究基地重大项目(13BXW011)、第六批安徽省学术和技术带头人人才项目、2018年安徽省学术和技术带头人及后备人选科研活动资助项目以及安徽省皖江学者特聘教授人才项目(2017年度)成果的重要组成部分。本书亦为王天根主持的安徽省学术和技术带头人培育资助项目(J05201419)成果的一部分。

目　录

MULU

导论：不列颠图书馆藏中国近代文献的珍稀性及其历史书写……………… 1

上　编

传播视阈下不列颠图书馆藏中国近代珍稀文献及其解读 ………………… 3

道光年间台湾问题中英交涉与外交折冲

——以新发现《来往文书》《台湾奏折上谕》为中心的考察…………… 12

近代经济新闻价值取向及其政治语境解读

——以第一份商业性中文报纸《香港船头货价纸》为中心…………… 42

火烧圆明园时外交照会及礼单原件等稀见史料考释

——兼论恭亲王奕䜣与清季政治舞台…………………………………… 62

大数据时代的珍稀史料考释及史学价值所在

——不列颠图书馆藏“发信件簿”数据化处理及其反映的清帝国通讯之侧影…………………………………………………………………………… 89

下　编

香港船头货价纸(汇编) ……………………………………………… 111

发信件簿 ……………………………………………………………… 169

来往文书 ……………………………………………………………… 205

后　记 ………………………………………………………………… 222

导论：
不列颠图书馆藏中国近代文献的珍稀性及其历史书写

文献是史学研究的基础。文献探讨不仅仅涉及内容分析，文献的形态及其传播显然也是学界关注的重点。就历史与现实关系而言，当下媒介化语境中的文献传播有全球化学术探索中的时代性，近代中国流转到海外的文献的珍稀性及其历史书写尤其值得重视。

不列颠图书馆为世界级图书馆，因珍藏世界各地珍稀文献而闻名于世，其亚非中心稿本部、地图稿本中心等单位收藏了大量中国文献，尤以中国近代诸多原始文献、档案或手稿本为代表，这些文献多属未刊史料，以手稿本及盖有关防的原始文件为主，具有不可复制性。据该馆相关说明：文献涉及的时间多为中英鸦片战争前后，图书馆的藏书除了一小部分来源于 The Sloane，Harleian，Old Royal 以及 Iansdowne 的遗产外，主体部分源自 1825 年东印度 Sigaur 的 Fowler Hull 先生对博物馆的遗赠，特别是女王赠稿及马儒瀚（第一次鸦片战争前后英方的中文秘书）等专门搜集的中文情报，1843 年，女王陛下赠送了一大批在 1842 年对中战争中获得的书籍，1847 年，马儒瀚的 15000 卷中国藏书被英国政府买下并赠予博物馆。这些重要文献尤以 1846 年英国国防部捐赠对华文件等为代表，关于鸦片战争的主要文件是 1846 年国务大臣交付给大英图书馆的。这些文件涉及香港总督璞鼎查（Sir Henry Portinger，1789－1856）及其中文秘书马儒瀚。马儒瀚即晚清著名传教士马礼逊的儿子小马礼逊(Morrison),病后遗嘱将诸多军事情报和所藏中外关系类的材料交不列颠博物馆所附图书馆收藏。其中包含的手稿本等诸多原始文件属稀见文献且数量可观。八国联军侵华期间,英国再从军机处等获大批文件并收藏于该馆,具有重大的史学价值。总体而言,不列颠图书馆藏中国近代相关的珍稀文献精品众多,诸如圣旨原件、饰有金粉的满文书籍,以及各种成卷宗的公文原件,还有外交照会及精英人物精美的往来书信原件,等等。

不列颠图书馆藏此类中国近代珍稀资料颇有重要的文献价值。20 世纪 20 年代以来,国人有代表性地从不列颠博物馆及所附图书馆大规模搜访珍稀资料共有三次:

第一次是刘半农、萧一山。1926 年,刘半农将 6 年前在不列颠博物院辑录的文献编成《太平天国有趣文件十六种》,交北新书局出版。1932 年,萧一山在不列颠博物院获见大量太平天国文献,后编成《太平天国丛书(第一集)》10 册,1936 年由商务印书馆影印出版。这些第一手珍稀资料后成为太平天国史研究的重要基石。第二次是向达。向达出国的重要目的就是到英伦考察斯坦因从西域抢走的敦煌卷子。1936 年 9 月向达到不列颠博物馆,因受到管理者 Dr. Lionel Giles(翟里斯)的阻拦,所览敦煌卷宗有限。他所获晚清乃至近代的珍稀文献甚少,参见近代史料丛刊《鸦片战争》可知。第三次是王庆成。1984 年王庆成在不列颠图书馆工作近 7 周,抄录了大量的太平天国及晚清商贸往来等方面的资料,后编撰成《稀见清世史料并考释》,武汉出版社 1998 年 7 月第 1 版,在海内外有一定的反响。

最近一次就是笔者在不列颠图书馆访获大批稀见近代文献。笔者素来强调新史料的多方发掘与利用,到英国后,首先就到不列颠图书馆搜访新史料,并有重大收获。笔者在不列颠图书馆等地搜访了大批珍稀文献,回国后进行多方实地考察并结合历史文献加以考释。此次涉及对不列颠图书馆亚非中心稿本部有关中国近代文献的系统整理和考释价值及意义分析。

一、不列颠图书馆藏中国近代珍稀文献辑录、考释的空间

2011 年至 2012 年,笔者在不列颠图书馆工作 1200 多个小时,共调阅卷宗 240 多个。鉴于历史等原因,这些文献往往具有珍稀文物的价值,特别是

部分盖有清帝国御玺的文件及一些清代名流的书法作品手迹等,更有部分稿本插图属于铂金制品。这些文献毕竟是历史记录品,考析其内容尤能彰显其历史意义。对于史学工作者而言,其史料价值尤著。从笔者调阅的情况看,对不列颠图书馆藏中国近代珍稀文献的系统整理仍有巨大的开拓空间:

其一,在公开提供阅览的卷宗中,刘半农、萧一山、向达等先贤约公布了一半,尚有近一半未曾公布。珍稀文献卷宗以手稿本为主体,稿本是能够入藏稿本部的基本门槛。其中,部分稿本因经过刘半农、萧一山、向达等先贤公布,为避免重复,笔者多未调阅。凡经他人抄录与公布过的资料,亦基本略而不阅。但笔者也调阅了部分太平天国文书方面的资料,如幼主诏旨,该稿本末尾为"覃天燕领拉炮绳一条"。再如发现短诗,从行文上看,可能作于太平天国运动时期,诗中尚有"日月洪"等字样。这些资料虽为重要资料,但绝大多数的太平天国文书已被前贤刘半农、王庆成等抄录回国,若选一二卷宗,资料解读及研究难免有些孤立,笔者选择放弃。

其二,笔者利用有限的时间对未曾公布的卷宗进行选择性调阅,查阅了240多个卷宗。除了公开的卷宗及笔者调阅的240多个卷宗,余下卷宗的情况如下:《大清穆宗皇帝实录》,虽为稿本,但短时间内难以取舍,故未调阅;还有一些皇帝实录稿本,查阅部分,发现并无太大学术价值,遂退还;还有相当数量的满文文献,笔者在有限的时间内无法完全释读,故未调;也有极少为中文、满文对照文献,如时佥等,无史学价值,放弃;有些属于书法、绘画稿本,笔者初调了少量欣赏,多未调;还有戏剧手稿及节目单、歌谱稿本等,不涉及近代社会国计民生,笔者无暇顾及;另有《易经》注解方面手稿、1900年佛教稿本真迹等,亦皆略去;有些文件如浙江关日征环簿、福佐领下兵丁等清册等,涉及的事件过细,故未辑录。综上,笔者在2011年至2012年阅读了90%以上未被公开的稿本资料。

其三,笔者经过筛选而辑录的史料为罕见文献,大多保存至今而未为世人所获见,属于珍稀资料。遍查《筹办夷务始末》《中国近代史料丛刊:鸦片战争》(六册)、《鸦片战争档案史料》等资料汇编,均未见这些资料。查近现代一些史料性刊物如《历史档案》《北京档案》等,也未见。检阅近人诸如茅海建的《天朝的崩溃》、高鸿志的《中国近代中英关系史》等论著,研究近代中国对外关系史的王建朗、郭卫东、李育民、吴义雄等的论著，也未见这些材料的使用。再比照第一历史档案馆对《鸦片战争档案史料》所作的编辑说明："本馆所藏有关鸦片战争的清代档案也并非完整无缺。这批档案在清末民初就有所损佚，到全国解放前夕，其中有一部分又被国民党政府带去台湾省，现藏在台北市故宫博物院文献处。所以本馆在编选本书时，虽然在原则上是以馆藏为主，但对于少数几件极为重要之件，由于馆藏缺佚，只好从其他资料内选补。"[①]未见提及战争一方英国收集的作为中文情报的珍稀资料。实际上，这些关涉中国社会结构方方面面的情报或文献，反映了中国历史、地理等多个层面，也反映了英国对中国时间、空间的认知，信息丰富。有论者曾质疑中英南京谈判中耆英与英方代表璞鼎查的部分复照的真实性[②]，主要是因为国内始终没有见到，而这些资料恰恰完好无损地藏在不列颠图书馆。可见，笔者发现的这些关于中方政治、军事、外交、经济、文化等文献属于未刊珍稀史料，沉睡多年。借助于这些资料，可揭开鸦片战争、八国联军侵华等历史事件中的谜案，如鸦片战争中耆英与善后条约的关联，中英谈判中中方在天津突然扣留英方人员、英方的反应及其后果等。这些资料的公布对填补某些历史空白及揭开重要的历史谜案显然有非常重要的意义。

二、不列颠图书馆藏中国文献的珍稀性及意义

笔者在伦敦访学期间从不列颠图书馆访获并辑录诸多近代珍稀文献，这些文献有中英关系的外交照会(涉及中英关于台湾问题的交涉、第二次鸦片战争期间英方对中国扣押巴夏礼等的反击)、上谕、知县与军机处来往的书信(包括信函数量和时间)，等等。内容涵盖道光二十年至二十三年(1840—1843)中国的政治、经济、外交、军事、宗教等方面。英国凭借这些文献获得对中国整体性的认知，部分材料系影响两次鸦片战争结果的重要情报。笔者所访获的文献还包括八国联军侵华期间英军从紫禁城的军机处等处获得的大批文件或奏折等稿本。公布以鸦片战争、八国联军为主体，涵括其他，涉及整个近代国家与社会的这批珍稀史料，并加以考释，显然有其学术价值与现实

---

① 《鸦片战争档案史料·编辑说明》，天津：天津古籍出版社，1992年，第4页。

② 李光和：《鸦片战争前后耆英对禁烟的态度》，载《南方都市报》，2011-05-11。

意义:

其一,有利于鸦片战争史研究的深入,特别是有利于重建鸦片战争历史场景。从目前看来,这些资料中有相当数量的材料为马儒瀚等通过贿赂等手段得来,且对英国赢得鸦片战争的胜利发挥了重要作用。从中英外交关系考察 1842 年中英南京条约签订的历史细节及重建英方修改条约等历史场景,离开这些字句斟酌的条约初稿及其修订手迹(诸如《善后条约》修改稿),很难说我们就理解了当时签订卖国条约的初衷,以及中方、英方在外交上各自言说的重点。因属于珍稀史料,校读与考释文献内容十分关键。部分史料涉及中英关系等,需要中英文比照,如《恭亲王照会及礼单》,系火烧圆明园时恭亲王奕䜣的外交照会及礼单原件(menu of repast sent by prince Kung to Sir Hope Grant.),有信函包装,上书"庚申九月十五日"。信封为白皮,宽 3 寸,长约 7 寸,正中竖行,墨书"咸丰拾年玖月初六日",红色关防盖在"拾年玖月初六"字样上。信封背面右上竖书"大清钦差大臣和硕恭亲王　公文赍至",左上竖书"大英钦命陆路(字有缺损)大将军克　当台开拆(字有缺损)"。中有关防红印两处,上下各一。两个关防印之间有英文草书:"Prince □□□□□(字迹潦草,当为 Kung,见下文)Letter to me"。"Letter to me"亦可见此系格兰特将军笔迹的照会原件。礼单为宽 9 厘米、长约 38 厘米的函件:外层包装,包装左边题有:庚申九月十五日。内页有洋红纸两张,第一张墨书:恭亲王(字号甚大,长宽约各 5 厘米)和 Presented by Colnel(字迹潦草,可能是 Coloel,即陆军将领中"上校") it　Knollqol(字迹不清,疑为 Sir Hope Grant.)。这两件文档尚写有"December 10, 1904."。字迹潦草,为不列颠图书馆收藏时登录在案的时间。可见,校勘与考释不局限文本内部,还要弄清楚材料的来龙去脉。这些情报直接关联着战争的胜负。英国从这些情报中当可获知当时清帝国军事乃至日常官场运作的规则,显然有助于军事侵华、外交谈判及签订条约。这些稀见近代文献呈现了鸦片战争史上前所未知的重要事实,文献考释有助于我们对鸦片战争前后的中央与地方的关系、军事、外交等方面增加新的了解。

其二,有利于推进对义和团运动与八国联军侵华的研究。英军及英国传教士在八国联军侵华期间也从紫禁城获取了大批文件,此从《筹办夷务始末》

中公布中英双方交涉文献及近来有关《圆明园劫难记忆译丛·圆明园丛书》等可见。不列颠图书馆珍藏这些材料反映其时中央与地方的政治联系等，材料涉及清廷的机构及其功能等诸多方面。材料虽不全面、完整，但有助于了解清廷最终没有被联军推翻的原因。此前虽有诸多学理阐释，但文献资料的缺失始终是缺憾，而保存在不列颠图书馆的中央与地方书信往来登记册（为八国联军侵华期间英军从紫禁城军机处抢得），虽在时间断限上有局限，但足以为探讨清廷中央与地方通讯联络填补一大空白，或能影响、修正我们对义和团运动期间清政权安危的一些成见。

笔者2011年在不列颠图书馆查阅资料期间，曾发现一份未刊珍稀史料，“50 folia（叶）May 1908（g. g.）”。古文献中每“叶”相当于现代的2页。据不列颠图书馆中文部主任葛瀚介绍，g. g. 为图书馆员。该文件系毛笔书写，原件。最后一叶有说明：“Register of Deapolished from the emperors 人名（英语字迹潦草，表达及书写随意，疑为光绪），Red Palace Peking，1900.”可见，此为八国联军侵华期间英军从紫禁城中掠夺而来。该文件封面为红纸墨迹书“发信件簿”，并署时间“光绪二十五年八月 日”，这是义和团运动迅速发展时期。这份“发信件簿”记录了清廷向各地方政府发信的时间、频率、区域等。这一中央与地方政府的发信细节可谓内容丰富，信息量大。一册在手，对了解大清帝国“此时此刻”的行政、军政乃至教育等方面的任职情况极有帮助。基于对该文献的计量分析，一方面可见清帝国金字塔形权力结构与上传下达之通讯的关联，尤其是义和团运动及八国联军侵华前后，清帝国中央发往地方的信函频率及其时间段等呈现的特点，可知清帝国面对危机时交流信息的缓急程度；另一方面，对该文献的考释也可从侧面窥见清帝国通讯系统地理空间分布之一斑。

其三，整理史料及重建历史对拓展中外关系、内地及华侨等专题史研究有所助益，特别是对教育在外交中的作用有更加清晰的认识。

解读不列颠图书馆藏的这些史料需要清理文本，弄清这些手稿等文件的来龙去脉，特别是其流传的过程。这些史料往往涉及第一次鸦片战争前后的军事核心内容。如《来往文书》涉及第一次鸦片战争前后中英关于台湾问题的交涉。此外交照会级别很高，为笔者的重要发现。从照会来看，英国明明派兵侵略台湾,却借口英国船民在台湾遇到台风有难,台湾守军似趁火打劫而发难,照会时间系"道光二十二年十一月十三日"至"道光二十三年四月十三日"。其中第一函实际时间为道光二十二年十一月二十七日,与起始时间"道光二十二年十一月十三日"显系错乱。查向达辑录的《伦敦英博物馆所藏鸦片战争史料(选录)》,仅选录第一函并命名"伊里布致璞鼎查照会",也即向达只抄第一函照会。而全部照会有近50封,为何他没有继续抄录下去?比照《中国近代史资料丛刊·鸦片战争(四)》(上海人民出版社、上海书店出版社,2000年,第287~288页)向达抄的后续内容,笔者恍然大悟。他接下来抄的是耆英致璞鼎查函(一)(二)(三)(四),并注明了出处,笔者也曾调阅这些资料。第一函注有:信封书"璞大人台启"内信三纸附Robert Thom译文。可见,他发现了耆英致璞鼎查原件的译文。此比《来往文书》中收录的信函,更有吸引力。第一函抄结束后,向达注有:(满文签字)据R. Thom译本,九月初四日为西历十月二十六日,此信于一八四三年十一月五日"阴历九月十四日"收到。第二函抄结束后,向达注:(满文签字)罗伯丹注,无月日,似写于一八三四年九月一日早晨。原作英文,译出如上(一八三四年疑为向达弄错?似为一八四三年,待考)。而关于台湾的交涉,璞鼎查显然是全权代表。总体而言,向达关注的重点是敦煌卷子,当然他后来也抄录了一些太平天国及中国西北史地方面的资料,而鸦片战争史料只是其业余收获而已。实际上,笔者查获的《来往文书》多为稀见资料,涉及《南京条约》之后的中英关系及台湾问题。近代台湾问题较为复杂,英、日先后都有侵略台湾之举动。英、日皆属于岛国,英国在大西洋的东海岸,属于欧洲乃至世界海上军事强国;日本在西太平洋,也属于亚洲海上军事强国。两者都瞄准了台湾岛屿的军事战略位置。英国在印度通过东印度公司在亚洲站稳脚跟以后,试图在中国东南沿海通过军事占领等手段找到码头乃至领地,以便可以停泊通商的船只并"自主"装卸货物。英国一度试图通过葡萄牙占据的澳门与华南商业据点广州通商贸易,但遭拒绝。英方还试图占领台湾,这样就有利于将台湾变成应对中国大陆的军事据点。解读这些文书照会对把握中英围绕台湾问题所展开的博弈及后来战争的逆转等历史节点,显然有重要意义。

还有部分史料涉及东南亚国家及其领海的管理,对我们认识包括钓鱼岛在内的海疆管理可能有帮助。

其四，有利于对历史节点的准确定位。笔者在不列颠图书馆发现大量关于近代中国军事、行政、教育、经济等方面的文献，相关材料不见于英国国家档案馆及中国国内已公布的材料，多属于未刊珍稀史料。考释文献、解读历史是后续研究的主要工作。可以说，不列颠图书馆中这些以稿本、原始文件为主体的珍稀材料非常清晰地呈现了清帝国从社会到政治的方方面面的片段，具体入微。如笔者发现的书简及日记原件等涉及各省与皇权之间的行政关联；再如官员们的往来文书等，既呈现了职业官人作为读书人或知识分子的文人情趣，又反映了当时官场相互关照的潜规则，等等。而鸦片战争爆发后中国的道统、政统遭遇前所未有的冲击，既包括天朝大国的皇权、封疆大吏、军方及文官的制度等旧有利益分割的秩序遭遇困境，又涉及丧失国土权益，以及英帝国的世界殖民版图目标及其对华战争等。在研究路径上力求将新材料与新方法结合，并在中英关系的框架分析上有所创获。这些文献，很多属于情报的性质，涉及中国的军事、历史、地理等多个层面，也涉及英国对中国时间、空间的认知，信息丰富。如王庆成在不列颠图书馆发现《请饬英商须先报关并将滞畅各货搭配交易禀》中有“内地正常字号与英商交易者，必须将英商船上所带各货，分别孰为通货易销、孰为滞货难销，配搭均匀，然后以货易货，使内外各商两不吃亏，以期生理畅旺，国课充盈”[①]之语。相关引文解读从笔者在不列颠图书馆发掘的其他资料可证。就销售的地理空间而言，此段引文还有平衡市场的意思。问题是这方面研究需更多发掘相关联的文献并作实证探索。

就鸦片战争时期中英关系的军事外交史料而言，军事外交方面的照会就有百件之多，集中于 1840 年至 1843 年，这一时段恰是《南京条约》签订前后，也是中国社会性质发生转变的关键时期。缺乏这些史料，很难说对中国近代史开端的历史细节已经了解清楚。整理、考辨、解读这些未刊珍稀资料，有利于我们重新审视中国近代史的开端。

综上所述，对这些珍稀文献的辑录、校勘与考释，对我们明了中国传统农

---

① 王庆成编著:《稀见清世史料并考释》，武汉:武汉出版社，1998 年，第 34 页。

耕文明向工业化的市场转向的历程，把握中国走出中世纪这一关键性历史节点，颇有意义；对促进清史（包括清王朝作为帝制的终结及西方人视野中清帝国的“他者形象”等）和整个中国近代史等诸多领域的深入研究有重要意义。

上　编

传播视阈下不列颠图书馆藏中国近代珍稀文献及其解读

过去学界对有关文献的探索多集中在内容分析上，对文献传播、文献与社会网络互动关系角度的分析有待推进。从传播层面解读文献并由此重思历史文献学，国内研究早有涉及，如梁启超 1921 年在天津南开大学的讲演稿，先在《改造》上摘要刊发，后成专著《中国历史研究法》。1926 年 10 月至次年 5 月，梁启超在清华学校有后续专题讲义，后命名为《中国历史研究法补编》，其中涉及文献及其研究。梁著为漆侠所称道，"这本书尽管已经落后于时代，但还没有一部书能够代替它"，这是"中国第一部研究历史研究方法的著作"。[①] 漆侠《历史研究法》第四讲涉及"论史料"专题。白寿彝《史学遗产六讲》以"答客问"的形式论及历史文献学（两讲），他认为对历史文献的整理与研究工作很早就有了，但"如果作为一个学科体系来要求，现在还正在建设中"；"历史文献"指的是有重要历史意义的书面材料，而"历史文献学"是指关于历史文献的专业知识和研究历史文献的方法；"历史文献学所关心的，是书写工具的发展、保管和传播的发展、著录和考订的发展等"。[②] 而涉及中国近代文献考释的著述，则有如中国社会科学院近代史研究所罗尔纲、王庆成等的考证文献，扬州大学祁龙威的《考证学集林》等。国外著述也有论及文献

① 漆侠：《历史研究法》，保定：河北大学出版社，2003 年，第 3 页。

② 白寿彝：《史学遗产六讲》，北京：北京出版社，2004 年，第 60、65、129 页。

的,如刘北城等译《历史学家的思想和方法》等,多与史学方法论相关。总体而言,从传播层面探讨文献及其社会关联有其新意,但国内目前做得不够。

文献与文献传播属不同的逻辑范畴。文献在过去一般被视作史料,而史料的内容关联人事的变迁,由此而论,文献本身亦具传媒特征。近世文献传播常与博物馆的陈列空间密切关联,展览的位置往往影响展览者对文献价值重要性的解读。博物馆意义上的文物乃至文献,承载着历史。包括文物在内的文献传播反映了一代代的文化传承,也反映了一代人与另一代人的文化隔膜或对文化的不同理解,由此产生文化意义上的隔空对话。

文献与文物收藏意义上的分离,特别是不列颠博物馆与图书馆分离,涉及国人对清代文物与文献的界定及解读。

一、清人考察笔记中有关中华珍稀文献在不列颠博物馆的时空展示

文献本身价值的确立往往属于史学工作者的探索范畴。史学工作者解读文献并阐发其意义,与文博部门将珍稀文献放在展览馆并有意识地设置位置的重要性次序,从而产生社会影响,两者的用意显然不同。两种路向上的解读所产生的历史意义与当下意义有同,也可能有异。同一份文献放在不列颠图书馆专门供读者借阅,与放在不列颠博物馆里陈列,其意义及产生的效果判然有别。

创办于1753年的不列颠博物馆藏有大量中文书籍及稿本,尤以清世为代表。1843年始,不列颠博物馆聘语言学家 Auguste Prevost 给中文书籍编目,他一直工作到1858年去世。① 据 *The British Library Journal*(《不列颠图书馆杂志》)刊发 Yu-Ying Brown 的 Sir Robert Kennaway Douglas and His Contemporaries 提及,"Sir Robert Kennaway Douglas(1838-1939) was

① 吴芳思:《不列颠图书馆藏殿本书简介》,见故宫博物院编:《第一届清宫典籍国际研讨会论文集》,北京:故宫出版社,2014年,第24页。

the first Keeper of the British Museum's new Deparment of Oriential Printed Books and Manuscipts when it was created in 1892". Yu-Ying Brown: Sir Robert Kennaway Douglas and His Contemporaries (seeing *The British Library Journal*, Volume 24 Numberl, Spring 1998)。即1892年东方稿本部成立，罗伯特·科罗维·道格拉斯为第一任主管。

有关中华文献在不列颠博物馆的展示，清人考察英伦的笔记中有记载。1867年，王韬跟随理雅各在欧洲长达两年，他对英国社会作了细致考察，包括不列颠博物馆。其《漫游随录》有"博物大院"专题："午后，理君雅各至，同游博物院。院建于一千七百五十三年，其地袤广数百亩…… 院中藏书最富，所有五大洲舆图、古今历代书籍，不下五十二万部。其地堂室相连，重阁叠架，自巅至址，节节度书，锦帙牙签，鳞次栉比。各国皆按槅架分列，不紊分毫。其司华书者为德格乐，能操华言，曾旅天津五年。其前为广堂，排列几椅，可坐数百人。几上笔墨俱备，四面环以铁阑。男女观书者，日有百数十人，晨入暮归，书任检读，惟不令携去。"[①]王韬介绍了博物馆中图书收藏及其阅览情况和博物馆文物收藏情况等。王韬对不列颠博物馆空间结构及其陈列功能作了刻画，对不列颠博物馆的定位及其社会影响也有高度评价："此院各国皆有。英之为此，非徒令人炫奇好异、悦目怡情也……今博采旁搜，综括万汇，悉备一庐，于礼拜一、三、五日启门，纵令士庶往观，所以佐读书之不逮而广其识也，用意不亦深哉！"[②]

王韬有关不列颠博物馆的撰著具有原创性，后来者摹写不列颠博物馆多参考甚至改写王著。郭嵩焘为近代中国首任外交使节。郭嵩焘1856年游沪时，曾从王韬处获得西方传教士办的刊物《遐迩贯珍》(参见其1856年3月15日日记)。1876年，因马嘉理案，郭嵩焘作为钦差大臣出使英伦并于次年1月21日抵达伦敦。与郭同行副手为刘锡鸿，翻译有张德彝等。1877年3月，郭等参观不列颠博物馆："初九日，克罗斯约游布利来斯妙西阿姆书馆。克罗

① 王韬：《漫游随录》，"走向世界丛书"，长沙：岳麓书社，1985年，第101～102页。

② 王韬：《漫游随录》，"走向世界丛书"，长沙：岳麓书社，1985年，第103页。

斯以事不至，遣其侍郎珥白尊、幕府密斯弗得照料。陪游者白尔叱、德罗巴斯。”①郭嵩焘将 British Museum 定义为“书馆”，首先述及该馆藏书处及其阅览情况，称：“其书馆藏书数十万册，皆分贮之。古书有在罗马先者，有刻本，有写本，分别各贮一屋。其余书藏，列屋藏庋。有专论乐器者，有专为藏书目录者。其藏书目录，或新收入，或移置他处，辄改记，亦十余人司之。最后一圆屋，四围藏书六万卷。中高为圆座，司事者处其中。两旁为巨案曲抱，凡三。外皆设长横案，约可容千余人。每日来此观书者六七百人。四围藏书分三层，下一层皆常用之书，听人自往取观；上二层则开具一条授司事者，司事者书其所取书于牌，分别门类，各向所掌取之。”②郭嵩焘记载文物乃至文献收藏室、藏书空间结构，也涉及馆员、读者及借阅规章。郭嵩焘谈及的不列颠博物馆不仅提供游览，且有助研究，“其地礼拜二、礼拜四两日禁止游人，余日纵民人入观，以资其考览。博文稽古之士，亦可于所藏各古器，考知其年代远近，与其物流传本末，以知其所出之地”，而“所藏遍及四大部洲，巨石古铜，不惮数万里致之。魄力之大，亦实他国所不能及也”。不列颠博物馆收藏魄力之大，涉及雄厚的资金支持，“德克伦斯云：每年开支金洋十万磅，供此馆之用。盖收买各种古器，至今亦尚未已也”。③

刘锡鸿亦撰有日记，涉及不列颠博物馆（即“播犁地士母席庵”），称：“余在京师，即闻英伦有播犁地士母席庵者，大书院也，各国之书毕备，到此后急欲一往观之。初八日，家部遣其帮办谢温伊伯尊、记室蔑德佛尔特为导，威妥玛、禧在明、优雅芝暨其国所谓名儒阿温者均从焉。”④作为正、副使节，两者当为同一天由英方相关人员陪同参观，从人名音译也可见。刘锡鸿日记与郭嵩焘日记记载的空间视角相似，首写整体结构，次谈藏书。他称不列颠博物馆“地广数百亩，结构数百楹，中央堂室连延，重阁叠架，自颠至趾，层层庋书，

① 郭嵩焘：《伦敦与巴黎日记》，“走向世界丛书”，长沙：岳麓书社，1985 年，第 136 页。
② 郭嵩焘：《伦敦与巴黎日记》，“走向世界丛书”，长沙：岳麓书社，1985 年，第 136～137 页。
③ 郭嵩焘：《伦敦与巴黎日记》，“走向世界丛书”，长沙：岳麓书社，1985 年，第 140 页。
④ 刘锡鸿：《英轺私记》，“走向世界丛书”，长沙：岳麓书社，1985 年，第 111～112 页。

金题锦褫，各有鳞次。其陈诸案者，书与图并……后一堂，男女观书者三百余人。早入暮归，堂内之书任其检读，但不令携去”。[①] 在涉及中英文化对比时，刘锡鸿尊华贬英，称：“惟我朝四库，搜罗皆有关学问政治之要，至精至粹，足式万邦。今英人自矜其藏书八十万卷，目录亦六千卷之多，然观其所赠数册，闺阁之绣谱、店窑之图记，得诸中华者，且纂集以成一编。则其琳琅满目，得毋有择焉而不精者乎？是当有以进之。”[②]他对博物馆的藏书由衷称道：“夫英之为此，非徒夸其富有也……今博采旁搜，综万汇而悉备之一庐。每礼拜一、三、五等日，放门纵令百姓男女往观，所以佐读书之不逮而广其识也。英人之多方求洗荒陋如此。每年经费十三万金钱。所藏有中国经史诸载籍，云是善板。典之者为德葛兰士，能华语亦习华文。”[③]后来，刘再赴不列颠博物馆考察，称：“五月初一日，再到播犁地士母席庵，观其所蓄中国书也……其书之最要者，则有《十三经注疏》、《七经》、《钦定皇清经解》、《二十四史》、《通鉴纲目》、《康雍上谕》、《大清会典》、《大清律例》、《中枢政考》、《六部则例》、《康熙字典》、《朱子全书》、《性理大全》、杜佑《通典》、《续通典》、《通志》、《通考》、《佩文韵府》、《渊鉴类函》、殿版之四书五经、《西清古鉴》等类。其余如群儒诸子、道释杂教、各省府州县之志、地舆疆域之纪、兵法律例之编、示谕册帖尺牍之式、古今诗赋文艺之刻、经策之学、琴棋图画之谱、方技百家、词曲小说，无不各备一种。至于粤逆伪诏伪示，亦珍藏焉。不能区别，各自为类，而错杂庋阁之。”[④]由“不能区别，各自为类，而错杂庋阁之”可见，不列颠博物馆所藏的图书分类尚有待改进。比照笔者后来从不列颠图书馆得到的诸多珍稀文献可知，“粤逆伪诏伪示”系太平天国诸多谕旨等文献。“兵法律例之编、示谕册帖尺牍之式”多为稿本原件。

郭嵩焘的随行张德彝有出使英国经历，1868 年 10 月 3 日的 *The*

---

① 刘锡鸿：《英轺私记》，“走向世界丛书”，长沙：岳麓书社，1985 年，第 112 页。

② 刘锡鸿：《英轺私记》，“走向世界丛书”，长沙：岳麓书社，1985 年，第 112 页。

③ 刘锡鸿：《英轺私记》，“走向世界丛书”，长沙：岳麓书社，1985 年，第 113 页。

④ 刘锡鸿：《英轺私记》，“走向世界丛书”，长沙：岳麓书社，1985 年，第 147～148 页。

Illustrated London News（《伦敦新闻画报》）刊发的“The Chinese Embassy in London”（《在伦敦的中国外交使团》）提及蒲安臣外交使团有英文翻译张德彝。[①] 张氏日记载：初九日，“昨接家部来函，请游博物院，英名卜立地石米由自亚木。午初，同马清臣、张听帆诸君，随二星使前往……先看藏书处：堂室相连，重阁叠架，自颠至址，节节皮书，锦帙牙签，各有鳞次。所藏五大洲舆地历代书籍，共七万数千卷，槅架按国分列。其司华书者为德格乐。前一大堂，中横案凳，四面环以铁阑，男女观书者二百余人，晨入暮归。书任检读，但不令携去耳”。他也提及不列颠博物馆所藏图书文献的价值，“夫英之为此，非徒令人观看以悦目怡情也。盖人限于方域，阻于时代，足迹不能遍历五洲，见闻不能追及千古。虽读书知有是物，究未得一睹形象，故遇之于目而仍不知为何名者，往往皆然。今博采旁搜，综括万汇，悉备一庐，每于礼拜一、三、五等日开门，纵令士庶往观，所以佐读书之不逮而广其识也”。[②]

总之，不列颠博物馆及图书馆因珍藏世界各地珍稀文献而闻名于世，清驻英使节已有认识。

二、传播视阈下不列颠图书馆藏中国近代珍稀文献的发掘及其利用

随着文献学学科的建立和发展及博物馆等收藏材料的增多等，有关文献与文物关系的认知也由模糊变得清晰。1925 年 10 月，清故宫变成现代博物院，设置古物与图书两馆。相比之下，不列颠所代表的西方世界对文物、文献的认识及其在收藏及陈列空间上的区分也有个过程。1974 年，作为资本主义工业文明的大都会伦敦，其标志性建筑不列颠图书馆与不列颠博物馆的分离，折射出文献与文献传播、文献与文物等诸多关系及其变动。

---

① 沈弘编译：《〈伦敦新闻画报〉记录的晚清 1842—1873》（下），北京：北京时代华文书局，2014 年版，第 528 页。

② 张德彝：《随使英俄记》，“走向世界丛书”，长沙：岳麓书社，1985 年，第 360～361 页。

从不列颠博物馆分离出来的不列颠图书馆亚非中心稿本部、地图稿本中心等收藏了大量的中国近代原始文献。据该馆相关说明"The Chinese books... have been collected at different times and under various circumstances"(提及中国书籍是在不同时期、不同环境下收集而成的),文献以手稿本及盖有关防等的原始文件为主,多属未刊史料(如中英鸦片战争前后的史料)。

自20世纪20年代至今,国人从该馆大规模搜访珍稀资料共有三次:第一次是刘半农、萧一山;第二次是向达;第三次是王庆成[①]。本书导论中已详述,此处不赘述。

笔者也在不列颠图书馆访获大批稀见近代文献。这些材料多为鸦片战争及八国联军侵华的情报。这批材料从英国的国防部等移交至不列颠博物馆,如今时过境迁,它们已被视作文物。后缘于类型上文献与文物的区分、图书馆与博物馆分离,这批珍稀材料转而移交给不列颠图书馆,从不列颠博物馆剥离。这批材料多被视作纸质文本意义上的文献,部分材料原属于清帝国军机处等。这些材料在空间意义上的传播无疑能反映近代中英关系的变迁情况,亦有史学价值。而文献传播涉及文献的来源、性质、隐含的信息及话语表述等。分析不列颠图书馆藏开埠初《禀批簿》《票据会券》《各号出口查验货名》《逐日验货》《姓名总册》《开发总登》《具副禀》等珍稀文献,可从商品贸易网络层面考察英华贸易,如英商与中国内地商贸网络的关系等,也可考察某些商业据点(如湖州、徽州等地商贸客栈等)与上海、广州大型外贸中转地的一些丝、绸、茶等贸易往来,还可考察部分商业贸易量及运货频率等。这些记载当时商业客栈贸易往来等的材料,反映了清代丝绸、茶叶如何从浙、皖等地到上海客栈,可由此解读商人与客栈的关系。通过商业客栈票据、契约,可分析客栈与商人网络的关系,从而思考商业动机和战争的关系等。

文献与社会传播网络有何关系?文献及其传播涉及媒介实体及其文化

---

① 王庆成著:《稀见清世史料并考释》,武汉:武汉出版社,1998年版。

或商业符号。商业贸易涉及城乡之间、区域与区域之间、国家与国家之间的关系网络，如不列颠图书馆所藏“循环簿”涉及道光年间上海外贸及其与英商的关联。若将新发现的珍稀未刊文献与已有文献及研究成果进行参照解读，弄清这些稿本的来龙去脉，并将其置于历史情境中考释、解读，当有助于深描历史，尤其是近代商贸史，结论上或有新解。结合不列颠图书馆藏的这些珍稀文献，考释商业客栈及其网络状的分布、中外商贸契机及其背后所涉战争动因，从而重新审视中国近代史的开端与转变的关键节点，对中国近代史上重大历史事件及上海等地开埠史的研究有所裨益。

不列颠图书馆所藏文献与空间传播有关系，也和文献收藏地变动有关联。文献收藏地的转移往往也反映了人们对文献价值的重新审视，如笔者在不列颠图书馆发掘的部分珍稀文献本身就是文物市场网络流通的产物，一些珍稀稿本系从寒山堂等处得来的。通过不列颠图书馆中文部主任葛瀚的介绍，笔者了解到，寒山堂大致经营有关中国的文物乃至图书文献等。笔者还从葛瀚处获赠寒山堂书目一份，所列文物或文献多为文物贩子从香港、上海等地下市场购获，并通过一些交易网络进入不列颠图书馆。这包含笔者发现的《林则徐中堂书法一则》，该书法呈中堂条幅，长约 1 丈，宽 1.5 尺，条幅装裱，中为宣纸，边幅纸张为灰色洒金。时间为庚戌暮春，署名少穆林则徐，并有篆体林则徐印，条幅内容为：“精神藏澹用庄柔，多所交友少所求。惟有□英雄余本色，真是名士必风流……到处会心皆可得，百家书吏一家收……”内容多用化喻，如“惟有□英雄余本色，真是名士必风流”系化用“惟英雄能本色，是真名士自风流”，出自明朝洪应明《菜根谭》。此为林则徐临死前数月遗言性质的诗。据葛瀚介绍，该书法是其经手，购自寒山堂。再如笔者在不列颠图书馆发现的近 50 函地契交易方面的法律文书原件，该资料系前后关联的司法意义上的完整卷宗，是 1994 年一个英国人以 9000 英镑卖给不列颠图书馆的。这些文书是明清之际的芜湖地契，含有乾隆至光绪时有关原芜湖县长江码头附近“脱甲山”山地的交易。义和团运动前后，芜湖县部分村民将山地以“出售”兼“捐献”方式移交给英国传教士，并由此引发诸多纠纷，进而打官司。这些赤契、白契等土地文书涉及官府、村民对山地中墓地的处理;传教士采取欺骗、勒索的方式向乡镇地方渗透,也涉及传教士为置办教堂、医院、育婴堂等而进行的豪取巧夺,由此涉及中英关系等。此类珍稀文书反映了传教士的风险防范意识,如文书中"勒逼""两厢情愿"等字眼,显示其时土地买卖中法律应用十分完备,文书中"绝卖""以后发现的文据作废纸处理"等字眼,都说明了这一点。总体而言,搜集并解读这部分材料,关联原芜湖县沿长江岸边的村落走向城镇的过程。这些土地文书中涉及的卖地及祖坟拆迁,皆反映了这一历史过程。而文书中"洋钱"的使用呈现货币流通状况,说明西方对华进行经济渗透等。整个文书为相对完整的卷宗,说明西方传教士买地系依据清帝国法律,兼顾人情、面子等习俗,从而兼并或蚕食。西方多个教派传教士将主要的精力集中在芜湖,这是由芜湖的地理位置决定的。传教士一度试图把芜湖建设成江南传教的基地。总之,这批珍稀文书反映了村民失地和村落转向城镇的过程,可谓江南社会残破的经典个案。

简言之,不列颠图书馆藏珍稀文献的流传,多与商业乃至社会运行网络关系密切。由此而论,史学研究者不能仅局限于解读文献内容,更要注意文献类型及其流通等,区域文献涉及土地买卖契约,有的涉及土地纠纷甚至官司等。此类触及宗族等人伦关系,呈现出民族性的特点,也折射出商品经济的逐利等行为。分析这些契约关联的城乡社会关系,进而分析区域社会的历史走向,当另有深意。由此而论,探索文献与社会传播网络的关系尤有价值。

道光年间台湾问题中英交涉与外交折冲

——以新发现《来往文书》《台湾奏折上谕》为中心的考察

［按语］ 在鸦片战争时期，相当数量有军事情报价值的外交照会流失海外，学界对于耆英、伊里布等关于台湾问题的交涉因缺少中英往来的诸多照会而多语焉不详。不列颠图书馆藏道光年间《台湾奏折上谕》《来往文书》等两类外交照会档案汇编，基本为国内学界所未涉及。分析这两类外交文书的内容及措辞，可以较为全面地解读道光年间国与国之间"全权"钦差大臣的行动轨迹及其策略、清方对英方军事及商贸的态度等，反映了清政府在谈判过程中的主动或被动立场、清方外交的策略和姿态，以及《南京条约》签订前后清帝国外交策略与操作的差异，涉及传统中国外交理念在时空意义上的转向。这些外交照会涉及英军侵略中国台湾及其遭到的反击等，关涉战争道义乃至国家领土能否完整等，意义重大。

道光年间中英交涉的重点涉及台湾问题，特别是台湾之战的真相。实际上，当时伦敦新闻报纸对台湾问题上中英双方的军事有所涉及，见 1843 年 3 月 18 日的《伦敦新闻画报》(*The Illustrated London News*)第 2 卷第 49 号刊发的"The Island of Formosa and the British Factory in Canton"(即《"福摩萨岛"与广州十三行》)，Formosa 即指台湾岛。该稿件称："在最近经陆地邮件送来的新闻报道中，有一个事件严重威胁了我们所希望恢复的英中两国间的相互理解。这就是在与中国东海岸多山的福建省隔海相望的'福摩萨岛'上惨无人道地屠杀英国公民的事件。"对于台湾问题缘于英军侵略台湾,还是英商船触礁,却含糊其辞:"事情似乎是这样的:在英中战争发展到高潮的1841 年末和 1842 年初,有两艘英国船只——'内尔布达号'和'安号'——在'福摩萨岛'海域触礁沉没,除了在登岸过程中有少数几位溺毙之外,这两艘船的船员中有 297 人是活着登岸的,其中有 14 名是欧洲人。可是在停止敌对行动之后,这些人当中只有 10 名幸存者被移交给了英国方面。"[①]"安号"即后文提到的"安妮号"。据报道,"死难者中绝大部分是印度人"。[②] 该报评论云:"'福摩萨岛'的美丽富饶更衬托出这次屠杀事件的残暴性。"[③]中英台湾之战的真相是什么,似不明确。

一、问题缘起:台湾问题中达洪阿及姚莹等抗英是否存在"冒功妄杀"

关于道光年间中英台湾之战,学界有争议。1986 年第 11 期《历史教学》刊发世博、伯钧的《达洪阿等台湾抗英及"冒功"冤案》,认为"冒功"是冤案。持此类观点的论著还有一些。另一种说法大致认为,达洪阿等所谓台湾抗英有"冒功妄杀"之嫌,尤其涉及达洪阿、姚莹等对侵台英船安妮号的大安港战役,北京大学韩国留学生李永玉(博士生)引据当事人英人颠林(英安妮号船长兼军事首领)的航海日记:"1842 年 3 月 8 日,安妮号由舟山开往澳门。10 日(即农历正月二十九日)晚上开始降大雨,激起风浪。次日上午 10 时,它触礁漂流到台湾洋面。不久,他看到船已经搁浅,再不能驾驶,遂与其他船员

---

① 沈弘编译:《〈伦敦新闻画报〉记录的晚清 1842—1873》(上),北京:北京时代华文书局,2014 年,第 42 页。

② 沈弘编译:《〈伦敦新闻画报〉记录的晚清 1842—1873》(上),北京:北京时代华文书局,2014 年,第 42 页。

③ 沈弘编译:《〈伦敦新闻画报〉记录的晚清 1842—1873》(上),北京:北京时代华文书局,2014 年,第 42 页。

57 人带着各种武器和干粮，乘救生艇离开。他希望赶紧夺取一两只渔船，以搬运安妮号的贵重物品。他们顺利上了岸，4 人一组沿着海岸寻找可用的渔船。他们找到两只渔船，但 3 名船员已无踪影。此时，许多居民和'恶棍'乘坐小船到安妮号夺取船上的贵重物品，另有些人则举着枪、剑、长刀包围了他们，并解除了他们的武装，连衣服都剥光。后来，一个官吏率领一群军人将他带往淡水厅。"根据这一资料及其他材料，李永玉得出多个结论，关键如下："……姚莹、达洪阿所说的张从等人根本和安妮号没有关系……安妮号先触礁漂流到大安港附近，因为搁浅不能再驾驶……从反映的情况看，姚莹、达洪阿的报告多少有些夸张不实之处。"[①]此文属"读史札记"，但刊发于《历史研究》，颇有影响。李永玉的论文成了近年来主张达阿洪等抗英行为属"冒功"的典型之作。可见，道光年间台湾事件，涉及英船驶入台湾洋面的目的：是通商还是攻台？是否如颠林所谓英船被风迫入台并触礁？这关系战争责任是清方还是英方，涉及国家立场问题。

道光年间的外交涉及中英在台湾是否真的发生过激烈的战斗，台湾事件亦涉及英方涉台船只为兵舰还是商船等，两派观点对立，中英皆有英方涉台当事人颠林等的口述或"自发的"日记等凭证。英方有涉事者的航海日记等，清方的凭证是对涉事英人审讯所得，此涉刑讯逼供。而英方所谓颠林日记的公布多在英使朴鼎查（系音译，下文另有译名，引文不作统一处理）继《南京条约》为事件定性之后。且台湾抗英派姚莹、达洪阿为之下狱，很难想象此后英人颠林"自发"书写日记会与朴鼎查等对台湾事件的定性有冲突之处。《南京条约》签订之后中英关系的外交风向已变，不利于清方抗英将领。英方的口供被写入达、姚的奏折而广为人知，包括英使朴鼎查麾下的颠林在成为台湾抗英将领的俘虏时为保命而向清方输诚交代，可以设想《南京条约》签订后若无"航海日记"之类佐证，颠林何以再面对英军及其将领，回国又作何交代？同是颠林大安港之役的口供，看看道光二十二年（1842）达洪阿、姚莹等的奏

---

① 李永玉：《鸦片战争期间搁浅台湾英船性质考》，载《历史研究》，2003 年第 2 期。

折："夺获夷炮十门，又铁炮一门，鸟枪五杆，腰刀十把，均系镇海、宁波营中之物等语前来。（朱批：回思愤恨。由此观之，逆船系由浙而来也。）"[①]是年三月十四日，达洪阿、姚莹等向道光帝奏报二次英俘审讯及其口供，称此役"先后夺获并捞取大小铜铁夷炮十三门……又浙江营镌号鸟枪八杆，腰刀二十一把，破烂夷书二册，夷信五十三纸，同夷犯四十九名、粤东奸民五名，一并提解来郡"，[②]加以审讯，"据夷目颠林同管船大伙长律比、二伙长巴底时、三伙长科因谏坭供，系唤咭唎国间你地方人，颠林管驾三桅夹板船一只，系夷人烟沼跛本钱，以颠林为呷哔呀，向在广东售卖货物烟土。道光十九年(1839)间在望迈地方闻知广东严禁烟土，令大小夷船将所带烟土全行缴销，领事头目义律报知本国女王，以夷商置货多领国主本钱，年收税利一旦乌有，又不准通市，遂传谕各马头新祈波、骂叻格、梹榔屿、孟加辣、望结仔、唭叻即息辣、勿多力时、望迈即孟喀等各处，调遣兵船，派义律为大总管，伯唛为副总管，到广东打仗。望迈一处派船十九只，颠林即在其内"。[③] 后战事变化，"颠林随同璞鼎喳至浙江，并未到过厦门。璞鼎喳在舟山住到十二月间，闻说本国的兵船到台湾鸡笼被官兵击破，夷人全数拿获，随叫颠林等兵船多只与黄丹(舟)前来探听，相机行事。并叫信用的广东汉奸刘相、苏旺写信一封，交黄丹(舟)带与台湾人张从，嘱同赖妈来、陈恶在地勾结人为内应，不料本年正月二十五日船到台湾洋面，游奕数日，不见张从同赖妈来等有人接应"。[④] "诘以现获夷

---

① 道光二十二年二月初四日[军录]：《台湾镇总兵达洪阿等奏报计破再犯台湾之英船并斩俘获胜折》，见中国第一历史档案馆编：《鸦片战争档案史料》(五)，天津：天津古籍出版社，1992 年，第 73 页。

② 道光二十二年二月初四日[军录]：《台湾镇总兵达洪阿等奏报计破再犯台湾之英船并斩俘获胜折》，见中国第一历史档案馆编：《鸦片战争档案史料》(五)，天津：天津古籍出版社，1992 年，第 199 页。

③ 道光二十二年二月初四日[军录]：《台湾镇总兵达洪阿等奏报计破再犯台湾之英船并斩俘获胜折》，见中国第一历史档案馆编：《鸦片战争档案史料》(五)，天津：天津古籍出版社，1992 年，第 199 页。

④ 道光二十二年二月初四日[军录]：《台湾镇总兵达洪阿等奏报计破再犯台湾之英船并斩俘获胜折》，见中国第一历史档案馆编：《鸦片战争档案史料》(五)，天津：天津古籍出版社，1992 年，第 200 页。

信多件，是何军情奸谋。据供都是夷人往来问候商量货价之信”。[①] 这大体属实，实际上整个鸦片战争即由所谓鸦片贸易引发，其时船只为军舰兼商船，这一点不难理解。五月二十八日，按照四月初六日道光帝上谕要求，对颠林等复讯。“据供：该国王城地名兰邻……东北东南隔海之国甚多，颠林所知者，曰士林国、罗委国、叨伦国、颠麦（一名黄郝）国、什卑厘国、挞地厘国……”[②]这些地理知识符合实际。“其王现为女王，议国政之大臣曰马伦侍。其在浙江之统帅人名沙连弥璞鼎喳，其官为比利呢布颠剃衣弥，一切兵船听其调派。其次主兵官为赞你嚁，其人名沙有哥哈、即吧噶。又主船政官为押米喽，其人名沙外廉巴加，即思哑敕力巴敦时。璞鼎喳系一等官，年得俸银一万元，以下分等递减。其在厦门者官为善用勒弥沙，人名时蔑，又称士勿，乃主船政之官。其在广东之香港者又为厘士列，即马礼逊，其人名赞臣。武为善用哈沙，其人名礼也时。皆受自国王而听命于璞鼎喳”。[③]“汉奸五人中，惟郑阿二最通夷语，黄舟能汉字，乃使郑阿二传颠林之言，以广东土音翻译出之，间有误者，颠林似亦觉之，而每指正其误，更（复）使律比等观所绘图，点首，察其情形，言似可信”。[④] 这些情况大体与实际吻合，据此尚有附件《英及各国地图考证》（道光二十二年五月二十八奏呈，夷务清本）。大安港之役当时就有涉及中英双方兵力等传闻及谣言，见是年八月初八日姚莹《再复怡制军言事书》，怡制军即后来查办达洪阿、姚莹等抗英“冒功”事件的怡良。同

---

① 道光二十二年二月初四日[军录]：《台湾镇总兵达洪阿等奏报计破再犯台湾之英船并斩俘获胜折》，见中国第一历史档案馆编：《鸦片战争档案史料》（五），天津：天津古籍出版社，1992 年，第 200 页。

② 道光二十二年五月二十八日[军录]：《台湾镇总兵达洪阿等奏为遵旨复讯俘供分别暂决留禁折》，见中国第一历史档案馆编：《鸦片战争档案史料》（五），天津：天津古籍出版社，1992 年，第 558～559 页。

③ 道光二十二年五月二十八日[军录]：《台湾镇总兵达洪阿等奏为遵旨复讯俘供分别暂决留禁折》，见中国第一历史档案馆编：《鸦片战争档案史料》（五），天津：天津古籍出版社，1992 年，第 560 页。

④ 道光二十二年五月二十八日[军录]：《台湾镇总兵达洪阿等奏为遵旨复讯俘供分别暂决留禁折》，见中国第一历史档案馆编：《鸦片战争档案史料》（五），天津：天津古籍出版社，1992 年，第 560～561 页。

日，姚莹在《上刘中丞言事书》中称："春间大安破获夷舟，兵民所得水中银物无多，其酋颠林供系璞鼎喳以番银九万、纹银六千来台购奸民为内应，并无百万及五十万之事。泉、厦所传，殊非确实。"[①]由此而论，已向清方输诚的颠林后在局面扭转的情况下有所谓日记，亦属情理之中。能否采信，可想而知。简言之，台湾事件涉及殖民者、被殖民者军事或商业利益正当性的问题等，学界没有统一意见。而战争的真相，恰恰又与新发现的资料密切相关。笔者在不列颠图书馆发现珍稀资料《来往文书》《台湾奏折上谕》，涉及英军侵略台湾及清方驻台的军事应对等中英往来的外交照会、奏折及上谕等。下文将分析这些外交文书的内容及表达方式，探究其时国与国之间外交人员或代理人行动的谋划及操作的策略，力图呈现外交背后的皇权意志或国家意志及其近代转向。

二、英方对台湾的战略企图及道光年间台湾事件的交涉者

审视道光年间台湾事件，涉及外交折冲策略等，须讨论第一次鸦片战争的政治背景及相关文献。下文公布的稀见资料涉及《南京条约》签订之后的台湾问题，由此论及中英各自的策略。首先分析背景。

英方对台湾的战略企图，早已有之。台湾在中国版图上的地理位置很重要，颇有军事价值，英国报刊中有所交代："'福摩萨岛'被描述为中国东海岸线上的一个粮仓……'福摩萨岛'的西部堪与中国最好的省份相媲美……岛上最早的殖民者是葡萄牙人，后又来了荷兰人，现在这两殖民者都已被驱逐出岛。'福摩萨'(Formosa)这个词的拉丁语词源是'美丽'……本地人称'福摩萨'为'台湾'。"[②]在道光年间，英国远征军试图占领台湾并以此作为军需补给基地。1840 年 4 月 7 日印度总督奥克兰在加尔各答写了备忘录："的

---

① 施立业：《姚莹年谱》，合肥：黄山书社，2004 年，第 252 页。

② 沈弘编译：《〈伦敦新闻画报〉记录的晚清 1842—1873》(上)，北京：北京时代华文书局，2014 年，第 43～44 页。

确，在台湾岛永久建立居留地作为可以从该地进行贸易的基地，很可能最后被认为是有益的。有人也许认为最好是摧毁澎湖群岛的炮台，因为那些炮台使对台湾的贸易处于被控制地位；我可以说，我愿极力促使总司令官注意该项目的并把中国驻军驱逐出去，那支军队控制着台湾，而且防守这群岛屿中著名的良好港口；我们的一些巡洋舰对台湾或该大岛的其他港口进行一次友好访问也许是有益的；但是，使任何相当多的一部分远征部队背离主要目的将是不恰当的。”[①]印度总督奥克兰是英帝国早期侵华的直接指挥者。[②] 1842 年侵华的部分军需也由印度总督领导下的军械署提供。[③] 据印度总督之意，侵略目标首选舟山群岛，台湾次之。以舟山与台湾比，“我仅仅能够表示我的希望，即对我已经提到的那些重要目的来说，在这个附近地区可以找到一个良好的地方，该地方越靠近一条通往北京的重要贸易通道，占领该地方对这次作战的目的来说便很可能越有效，虽然作为中国商人们经常前往的地址来说，一个更遥远的地方（如台湾岛）将被认为是更可取的。它对中国当局的伤害较轻，也不会那么激起他们那方面进行敌对的干涉”。[④] 在印度总督看来，“我已经提到过的一项措施，也许可能对北京政府具有相当大的影响，即把中国驻军逐出澎湖群岛，该群岛被说成是北京政府对重要的台湾岛行使最高权威的关键。采取这种方式，正如采用其他方式一样，也许我们有力量削弱中国对台湾的控制，而不在台湾建立我们自己的任何机构，据说台湾居民对中国的傲慢态度感到不能忍受；丧失对台湾资源的控制，在北京政府管辖的沿海许多宝贵地区中可能被认为是对该政府权威的一次严重打击。不过，提出这项建议仅仅是根据我们在此地掌握的含糊不清的情报”。[⑤]

1841 年 5 月 10 日，奥克兰就对华作战向英国政府建议：“甚至在这个季

---

① 《英国档案有关鸦片战争资料选译》（下册），北京：中华书局，1993 年，第 976 页。

② 《英国档案有关鸦片战争资料选译》（下册），北京：中华书局，1993 年，第 1013～1014 页。

③ 《英国档案有关鸦片战争资料选译》（下册），北京：中华书局，1993 年，第 1015 页。

④ 《英国档案有关鸦片战争资料选译》（下册），北京：中华书局，1993 年，第 977 页。

⑤ 《英国档案有关鸦片战争资料选译》（下册），北京：中华书局，1993 年，第 980 页。

节对沿海积极采取军事行动的短暂期间，你们可能由于缺乏一个岛屿或其他驻地而感到不方便——因为舰队可能要前往那里寻求掩护和淡水以及建立仓库、保护捕获的财产，还有其他的目的；所以，像我以前曾经建议过的那样，现在我再度提出劝告，舰队应开往澎湖群岛，查明它们对于我们的目的所具有的价值，并把中国守军驱逐出去。"[①]此与其4月7日的意见大体一致。后英国出兵远东大致有此思路。1841年8月11日，奥克兰致函印度管理局局长霍布豪斯称："关于巴麦尊勋爵给璞鼎查爵士的那些指示，我注意到，它们似乎认为占有东部沿海的一个岛屿与允许英国臣民根据公开宣布的特权在该海岸的某些主要城市居住和贸易这两件事情几乎是相等的；而我认为，占有这样一个岛屿的价值要更大得多，只要能够发现该岛屿可供船只进入，气候有益于健康，而且军事占领是安全的。"[②]在他看来，清方不讲信义，占领岛屿可以获得实在的利益。英国一度试图利用其海上优势，武力征服台湾，作为其殖民据点。[③] 可见，发生英舰侵台事件属迟早的事。

侵台事件发生后，中英外交涉及各方代表人物，诸如英方璞鼎查及英国对华中文秘书马儒瀚，而清方反击英军侵台的军事执行者主要是台湾总兵达洪阿与台湾道员姚莹。英方直接领导者主要是外交大臣巴麦尊、阿伯登；清方直接领导者，因战败屡次换人，但行政、军政要员姚莹与达洪阿承担台湾守土之责并无多少变化。清廷外交策略的顶层设计者道光皇帝及诸多要员对英方的态度以《南京条约》的签订为界线，前后截然不同。为了考察在台湾事件处理中抗英派姚莹、达洪阿的命运及其呈现的外交策略与清廷心态，下文将结合新发现的《来往文书》《台湾奏折上谕》作分析。

---

① 《英国档案有关鸦片战争资料选译》(下册)，北京：中华书局，1993年，第996页。

② 《英国档案有关鸦片战争资料选译》(下册)，北京：中华书局，1993年，第1001～1002页。

③ 《中国近代史资料丛刊·鸦片战争》(六)，上海：上海人民出版社、上海书店出版社，2000年，第327～328页。

三、涉台事件《来往文书》所谓第一函抄录及《台湾奏折上谕》背景考释

不列颠图书馆藏《台湾奏折上谕》《来往文书》有极为重要的文献价值，可纠正以往的一些看法。

《来往文书》多系中英往来外交照会等。从照会来看，英方系派兵侵略台湾，却借口英民在台湾遇台风有难，清方台湾守军似趁火打劫。照会时间系“道光二十二年(1842)十一月十三日”至“道光二十三年(1843)四月十三日”之间。查向达辑录《伦敦英博物馆所藏鸦片战争史料(选录)》，仅选录所谓第一函并命名“伊里布致璞鼎查照会”，[①]比较原文与向达辑录，内容相同，即“钦差大臣广州将军红带子伊为照会事”，时间是道光二十二年十一月二十七日，伊即伊里布。向达所谓第一函时间为道光二十二年十一月二十七日，比照标识“道光二十二年十一月十三日”为真正“第一函”，显系错乱。十一月二十七日，伊里布“为此照覆，并两江总督照会一件。均祈贵公使查照，并祈俱即见覆”。两相比较，向达除将“均祈贵公使查照”中“祈”抄成“希”，其余相同。抄件中“右照覆”的对象是“钦奉全权公使大臣男爵璞”。向达似与笔者看到同一抄本，但向达没有注明出处。

不列颠图书馆藏《来往文书》稀见，为明了史源，特作形制说明:《来往文书》，一本两册，索书号为 OR. 7397，主要涉及英军侵略台湾及清方的应对，也有资料涉及中英商贸及税收等问题。最后一页，即第 100 页，铅笔字迹，尚有“100，folios Nov，1909. gg.”，字迹潦草，为不列颠博物馆(后博物馆与图书馆分开)收藏时清查书页数及登录在案时间。据不列颠图书馆中文部原主任葛瀚提示，“gg.”系登录员名字简写，即 1909 年 11 月不列颠图书馆将该文献登录在案。《来往文书》页下每行有四角编码计数，上一部分 52 页，一册装，

---

① 《中国近代史资料丛刊·鸦片战争》(六)，上海:上海人民出版社、上海书店出版社，2000 年，第 327～328 页。

翻开《来往文书》内页，左上角有宽半寸、长二寸的竖直标签，其上半部分书“文书”、下半部分分两行书“照会、照覆”；下一部分自第53页起，另有封面《来往文书2》，内页左上角有宽半寸、长二寸的竖直标签，其上半部分书“文书”、下半部分分两行书“照会、照覆”，格式同第一册。内页自55至100，共46页，另一册装。两册内页均有句逗标识。偶有一页，照会内容半页完，另半页空白，如第9页；中间行文偶有插入小字，比照上下文，当系漏抄而后补，如第22页；有极个别字迹涂改，如第22、29页，可见此为照会抄本，系录存；偶尔有错字，如第6页，“兹又准贵公使文称英国遭风难民被台湾妄行冒有争战俘获之功”，原稿中“冒”字下半“目”中间少书一横，变成“日”字，当误；偶尔有行文错误，如第49页，“忠”字书写距离过远，变成“中.心”；偶有书错，涂去，另书正字，如第69页，“十三洋”中“洋”涂去，另书“行”。下册第62页，“右照覆”中“覆”字有修补痕迹；第64页有墨迹污点。阅读后发现上册内容系“照会、照覆”；下册涉及商贸往来及对英商征税，等等。上册文书为中英往来照会，重点涉及台湾问题，事在《南京条约》签订之后。

关于英军入侵台湾的真相，笔者还在不列颠图书馆发现索书号为OR.7390的《台湾奏折上谕》抄本，最后一页写明：“13 folios”“Nov.1909. gg.”即1909年登录收藏，13页。该抄本有句读，人名、地名等常用竖线标明，偶有例外。比照中国第一历史档案馆编《鸦片战争档案史料》等，可知《台湾奏折上谕》为《鸦片战争档案史料》等所无，但所涉内容往往有关联，可互参。比照茅海建著《天朝的崩溃》的说法，第一历史档案馆保留清代大量档案，其中有一种“上谕档”，是军机章京每日抄录明发、廷寄谕旨的簿册，以备事后随时查考。但是，有关道光帝对鸦片战争的谕旨，却不见于“上谕档”。军机章京将之誊录于另一种军机处档册“剿捕档”。[①] 实际上，鸦片战争涉英照会等多遭英军掠劫，大量存于不列颠图书馆特藏部。笔者此次公布的《台湾奏折上谕》及《来往文书》属抄本。

① 茅海建：《天朝的崩溃——鸦片战争再研究》，北京：生活·读书·新知三联书店，1995年，第155页。

《台湾奏折上谕》之所以称为"抄本",笔者举一例即可知。道光二十二年四月初十、十一日"奉上谕":"纷纷落水死者无数,其上岸及乘船驶窜者。"其中"死"及"上"皆为右侧夹缝中添加的。又如"见夷重多","夷"字打叉,右侧改为"勇"。若是正式谕旨或奏折发布,当不存在这些问题。比照"上谕档"抄本与"剿捕档"的文字,两者意思基本一致,但文字表述常略有不同。缘何有少量措辞改动,谁赋予改动文件措辞或文字的权力?目前看来,可能缘于鼓舞军心需要或战败形势逆转而导致清方要员态度有所变化等,清方后对相关谕旨、奏折的抄录作了少量文字的修饰。这些问题也值得探讨,但不在本书讨论的范围内。

《台湾奏折上谕》抄本首半页空白,次半页首条即"达洪阿奏击沉夷船擒斩逆夷夺获炮位一折":"八月以来,夷船迭向台湾游奕停泊,经总兵等饬属严防堵御。是月十六日卯刻,夷船驶进口门对二沙湾炮台发炮攻打。经该参将邱镇功等用安防大炮对船轰击,淡水同知曹谨亦在二沙湾放炮接应。该参将邱镇功手放一炮,立见夷船桅折索断,退出口外。冲礁击碎夷船,纷纷落水死者无数,其上岸及乘船驶窜者,后经该参将督同署守备许长明等带兵驾船前往。生擒格杀黑夷多名。并见白夷自行投水。其时复经千总陈大堃等驾船开炮,击沉杉板一只。格杀白夷,并生擒黑夷多名。"达洪阿是台湾对英军事的主要责任者,奏折概述战况,论及战果,"又据曹谨等在大武峇港外追获游窜杉板船一只。刺死白夷,及生擒黑夷多人,并捞获黑夷尸身。炮位搜获图册。此次文武义首人等共计斩获白夷五人,红夷五人,黑夷二十二人,生擒黑夷一百三十三人。捞获夷炮十门、夷书等件"。从这些描述可见当时发生了战争。面对第一次鸦片战争中绝无仅有的清方获胜,"上谕"称:"办理出力。甚属可嘉。""提督衔台湾镇总兵达洪阿着赏,换双眼花翎。台湾道姚莹着赏戴花翎。达洪阿、姚莹及道衔台湾府知府熊一本,均着交部从优议叙。其在事出力各员弁兵勇义首人等,自据实保奏,候朕施恩。阵亡兵勇,查明照例赐恤。"由此可见战况及道光皇帝论功行赏的情况。

道光帝对台湾抗英获胜颇为满意。获胜的消息源自达洪阿等的奏报,在奏报中姚莹常联名，有时姚莹名字略去，仅用“达洪阿等”，见道光二十二年四月初十、十一日“奉上谕”：“本日达洪阿等由五百里驰奏，逆夷复犯台湾（剿捕档中‘湾’字无）港破舟歼逆一折”，“据称淡水同知曹谨等（剿捕档作：曹谨、署鹿港同知魏瀛、澎湖通判范学恒、彰化县知县黄开基、护副将关桂）禀报。正月三十日，有三桅夷船及杉板船在淡水、彰化交界之大安港外洋，欲行入口，见夷（夷字上有‘×’）勇（该字为右侧补写，剿捕档作：兵勇）众多，攻扑不进，伏（剿捕档作：复）退出外洋。经猫雾（剿捕档作：猫雾拺）巡检高春如等（剿捕档无‘等’字，作：及大甲巡检谢德琛）所募之湾（剿捕档作：渔）船粤人周祥等，与夷船上广东汉奸作土音招呼，诱从土地公港驶进，果为暗礁所搁，其船欹侧入水。该处埋伏兵勇齐起，（剿捕档作：关桂及）署北路占（剿捕档作：右）营游击安定邦，督令（剿捕档作：署）守备何必捷等（剿捕档作：千总何建忠、李青云、把总翁标桂、林飞鹏等）施放火（剿捕档作：大）炮。奋力攻击。其船遂破，逆夷纷纷落水（剿捕档有‘死’）者不计其数。复有数十人手持短械，跳上渔船。该厅县将备等（剿捕档作：同大甲巡检谢德琛、竹堑巡检汪昱、外委萧振辉、李吴魁等）及义首总理兵勇奋力团（剿捕档作：围）击，杀毙白夷一人，（剿捕档另有：红黑夷数十人）生擒白夷十八人，红夷一人，黑夷三十人，广东汉奸五名。夺获夷炮十门，又获铁炮、乌枪、腰刀、图书、文件（剿捕档作：各件）等语。”据军事驿道相关规定，五百里驰奏，属军情最高级别之一，道光皇帝“览奏欣悦。大快人心。该夷（剿捕档作：逆）上年窥伺台湾。业被擒斩（剿捕档作：惩创），复敢前来滋扰，达洪阿等（剿捕档作：达洪阿、姚莹）以计诱令夷船浅搁，破舟取（剿捕档作：斩）馘，大扬国威，实属智勇兼施，不负委任，允宜特沛殊恩，以嘉懋绩。达洪阿着加恩赏加太子太保衔，并赏加阿克达春巴图鲁名号。姚庆（剿捕档作：莹）着赏加二品顶戴。达洪阿、姚莹均仍交部从优议叙。所有在事（剿捕档作：出力文武）员弁及义勇人等，均着开单保奏，候朕施恩。钦此。”两相比较，剿捕档中“达洪阿等”变成“达洪阿、姚莹”，类似数例，意在明晰事件责任人；再者，“逆”变成“夷”。《台湾奏折上谕》中“生擒白夷十八人，红夷一人，黑夷三十人”变成道光二十二年四月初五日剿捕档所谓

"杀毙白夷一人,红黑夷数十人,生擒白夷十八人,红夷一人,黑夷三十人"。此大体上可见同一涉事文件,《台湾奏折上谕》属抄录;由词汇及辞令变化亦见剿捕档多涉事后修改。

何以解释《台湾奏折上谕》中道光二十二年四月初十、十一日"奉上谕",与是年四月初五日剿捕档日期不同?剿捕档中道光二十二年四月初五日是指是日内阁奉上谕,而非剿捕档登录涉台事件时间。何况从四月初五日宫廷发谕旨到四月初十、十一日达洪阿等"奉上谕"(即接受谕旨),时间为 5 至 6 天,是驿道中最快的 500 里或 600 里驰奏或下发,多属绝密军机函件等。而将函件中道光帝称英军由"逆"改为"夷",篡改圣谕一字或有杀头之罪,此绝非随意事例。据时人所著《外交小史》云:"鸦片战争既告终,于是中国与欧美大国先后订约者凡三,清廷已确认诸国为平等敌体之友邦,公文照会,禁用夷字。"①剿捕档敢这么做,当属事后存档。剿捕档收录材料可修改,当符合宫廷相关档案管理的规定。相比之下,"达洪阿等"变成"达洪阿、姚莹",指代更明确,尤其是落实台湾事件中当事人所要承担的责任时;再由道光二十二年四月初五日剿捕档中"着赏加达洪阿太子太保衔等并着开单保奏出力员弁事上谕"可见一斑。② 两相比较,"擒斩"变成剿捕档中的"惩创",语意有变。此可能源于姚莹参与了计谋的筹划并在文字上加以润色。由上述的分析及比较可见,《台湾奏折上谕》即当时当事第一手档案抄件,对于其时英军而言,情报价值不言而喻。

比照《台湾奏折上谕》中达洪阿详细汇报战争经过,清方之所以获胜主要是因为利用了熟悉台湾的海域优势并诱敌深入,此见达洪阿等"奏为仰祈圣鉴事":"本年正月二十六日戌刻接据彰化县禀报:廿四日卯刻有三桅夷船三只在五义港外洋,向北驶去。臣等查该处与淡水、漉(鹿)港二厅接壤,飞饬该厅县,以逆情诡诈,恐入口窥伺,凛遵不与海上争锋之旨,惟宜以计设伏歼擒。

① 《清末实录(外十一种)》,北京:北京古籍出版社,1999 年,第 134 页。

② 中国第一历史档案馆编:《鸦片战争档案史料》(五),天津:天津古籍出版社,1992 年,第 260～261 页。

兹于二月初三日接据淡水同知曹谨等禀报，该厅县雇募渔船假作汉奸在北路港口侦探。三十日果有三桅夷船一只、大三板三只在外洋欲行入口。该厅县会同关桂督率员弁兵勇前往堵御，一面在港口迤北之土地公港埋伏。该逆见大安港口兵众攻扑不进，退出外洋。经猫雾巡检高春如等所募渔船粤人同梓等，与夷船上广东汉奸作土音招呼，诱从土地公港驶进，果为暗礁所搁，其船歪侧入水。该处埋伏兵勇齐起，夷船在水摇簸，不能驶行。关桂督令守备何必捷等放炮攻打。逆夷危急不能回炮。延至巳刻，其船遂破。夷人落水死者不计其数。该厅县将备及义首兵勇奋力团击，杀死白夷一人，红、黑夷数十人，生擒白红黑夷数十人，广东汉奸五名；奋夺获夷炮十门，铁炮一门，鸟枪、腰刀均系镇海、宁波之物等语前来。臣查该逆复敢来台滋扰，仰仗天恩，计破其舟溺死斩馘无数，生擒白、红、黑夷四十九人，并获汉奸，实足以快人心而彰国宪。惟夷情凶狡，必图大帮报复。除督饬文武激励士卒协力严防，一面委员行提各犯来郡讯办。合将计破逆夷各情由五百(里)谨奏。”此属详细汇报。奉上谕：“达洪阿奏南北两路逆匪已平，续获各犯一折，着刑部议奏。所有在事文武义男勇人等，准其查明保奏。候朕施恩。”另有台湾镇总兵臣达洪阿奏为请旨事：“切臣等上年恭奏击沉夷船一折……又片奏添拨海口兵勇请发经费。”战胜之际请拨经费，属情理之中，何况军情紧急。“奉上谕：……因军务紧要，是以允准，不得援以为例”。“又承军机大臣字寄奉上谕，该夷被歼之后，难保无大队匪船闯入报复。着达洪阿等严饬文武添派兵勇，不可因获胜仗稍存大意……嗣后攻剿夷匪折件由五百里驰奏、获胜仗即由六百里奏报”。在沿海各地出师不利的情况下，皇帝更希望台湾方面捷报频传，亦赋台湾方面越级奏报之权。达洪阿称：“仰蒙皇上训示周详，不胜钦栗，复以臣等督率微劳，优加懋赏。所有感激下忱，缮折叩谢天恩，并查明出力文武员弁人等奏请恩施外，一面恭录谕旨，传提臣王得禄迅速移驻台湾协同办理，并严饬各口文武员弁加意严防，所请拨经费银三十万两经督臣委员解到，存贮府库，陆续撙节支应，理合具奏。”朱批：“知道了。”

再查剿捕档道光二十二年四月初五日有“着赏加达洪阿太子太保衔等并

着开单保奏出力员弁事上谕”文字，太子太保衔为从一品的荣誉衔，对于达洪阿而言可谓连升三级。剿捕档道光二十二年四月初六日“着台湾总兵达洪阿将前获英俘在台正法并密讯近获英俘事上谕”(见下文)，同日剿捕档“着吏兵两部奖叙上年台湾击沉英船之出力文武义首各员事上谕”，[①]而《台湾奏折上谕》中道光二十二年四月十二三日，“奉上谕：……上年逆夷驶入台湾之鸡笼地方，经文武各员弁击沉逆(剿捕档作：夷)船，并擒斩逆夷多名，办理甚属出力，自应量予恩施题升……署噶吗兰守备千总许良明(剿捕档作：许长明)，着以守备尽先升用(剿捕档作：赏戴蓝翎)……目兵何(剿捕档有‘得’)和(剿捕档作：李起风，兵丁杨得贵、张步升、王思齐、王田庚、唐金标、汪自春。均着达洪阿记名)等着记名，分别委用……”，“均着达洪阿记名”，亦见军功分配主要由达洪阿着手。

其时，中方在浙江遭英军重创，道光帝颇恼怒，下令处置台湾之战所获英方俘虏，此见剿捕档道光二十二年四月初五日“着台湾总兵达阿洪等保奏击退复犯台港英船出力文武员弁并严鞫英俘等事上谕”及初六日“着台湾总兵达洪阿将前获英俘在台正法并密讯近获英俘事上谕”：“取供之后，除逆夷头目暂行禁锢候旨办理外，其余各逆夷与上年所获一百三十余名，均着即行正法，以纾积忿而快人心。”[②]道光帝在台湾事件中下达密令，由台湾总兵达洪阿等执行，可见道光帝在处置该事时考虑到了达洪阿与姚莹各自担负军事或行政职责。这一处理后果严重，下文有所分析。

四、英军侵台失利及外交反胜语境下《来往文书》与清廷外交的困境

由于史料缺失，学界对耆英等关于台湾问题交涉多语焉不详。新发现不

① 中国第一历史档案馆编：《鸦片战争档案史料》(五)，天津：天津古籍出版社，1992年，第266页。

② 中国第一历史档案馆编：《鸦片战争档案史料》(五)，天津：天津古籍出版社，1992年，第262页。

列颠图书馆藏外交照会涉及英军侵略台湾及遭反击等，从侧面反映了清方的外交姿态及其策略。比照1842年《英军在华作战记》称："我在本书的附录中辑录了不少的中国君臣奏折和谕旨，这些文件不但是可笑，同时也可以看出中国政府在对英的交涉中，是如何不择手段地使用欺骗和诈术。"①耆英对英方、对清廷玩弄两面手法：对英方照会彬彬有礼，而给道光帝上奏折大肆丑化与诋毁英人，颇严"夷夏之辨"。如面对事态的发展，"道光二十二年十一月十三日"，"大清太子少保两江总督部堂宗室耆为照覆事"，称："前接贵公使来文。当将本部堂钦奉谕旨会办闽、浙、江苏等省通商事宜，并与钦差大臣广州将军伊会商粤省，与亲赴粤无异缘由，备文照覆。由钦命浙江宁绍台道递交定海转递，计已接到矣。"耆英照会强调正式称谓，但将宗室都写上，可见他强调自己皇亲国戚的身份，"兹又准贵公使文称英国遭风难民被台湾妄行冒有争战俘获之功，狼行混杀，恳奏明皇帝圣鉴等因。查台湾所获英人，如果实系遭风难民，冒功妄杀。不特贵公使心有不平，而两国既经和好，英人亦系我之赤子，无辜受罪，大皇帝必然天威震怒。本部堂亦属同深忿恨"。可见，面对英方污蔑台湾事件系抗英将领的"冒功"等，耆英屈膝投降的姿态并为侦查台湾事件定性，但从侧面也说明很多俘虏已经正法，"惟前接福建来文，台湾正法英人，系在本年五月，乃两国未经和好以前之事。与和好以后之遭风难民，微有区别"。即强调《南京条约》签订前后中英关系发生实质性变化，应有所区别。当然这亦是道光帝一再强调的。

为明了台湾事件英方责难情由，清廷委派有"侦查经验"的怡良查办达洪阿等。道光二十二年九月三十日"军录"有"闽浙总督怡良等奏为密陈台湾办理英俘等情折"："窃臣怡良于道光二十二年九月十七日将接到厦港夷目请放夷俘文，即据钦差大臣耆英等遵旨移咨情形，并飞饬台湾解送来厦移复，恭折具奏在案。"其时，台湾为福建所辖，闽浙总督怡良实为台湾道、台湾总兵的上司。清廷对怡良信任与否随《南京条约》签订前后中英关系变化而变化。道

---

① 撷·义律·宾汉著，寿纪、齐思和译：《英军在华作战记》，《中国近代史资料丛刊·鸦片战争》(五)，上海：上海人民出版社、上海书店出版社，2000年，第3页。

光二十一年(1841)三月二十七日,清廷一度将拖延观望并仍请准英通商的怡良等,交部严议。而《南京条约》签订后,清廷竟违心重用怡良清查台湾抗英派:“兹据台湾道驿递折过泉,并将具奏事宜禀报,称此折于五月二十八日拜发,由鹿港配陈涌裕小快船内渡。兹据鹿港厅禀报,该船于八月初五日行抵祥芝外洋,为盗船将折件劫去。”其时台湾包括军情在内的诸多政务须向上级福建行政所在地泉州方面报告,而清方文件被抢,“兹又补缮发递。当查所报各折事理有处决俘获夷酋一折,与现在钦奉谕旨,将台湾夷俘释放送回办理窒碍。该夷酋等均不知有正法一节,日望其人之归,兹所剩仅止十一人,送到后似不能贴(帖)然顺受,与抚议殊有关系”。① 面对如此事态,“除密咨钦差大臣耆英等外,谨即据实由驿密陈,伏祈皇上训示施行”。② 此从侧面亦见怡良、耆英处理达、姚“冒功妄杀”等事互通声气,道光帝亦知情。在未辨台湾事件抗英派是否存在冒功妄杀的情况下,耆英答复英使称,《南京条约》签订后,“即如九月间英国遭风难民二十五人,即(既)经台湾救起,交与去船带回,足见和好之义”。耆英参酌璞鼎查(其时中方照会或译朴鼎查)等达成的协议,重申“贵公使前此要约三端。曾有得此三者,其余事端不难善定之语。今三者既定,则此事即在其余之列。似应依言善定”,即“未便因其余之事,致伤两国和好”。耆英立足所谓中英关系和善,表示:“至台湾镇总兵达洪阿以难民为俘获冒功妄杀。本部堂业据来文据实恭奏,一俟审讯得实,大皇帝必将重治其罪,以昭天朝法令。”可见耆英未及细究原委,即先声表态,实据英方意思对达洪阿等诬告。

耆英有急于求和的心态,且多以己意度“他者”,称:“和好已定,急须筹议通商,彼此不必记恨。从此贵公使亦不必虑及再有后患,是为切要。贵公使素称解事,亦定必以所言为然。”在耆英看来,英方来华的主要目的是通商,

---

① 中国第一历史档案馆编:《鸦片战争档案史料》(六),天津:天津古籍出版社,1992年版,第376页。俘虏只剩下11人,作为钦差大臣的耆英亦知情。这与马士出版的《中华帝国对外关系史》(第一卷)所交代人数吻合。

② 中国第一历史档案馆编:《鸦片战争档案史料》(六),天津:天津古籍出版社,1992年,第376页。

“今贵公使现赴粤东,自应专心办理通商税饷事宜,乃实两国之幸也”。[①] 总之,伊、耆处理台湾事件,屈从英方压力。因此,伊里布死后多有骂名,而耆英因诬告等对《南京条约》签订后台湾问题乃至清方防务造成了严重后果。

(一)英军侵台问题交涉及耆英等对英外交退让

从目前史料来看,英军侵略及清军反击的台湾事件的处理者主要是耆英与年过七旬的广州将军伊里布。1842 年 8 月 20 日,中英双方全权大臣在英国的“皋华丽”军舰上和谈,是日,巴夏礼日记载:

> 我被马儒瀚先生正式介绍给了耆英。……耆英也好,钦差大臣伊里布也好……都穿得很简单。
>
> ……我很喜欢耆英的外貌,他的长相看起来很具男子气概,表情也很和气。……可怜的伊里布健康状况不佳。舟车劳顿和应付谈判的焦虑让他看起来很不安。[②]

稍作休息,伊里布等参观英方巡洋舰,“他们的吃惊溢于言表”,[③]他们受到极大震撼。可见,《南京条约》签订前夕,伊里布等已在气度上被英方坚船利炮所征服。8 月 29 日,中英签订《南京条约》,巴夏礼日记大体记载:“这个可怜的老人(译者按:伊里布)病得很重,他是坐在椅子里被抬上来的。璞鼎查、司令和将军都去帮忙把他抬到船舱的后部,安置到沙发上。程序进行得很快,我们不希望伊里布被累着。”[④]处理台湾事件的总负责人是耆英,伊里布道光二十二年九月才上任,其早期因对英主和而一度受朝野谴责,后进京服罪。他在外交上主张求和受到英方高度评价。当英军所向势如破竹,道光

---

① 《往来文书》,不列颠图书馆藏,第 6～7 页。

② 斯坦利·莱恩-普尔、弗雷德里克·维克多·狄更斯:《巴夏礼在中国》,金莹译,桂林:广西师范大学出版社,2008 年,第 30 页

③ 斯坦利·莱恩-普尔、弗雷德里克·维克多·狄更斯:《巴夏礼在中国》,金莹译,桂林:广西师范大学出版社,2008 年,第 31 页。

④ 斯坦利·莱恩-普尔、弗雷德里克·维克多·狄更斯:《巴夏礼在中国》,金莹译,桂林:广西师范大学出版社,2008 年,第 34 页。

帝转而示意求和,伊里布被英方指定为谈判的恰当人员。道光帝被迫启用伊里布等,对英妥协成为风气。《来往文书》中也可见耆英与伊里布的使命:英国一再施以军事压力并要求派有实权的钦差大臣处理中英纠葛,由此,“内阁奉上谕:两江总督着耆补授;伊着作为钦差大臣补授广州将军,迅即驰驿,前赴新任。毋庸来京请训”。[①] 这超出一般官员任命程序,可见事态紧急。“耆所带钦差大臣关防着交伊……耆所带盛京佐领兵丁及杭州防御兵丁等,即饬各回本处”。“伊所属浙江乍浦副都统,着特依顺派员暂行署理”。[②] 这说明清廷对两者的职责及其后续安排有明确分工;这一任命是临时性、紧急性的。

耆英是整体上能代表中方去与英方交涉的人。他认为满足英方惩罚抗英将领达洪阿等,有利于外交。此前英国外交大臣巴麦尊等训令义律对华公文过于自谦,致使中方公使外交辞令嚣张,时过境迁,在武力威逼下,耆英过于自谦,属示弱的表现。是年十一月二十九日耆英照会英方竟称:“我两国从此永远和好,诸事善定。本部堂因两江地紧要,不克亲赴粤东与贵公使会晤面谈,不胜怀想。”这些一再反映耆英试图以天朝的仁义这一伦理型外交感化英人,而将公务视作个人道德的魅力展示。这显然弄错了地方,表明他不理解其时国际外交理念及新秩序。

(二)外交退让的第一步:《来往文书》与谈判地点的选择

中英关于台湾问题谈判的地点在中国,无所谓主场、客场之分,但中国一些地方为英军侵占,后虽撤军,还有残余影响。外交涉及谈判场所,具体而微。对英交涉台湾问题,清廷重新启用伊里布意味着妥协求和的开始。《往来文书》有道光二十二年十一月二十七日伊里布致璞鼎查照会,称:“本大臣自浙赴粤行至江西途次,接准贵公使十月二十二日所发照会一纸。内开英国难民在台湾遇风,被台湾镇总兵妄称争战俘获多人。贪功妄杀等情。”照会提

① 《往来文书》,不列颠图书馆藏,第 96 页。

② 《往来文书》,不列颠图书馆藏,第 96 页。

及台湾镇总兵(达洪阿),尚未提及台湾兵备道兼按察使姚莹,“本大臣即拟缮折恭奏。旋于十一月二十六日接据两江总督耆咨开:所有贵公使前叙各情,业将如果实系遭风难民,天朝法令必将达洪阿重治其罪等情,据实入告。本大臣无须重复具奏。此时两江总督折早到京,不日必有谕旨。贵公使不必急迫,自应静候”。从言辞来看,伊里布表述尚不失钦差身份,但对台湾总兵达洪阿等抗英侵略所持的立场有所动摇。从外交照会可见伊里布处置问题仍循羁縻政策,“本大臣现惟江西水路浅涸难行,即由江西之万安县起早(旱),以期迅速到粤,面议通商税饷事宜。早为开关贸易,以结两国和好大局可也”。可见,广州将军伊里布到广州的重要目的是履行《南京条约》,从而满足英方所谓“通商协议”。当然伊里布如此应对,实属奉道光帝密旨而为。

璞鼎查一度借口耆英等没有皇帝委任的谈判权,将对清战事以威胁的方式推进。这一次,谈判代表广州将军伊里布宣称自己“赍有大皇帝密寄及御宝钤纸等件”,“即请钦奉贵全权公使大臣内渡,以便定地订期相会。缘系紧要言语,必须面见告知,不便载之文书,专弁邀约期会,并希将内渡日期先行见覆”。从其南下时间的表述可见,伊里布将军强调面谈的重要性,但似又有意拖延。从鸦片战争时期清廷对外交涉的情况来看,这也是耆英及其部属一贯的办事风格。对华战争总指挥奥克兰早有预计,“我曾极力主张继续向东部最有力地采取积极措施,直到远征部队的首领们为实现委任给他们的那些目的获得确实的保证为止。我已表示过我的希望,即应坚持获得中国最高当局的明白答复,而且那些答复在形式上不是傲慢无礼的,在内容上是直接而又明确的;同时,在达到这个目的之前,应当毫不妥协或毫不犹豫地声明英国武器的优越”。[1] 面对英方坚船利炮,中方的拖延也在情理之中。

针对英方以开启战事相威胁,道光二十二年十二月十二日,“大清钦差大臣广州将军前协办大学士伊、大清钦命太子少保兵部尚书两广总督部堂祁”联名照会璞鼎查。按:此番清廷授伊里布广州将军的重要目的,是满足英方

① 《英国档案有关鸦片战争资料选译》(下册),北京:中华书局,1993 年,第 1000～1001 页。

要求谈判代表具有相当的政治级别；继琦善之后补任两广总督的祈贡也以妥协退让为策略。《来往文书》中该联名照会云："为连衔照会定地、定日相见事。窃本大臣前经差寄约期见面之照会，计已得登澄鉴。兹本大臣于初九日行抵省城，十一日接受广州将军印务。""现在与督部堂、抚部院专候贵全权公使大臣内渡有日，见覆文到日，本大臣等即拟前赴黄埔，同登贵船相见"。可见约定地点是英国船只，在广东黄埔，"本大臣有宣示谕旨给贵公使大臣敬领重事。本督部堂及抚部院亦有面议之事。即祁贵公使大臣定于何日会晤，是否即在黄埔贵船上相见之处，均希覆文，以便会同前往"。这一照会与上一照会相差 6 天，清廷办事仍是不温不火。国与国谈判注重实际利益的攫取，但在一定的时空范围内，谈判时间、地点的选择往往决定谈判意义在记忆结构中愉快或痛苦的程度，更具有符号象征的意义。伊里布以广州将军的身份在黄埔谈判，地点无疑是合适的；愿在英国船只上谈判，亦显示清廷诚意。是日收到英方照会，见下文："顷接贵全权公使大臣十二日照会。知本大臣已于初九日行抵省城，会同本部堂邀约在于黄埔晤叙，请祁内渡定日示覆，以便偕往之，照会尚未得登藻鉴，核计日期，前文兹已赍到。想贵大臣早经内渡前来。兹因罗译官由省转回之便，再寄会衔照会。即希贵大臣行抵何处，是否仍照前约在于黄埔见面，或在黄埔以上地方，并定何日，统即照覆。本大臣等即便挂帆同往贵船会晤，恭宣谕旨，一并叙谈。"强调见面宣旨，时间是"道光二十二年十二月十六日"。

为了确定见面地点，双方屡有照会，时隔 2 日（即十二月十八日），伊里布照会璞鼎查重申见面地点等，并称："本大臣俟接有贵大臣内渡照会，即行会同督部堂、抚部院带回黄、咸两大人扬帆前进，会晤畅谈。"清外交谈判核心人物仍是耆英，见下文："兹接两江总督部堂寄来照会一件，专弁赍赴查收。希于见面后，即将前后两次接准耆督部堂照会覆文办就，仍由本大臣处加封，驰递两江督部堂查收。"十二月十九日伊里布、祁贡照会璞鼎查："十二月十七日接准贵公使照会，定于十九日早间驾坐火轮船只内渡，计晚间可至省河，即在黄埔河面专候会晤面议事件，等因前来，是当如期偕往。"但面对英方答复，中方旋即改变态度，“惟十九日乃封印大典，本大臣、本部堂衙门均有应办公事，不克如期前往，且贵公使于晚间始抵黄埔，本大臣等亦难在城外久待。今改于二十日早晨偕同抚部院等乘船至黄埔地方，定于午刻会晤，恭宣谕旨，面议一切”。这些反映伊里布等代表的中方谨慎处理对英交往，多羁縻政策取向，能拖则拖，希望事态或有变化。

双方会谈情形见《筹办夷务始末(道光朝)》卷六五(道光二十三年，癸卯。正月，辛亥)有“钦差大臣伊里布、两广总督祁贡、广东巡抚梁宝常奏”：“窃臣伊里布前将到省妥办缘由，恭折覆奏在案。嗣行抵粤省，与臣梁宝常会商，意见相同。旋据夷酋朴鼎查来文，订期接见。臣等即于本月二十日，率同广东布政使觉罗·存兴，江苏按察使黄恩彤，四等侍卫咸龄，前往距省六十里之黄埔河面。”交代了外交礼仪及英使的反应，“维时朴鼎查已乘船至彼，即过船与之会晤。该夷酋摆队奏乐，执礼甚恭。迨议台湾杀戮夷俘之事，该夷酋虽经接到臣耆英、伊里布照会，积愤未平。迨臣等宣示恩旨，明白晓谕，该夷酋似极知感戴，亦复欢忭”。这大体是立足维系清帝国面子的概述，其时翻译者为小马礼逊(即马儒瀚)，传译提及台湾事件为中方抗英冒功，“据马礼逊译传该酋之言，声称台湾前获夷人，实系贸易夷商，遭风覆溺，并非临阵被擒。如果前往争战，断无仅发兵船一只，毫无援救之理。渠素仰大皇帝仁爱群生，如果知系难夷，必不忍加以诛戮。总以台湾远隔重洋，无从周悉，致达洪阿得以捏情入奏，妄杀冒功。渠实心不甘服”。奏折将清帝的仁义道德用于感化所谓“夷酋”，无疑可笑可叹。“现经奉旨派委大臣渡台，秉公查办，渠十分感激，当静候办理，不敢妄有争竞等语。察其情词，尚属恭顺”。就礼仪而言，这无疑满足了清帝天朝大国的虚荣，实为清使臣粉饰之词。“臣等复谕以现在和议已定，即当料理通商，所有输税章程，亟须议定。台湾一案，查办需时，不必观望迟疑。因一端而妨碍全局，有违大皇帝谆谆训示之至意。该夷酋深以为然……臣等复查该夷虽蛮悍性成，颇知守信……虽语多桀骜，尚与既抚旋叛者情事不同，且亦恐系台湾原办不实，有以致之”。伊里布等从外交的角度，揣测英方言辞上有强硬之处，“恐系台湾原办不实”，此无疑提醒道光帝认清形势。“现蒙皇上圣明洞烛，特沛恩纶，该夷酋虽属冥顽，亦有知觉。自当回心向化，不致辄起兵端”。即仍以感化的方式达到怀柔远人的目的。尽管词涉粉饰，但英军仍在，海疆军情危急。特别是英方提出台湾事件所谓“冒功妄杀”要查处，“惟夷性多疑，迟则生变，仍乞饬下督臣怡良，克期渡台，迅速查办，辨其虚实，权于轻重，必有以释其反侧之心，方足以驯其暴戾之性”。[①] 将“夷人”性格定位为多疑暴戾，属传统夷夏之辨及对英交往而形成的刻板印象，“此虽案外之一端，亦于全局大有关系”。[②] 即对台湾问题的处置影响整个对英关系。此属关键。

这些举措博得英使好感，而道光帝则在主战派与主和派之间徘徊，伊里布与祁贡对英主和、妥协，采取怀柔远人的羁縻政策，而道光帝正是根据伊里布等奏折谕军机大臣等重申上述内容。[③] “本日据伊里布等驰奏，接晤夷酋情形一折，览奏均悉。已有旨由六百里寄知怡良，迅速赴台，如查明达洪阿因激于一时气愤，不问入境夷船是否前来争战，遽将夷人悉行擒获，铺张入奏，即将该镇带回福建省城，听候谕旨。并令将查办情形，飞咨该大臣。计怡良接奉此旨，自已迅速妥办矣。着伊里布等即将一切通商事宜，次第筹办，得有台湾确信，即行宣谕该酋，释其疑贰。并将本日复有旨催令怡良前往之事，先行谕知，以安反侧”。[④] 即着怡良迅疾查处所谓抗英“冒功妄杀”事件，辛巳正月十三日，两江总督耆英奏：“窃臣承准军机大臣字寄，正月十三日奉上谕……适接伊里布递到夷酋朴鼎查照会，内称该酋原望与臣于广东会面。今奉大皇帝另有调度，实深钦服。”其词多赞君主英明，从中方整个战绩来看，实为修辞。“现与钦差大臣伊及各位大人筹议，诸事自可妥治(洽)。至台湾诛戮夷囚一事，该酋在江时，并未闻知。非敢于受抚后另生枝节，既敦和好，亦不必因此介意，只求大皇帝执法办理，并准伊里布函称：已于上年十二月二十

---

① 《筹办夷务始末(道光朝)》卷六五，北京：中华书局，1964 年，第 2550～2551 页。
② 《筹办夷务始末(道光朝)》卷六五，北京：中华书局，1964 年，第 2551 页。
③ 《筹办夷务始末(道光朝)》卷六五，北京：中华书局，1964 年，第 2551～2552 页。
④ 《筹办夷务始末(道光朝)》卷六五，北京：中华书局，1964 年，第 2551～2552 页。

日与该酋会晤，情词极为恭顺，惟总以台湾戮俘为借口，经伊里布恭宣谕旨，该酋颇知感激……”[①]奏折涉及英方以通商名义打探海路通道：“据称改正洋图，以便商船来往，似亦不尽假托之词，惟夷性狡猾，不可深信，更不可稍露张皇，当即密饬沿海文武各官，钦遵节奉谕旨，妥为防范，如再有夷船驶至，即示以无疑，直上其船，查明实系何国何项船只，来意何居，星飞禀办，并借收到朴酋照会为名，用文照覆，告以台湾戮俘，已奉大皇帝大公无我，曲示怀柔，不因诛戮在议抚之先，置之不问，凡属英夷，必当顶戴天恩，中心诚服，消释嫌疑，永敦和好。”[②]所谓“曲示怀柔”，无疑是以对外妥协、卖国的方式表达传统的怀柔远人之仁义用意而已，但英方探究海路是否意味着战事威胁，道光帝当明了于心。

在此情景下，查处所谓台湾事件中“冒功”行径，后果可想而知。据“军机大臣密寄钦差大臣伊”：“道光二十三年十一月二十三日奉上谕，前据耆英奏璞鼎查控诉台湾妄杀冒功一折，现在抚议已定，不值因此一端致妨全局。伊里布到粤后必与璞鼎查会晤，着即告以天朝统驭外夷一视同仁。凡有遭风难夷，无论何国，例得抚恤。”这里表达了在局部与整体的利益上皇权对处理外事的耆英、伊里布等的信任，相比之下，“前据耆英奏到呈诉台湾镇妄杀冒功。大皇帝闻之十分震怒，惟究系一面之词，不能遽行定谳。已有旨命闽浙总督怡良即日渡台密行查办”。“伊里布身膺重寄，熟悉边情，必能抑体朕怀，妥为办理。将此由五百里谕令知之”。[③] 可见为了早日媾和，道光帝竟将希望寄托在伊里布等的所谓妥善办理上，此也属委曲求全。

(三)外交退让造成抗英战绩付之东流：台湾军事及行政责任者受诬陷

面对《南京条约》签订后英方挑起台湾旧事，称英舰为商船而非战舰，抵

---

① 《筹办夷务始末(道光朝)》卷六五，北京：中华书局，1964 年，第 2576～2579 页。

② 《筹办夷务始末(道光朝)》卷六五，北京：中华书局，1964 年，第 2579～2580 页。

③ 《往来文书》，大英图书馆藏，第 94～95 页。

台洋面实为遇风触礁；面对中方一些高级官员为维持《南京条约》签订后中英所谓和局而附和性的反应，达洪阿等予以驳斥，见道光二十二年十一月二十四日“台湾镇总兵达洪阿等奏为护送英俘到厦并闻英方忽有异议折”（军录）：“提督衔福建台湾总兵臣达洪阿、按察使衔福建台湾道臣姚莹跪奏，为委员护送夷俘，及遭风夷人到厦，先后交收完竣，讵闻鼓浪屿夷酋忽生异议，谨据实奏闻，仰祈圣鉴事。”[①]奏折提及是年“九月初十、十月初九等日，先后由五百里具奏，遵旨释还夷俘同遭风夷人，两次委员护送，先期遣人往鼓浪屿（投）书，及厦门夷官两次来台情形，具奏在案”。[②] 缘此，达洪阿、姚莹奏称：“风闻璞鼎查已到厦门，与鼓浪屿夷酋札士必，为何忽生异议，以为台湾正法之夷人皆系遭风夷商，不应正法等语。臣等不胜骇异。”[③]在鸦片战争中，清军多败绩，唯台湾抗英获胜的背景下，诬陷姚莹等冒功亦涉及同僚的嫉妒等。[④] 面对诬陷，达、姚辩解：“查台湾洋面，上年八月初一、初五等日，即有夷船在南北洋面游奕。是时并无风暴，及初九日始有飓风。至十二日申刻即已止息。该夷船系十三日申刻，到鸡隆口外洋停泊。十五日辰刻，移泊近口之万人堆洋面。十六日卯刻，驶进口门。对二沙湾炮台连发两炮，打坏兵房。我兵亦即放炮回击，见其桅折索断。船即随水退出口外，冲礁击碎。”这是实在情形。“该夷船来台游奕，在未起飓风之先。及到鸡笼洋面停泊，已在风息之后。且先泊外洋，后进口门，中历三日之久。何得谓之遭风？”奏折斥责英船系“遇风触礁”的说法。所谓冒功还涉及英船系商旅或军舰之别，“如系商船，为何开炮攻我炮台？所有取获大小炮位多门，及夷人战甲，内地营中炮械尚在，可证。及九月初五日又有三桅夷船至鸡笼洋面，攻破我炮台石壁，烧我

---

① 中国第一历史档案馆编：《鸦片战争档案史料》（六），天津：天津古籍出版社，1992 年，第 376 页。

② 中国第一历史档案馆编：《鸦片战争档案史料》（六），天津：天津古籍出版社，1992 年，第 656 页。

③ 中国第一历史档案馆编：《鸦片战争档案史料》（六），天津：天津古籍出版社，1992 年，第 656 页。

④ 施立业：《姚莹年谱》，合肥：黄山书社，2004 年，第 154 页。

哨船一只。因上岸夷人，为我兵炮毙，始行退去。似此攻战交锋，何竟讳匿不言，而以遭风借口？”①即英军冒以商船攻击台湾炮台，此为英军侵台证据之一。英军侵台证据之二：“本年正月，大安之役，先于正月二十四日，即有三桅夷船三只，在彰化县之五义港外洋巡驶。臣等设伏定计，密遣渔船，诱其搁浅，击破沉溺杀毙外，生擒夷众颠林等四十九人，及广东奸民陈阿盛等。起获炮械，内多浙江、宁波、镇海营中军器，镌有各营字号。并有起获浙江提督水师号衣、绿色旗帜等件，温州镇左营船只字号，局存火药数目，水陆程途里数、形势等册折，浙江巡抚札温州左营包游击捕盗印文二件，又札包游击查获贩卖鸦片之闽犯陈往印文二件，颍州营守备札薛外委查守兵陈廷俭有无饮酒生事印文一件。现具贮库可验。若系商船，何有此物？显系在浙骚扰之兵船毫无疑义。”②此战俘虏英人军事头目颠林，颠林后被姚莹等勒令草绘世界地图，但正是颠林被释放后散布谣言，称英商船系遇风触礁而被达洪阿、姚莹等冒功，诸如此类说法，后成为中英争执之英方证词，前文已述，此不赘言。针对《南京条约》签订之后，英方乘机秋后算账，达洪阿等称：“夷情狡诈，一至于此，且事在和议未定以前，薄海同仇。即使夷船实系遭风，亦当乘势攻击，方为不失兵机。岂有释而不击，擒而不杀之理？况夷人夹板虽众，其中多系派用商船打仗，胜则称为兵船，以耀其武；败则指为商船，以讳其短。此固兵家之常，原无足怪。乃于和议已成之后，追寻前事，谓台湾不当将其人正法，成何理耶？”③即英方实是反攻倒算。

针对达洪阿、姚莹等的答辩之词，道光二十三年正月二十六日朱批：“另有旨。”④道光帝谕令军机大臣等，“前因英夷指称台湾所戮夷俘，实系遭风难夷，当命怡良渡台查办。计此时应已东渡，兹据达洪阿等奏……等语，着怡良详细查访，倘该镇道所奏情形，竟有虚饰，即遵前旨办理。如所奏皆系实情，

---

① 《筹办夷务始末（道光朝）》卷六五，北京：中华书局，1964年，第2567～2568页。

② 《筹办夷务始末（道光朝）》卷六五，北京：中华书局，1964年，第2568页。

③ 《筹办夷务始末（道光朝）》卷六五，北京：中华书局，1964年，第2568～2569页。

④ 中国第一历史档案馆编：《鸦片战争档案史料》（六），天津：天津古籍出版社，1992年，第658页。

亦当筹及大局,将达洪阿撤任,带至省城,候旨办理……达洪阿等原折,着发给阅看”。[①] “达洪阿等原折,着发给阅看”意味着道光帝与台湾抗英将领诸多往来奏折及上谕让侦办台湾事件的怡良知情,在某种程度上也暗示了处理达洪阿、姚莹之尺度。可见,此时面对整体或局部利益的选择,道光帝无可奈何,即便达洪阿所奏属实,亦须撤职处理。达洪阿等因此入狱,由“穆党”首领穆彰阿等会同审讯,后以道光帝授意革职告结。台湾事件中抗英派显然成为道光帝及妥协派主和意义上怀柔远人的牺牲品。

总之,《南京条约》签订不久,英方就台湾事件再掀波澜。其时,中英关系敏感,承担彻查台湾事件这一任务的人选恰是一度兼任台湾政务的怡良。对于负外交责任的耆英、伊里布等而言,《南京条约》签订后,他们一直试图将中英关系维系在和平通商的框架内,避免英方利用台湾事件再起战事。他们洞悉《南京条约》签订后道光帝的政治底线,而英方一再强调台湾事件中往台船只属商旅而非战舰,台湾抗英多有冒功妄杀。若处理不力,将动武。故耆英、伊里布等处理台湾事件的态度是不能危及《南京条约》签订后的中英和解,此为底线。由此而论,彻查台湾事件,怡良与耆英、伊里布等心知肚明,立足点及出发点一致。故调查结果是台湾抗英派下狱。由于“上传下达”的上谕及奏折往来,道光帝亦深知台湾事件处理的政治伦理底线及中英外交关系的变化趋势。一旦与英方达成妥协,道光帝即将姚、达释放。台湾事件对作为循吏兼能吏的姚莹的政坛生涯造成了巨大冲击。其后,姚莹虽人在官场但似无意仕进,追求著书立说。能吏不再专意治事而著书警世,夫复何言?而出狱后,达洪阿在职务上有晋升,后死于镇压太平军的军旅生涯。此后清政权处于风雨飘摇之中。

五、对新发现涉台文献背后外交折冲的思考

研究新发现涉台文献需要弄清材料来源,也要分析外交文书内容及表达

① 《筹办夷务始末(道光朝)》卷六五.北京:中华书局,1964年,第2569～2570页。

方式,从而有利于解读道光年间国与国之间"全权"(代表皇权或国家的意志)钦差大臣行动的谋划及其策略。在"怀柔远人"这一外交框架被解构之前,清方并没有更好的或完备的现代意义上的外交理念。珍稀文献《来往文书》《台湾奏折上谕》充斥外交词汇及修辞。在外交谈判中,辞令的含糊性及准确性都是必需的,要看用在什么地方,或谈判方处于什么样的境地及立场等。

台湾作为中国领土的一部分,在近代,可谓令西方垂涎的中华桥头堡。外来势力一直想进入台湾,侵占台湾。荷兰被郑成功率军赶走后,道光年间英方对台有军事企图。这一企图正是我们此次探讨的重点。基于台湾地缘因素等而讨论中英关系,无疑涉及地缘外交,台湾事件可谓清帝国对英关系中的重要一环。就第一次鸦片战争而言,清廷总导演道光帝也一直在或战或和之间犹豫,如二十二年六月初三日,他针对耆英等的奏折,以廷寄传谕旨:"又耆英、伊里布奏,接阅酋目回信一折。览奏可恶之至!该逆既不肯戢兵,若再事羁縻,不特与事无益,且恐有伤国体。"[①]因此,道光帝令清将"专事剿办,无稍游移",[②]但西方的坚船利炮已远超越清帝国的冷兵器,《南京条约》的签订意味着英胜中败。清帝国统治者亦大体学会从整体利益考虑中英关系的利害得失。台湾事件中中胜英败,属鸦片战争之局部,并不能改变大局。何况达、姚等抗英的胜利多凭借熟悉地理的优势而非武器。由此而论,中方在台湾问题上终要退却也在预料之中,只不过道光帝一开始没有意识到西方坚船利炮的威力,并试图用台湾的局部胜利作为鼓舞士气的筹码。

就台湾事件所涉外交而言,英国对华多依仗坚船利炮,可谓军事型外交。清帝国对外仍实行怀柔远人的朝贡贸易策略,讲的是仁义,实属伦理型外交。这与清帝国践行"修、齐、治、平"为旨趣的"家国同构"这一伦理型政治密不可分。而随着兵戎相见,清帝国涉外观念也发生变化。主持清方外交的耆英、伊里布等参观英方坚船利炮后,妥协绥靖政策遂成为他们的首选。台湾总兵达洪阿等将所谓英国遇灾船只掠获而邀功自夸等,显系诬告。耆英等甚

---

① 《筹办夷务始末(道光朝)》卷五三,北京:中华书局,1964 年,第 2027 页。

② 《筹办夷务始末(道光朝)》卷五三,北京:中华书局,1964 年,第 2027 页。

至幼稚地认为处理了达洪阿等抗英将领，以璞鼎查为首的英方就尽释前嫌。[①] 外交究竟是军事型的好还是伦理型的好，可以讨论。但对于道光帝而言，西方坚船利炮所代表的军事强国一时间难以企及，仁义为核心的伦理型外交仍要坚持，何况伦理型政治关系清帝国统治的合法性与正当性。简言之，清帝国统治多依靠王道，而非军事意义上的霸道。耆英等在台湾问题上陷害忠良，实际上也表明地缘意义上的台湾局部抗英胜利成为清帝国整体性外交的牺牲品。

对于施行伦理型政治的清帝国而言，以权术陷害忠良终属离经叛道的行为，在局部利益为整体利益牺牲时，皇权可以考虑。但一旦恢复天朝大国旧的统治秩序，从仁义的层面出发，皇帝对其"卖国"行为的清算，也成为帝国继续统治的合法性基础。1850 年 2 月道光皇帝死了，继任者咸丰帝随即通过密谕派一度对英强硬的徐广缙、叶名琛清查耆英等。[②] 12 月 1 日，咸丰帝朱笔颁旨，处分诬陷达洪阿、姚莹的朋党穆彰阿、耆英："任贤去邪，诚人君之首务也。去邪不断，则任贤不专。方今天下因循废坠，可谓极矣。吏治日坏，人心日浇，是朕之过。然献替可否，匡朕不逮，则二三大臣之职也……从前夷务之兴，穆彰阿倾排异己，深堪痛恨。如达洪阿、姚莹之尽忠尽力，有碍于己，必欲陷之。耆英之无耻丧良，同恶相济，尽力全之。似此之固宠窃权者，不可枚举。"处置耆英等涉及先帝，"我皇考大公至正，惟知以诚心待人。穆彰阿得以肆行无忌。若使圣明早烛其奸，则必立置重典，断不姑容……耆英之自外生成，畏葸无能，殊堪诧异。伊前在广东时，惟抑民以奉夷，罔顾国家……今年耆英于召对时，数言及英夷如何可畏，如何必应事周旋，欺朕不知其奸，欲常保禄位。是其丧尽天良"。总之，"穆彰阿暗而难知，耆英显而易著，然贻害国家，厥罪维均。若不立申国法，何以肃纲纪而正人心？"[③]由此而论，咸丰帝

---

① 《往来文书》，不列颠图书馆藏，第 18 页。

② 《筹办夷务始末(咸丰朝)》卷三，北京：中华书局，1979 年，第 97～98 页。

③ 《文宗显皇帝实录》(一)，见《清实录》(四〇)，北京：中华书局，1986 年，第 294～295 页。

惩罚耆英等朋党是迟早的事，而台湾事件中耆英助手伊里布早在 1843 年 3 月病逝，超度恩怨之外。耆英终得新旧数罪并罚。咸丰“七年冬，广州陷，档案为英人所得，译出耆英章奏，多掩饰不实，深恶之。及至天津，英人拒不见，悼恐求去，不候旨，回通州”。[①] 面对第二次鸦片战争中《天津条约》签订，咸丰帝宣告耆英死罪。耆英属于陷害忠良的“不义”，但皇权建立在仁义的基础上，咸丰帝伦理上“不忍心”，于是耆英被“赐”自尽。此属王道治国之下，皇权继续仁义政治的修辞，宣布天朝大国继续生存在伦理型的政治秩序之中。

① 赵尔巽等:《清史稿列传》(四)，见《清代传记丛刊·综录类》(1)，台北:明文书局印行，1985 年，第 11508 页。

近代经济新闻价值取向及其政治语境解读

——以第一份商业性中文报纸《香港船头货价纸》为中心

［按语］ 近代经济新闻研究是史学探索的新领域。就新闻专栏而言，第一份商业性中文报纸《香港船头货价纸》对某些经济现象报道的频率等及与此相关的社会反应值得关注。《香港船头货价纸》新闻专栏对经济新闻的取舍有其政治标准，这与传播者办报的受众目标的定位，特别是政治取向密切相关。《香港船头货价纸》刊发的鸦片方面的新闻属鸦片战争期间中国社会经济重要的议题，反映西方追逐殖民利润及中方的应对。由此而言，《香港船头货价纸》有关经济方面新闻的日常叙事背后呈现列强对华的政治霸权，有从政治经济学方面取材的视角。

近代报刊刊载新闻，具有沟通信息的功能。报纸还可发表言论，有些是与经济密切相关的时评。这些涉及报纸的经济功能，学界已有探讨，早在20世纪20年代，徐宝璜在《新闻学概论》中称新闻纸重要之职务表现为四点：一、供给新闻；二、评论时事；三、补助商业；四、补助教育。[①] 在他看来，"近代商业以世界为一大市场。一般商业家，必争奇斗巧，使人知其货物种类名称

① 徐宝璜：《1927年1月梦记》，《新闻学刊》创刊号，1927年2月。参见肖东发、邓绍根编：《徐宝璜新闻学论集》，北京：北京大学出版社，2008年版，第137～139页。

及特长，然后销路可广，商业始有发达之希望。故必有待于宣传之媒介。新闻纸不翼而飞全球，其代登之广告，因是项需要而发生也。且经商必明了时势状况，及各处商业情形，商家自行采探，匪特力之所不能及，抑亦势之所不能，而供给之者，则新闻纸尚矣”。[①] 徐氏讨论报刊与商业的关系，而报刊本身也有个商业化的过程，与近世社会化大生产及商贸基本同步。

自 18 世纪中叶到 19 世纪中叶，伴随着工业革命的开始，大众传媒也随之起步。而廉价报纸的大量涌现，则意味着报纸的普及。就近世报业发展的基本路径而言，大体上经过政党报刊、大众报刊及商业化报刊的历史进程；就报刊功能而言，则意味着报刊反映社会现象、评价及守望社会变迁。报刊功能探索涉及政治、经济及文化等复杂的社会语境。评判近现代报刊的学理依据有文化研究、政治—经济研究两个路向。政治—经济的维度显然侧重分析社会结构，尤其偏重社会结构中的商业及政府的力量。何去何从，则须回到历史现场。

媒介的功能因时代变迁而有所侧重，伴随着社会结构的调整而有所调适。对近代中文报刊的探索涉及中国社会的结构、功能及其历史变迁，而近代社会结构调整的过程及其功能的媒介呈现显然涉及结构主义的学理分析，包含阶级、种族和霸权等的探索。其衡量的维度可以是经济的、政治的，也可以是文化的。就经济及其媒介镜像而言，近代经济新闻的价值取向背后往往有社会结构调整中的政治因素在起作用，这是研究者不能不注意的一个问题。下文以第一份商业性中文报纸《香港船头货价纸》为中心，[②]或多或少地从贸易全球化语境中殖民利益的追逐及霸权等层面进行分析。

---

① 肖东发、邓绍根编：《徐宝璜新闻学论集》，北京：北京大学出版社，2008 年版，第 138 页。

② 新加坡学者卓南生教授的《中国近代报业发展史(1815—1874)》对《香港船头货价纸》及其与《香港中外新报》的关系作了较为深入的考析，颇有见地。

一、香港早期的外国对华报刊与殖民贸易的基本语境

近代中国经济变迁有殖民主义的社会语境，经济新闻价值取向往往受政治因素变动的影响。由此而言，从政治—经济的维度更有益于解读中国早期经济新闻的呈现方式及其政治动因。第一份商业性中文报纸《香港船头货价纸》是近代中国经济分化过程中最初的历史界标，属商旅活动的重要一环。

分析和解读《香港船头货价纸》首先要回到历史现场。在西方坚船利炮进入中国之前，清廷仍以天朝大国自居，实行闭关锁国的政策。早已垂涎中国的西方列强的政治意图及其话语表述，常通过对华中文报刊为其殖民利益造舆论。面对清廷固守的夷夏之辨，外国对华报刊首先在华侨人口密度高的东南亚登陆，代表性的报刊有1815—1821年马礼逊、麦都思在马六甲创办发行的《察世俗每月统记传》，1823—1826年麦都思在巴达维亚（今雅加达）以《察世俗每月统记传》为样本创办的《特撰撮要每月统记传》，1828—1829年吉德在马六甲创办刊行的《天下新闻》，1833—1835年郭实猎在广州创办并主持的《东西洋考每月统记传》，1837—1838年郭实猎、马儒瀚在新加坡续办的《东西洋考每月统记传》（即《新东西洋考》）等。这些对华宗教性定期或不定期刊物传教布道，主要针对中国读者。在思想内容上，早期宣传孔子、耶稣地位平等，鼓吹“四海之内皆兄弟”，实以宗教意义上的救世、救心，达到跨越国界、疆土的思想输出的目的。宗教上鼓吹跨越国界的“四海之内皆兄弟”，亦为西方列强在商业上对华资本输出营造文化氛围。针对中国而来的外报刊，早期以寻求富强及政治革新思维为标识，又有传教布道的色彩，很快被赤裸裸的攫取殖民利润取代，如1838年麦都思与其女婿奚礼尔在广州创办《各国消息》，资讯内容涉及郭尔喀国、阿瓦国、英吉利、比耳西国及广州省城洋商与各国远商交易中各货现时市价等，可见列强商战世界的早期版图。这与西方列强到中国开拓海外市场的殖民诉求密不可分。

近代西方对华商业性报刊的兴衰与中国早期政局变迁密切相关。1840

年，西方对华商报的政治语境发生巨变。随着第一次鸦片战争英军侵华步步推进，清政府节节败退，不仅赔款，而且割地。1841 年 1 月 16 日，英国义律以公使名义发布照会："今拟照依贵大臣爵阁部堂来文办理，一面以香港一岛接受为英国寄居贸易之所。"[①]20 日，义律发表公告，提出割让香港等。与此同时，义律与琦善进行包括割让香港等在内的所谓"穿鼻草约"磋商。1841 年 6 月 7 日，英人宣布香港为自由港。[②] 义律对"广州及中国各地的商贾"发布公告，宣称：他们和他们的船只可以自由进入香港港口贸易，并且可以获得英国长官的充分保护；因为香港位于中华帝国的海岸，英国政府对于进出货物一概不收捐税。[③] 1842 年 8 月 29 日，中国被迫与英国签订《南京条约》，将香港岛割让给英国。

香港被割让，逐步沦为英国的殖民地，成为西方对华报刊的重要据点。1853 年至 1856 年，麦都思、奚礼尔、理雅各在香港创办并刊行中文刊物《遐迩贯珍》(*Chinese Serial*)。1856 年，英国借亚罗号事件伙同法国出兵侵华。1857 年 10 月，英国额尔金同法国葛罗率军在香港会合，意在武力征服。与军事占领同时，列强也有政治宣传及鼓吹商贸的舆论动员。

随着西方殖民势力的推进，1857 年至 1858 年，伟烈亚力在上海创办并主持上海最早的中文刊物《六合丛谈》(*Shanghai Serial*)。其间，清廷既要面对太平天国运动，同时还要应付英法联军。1857 年 6 月签订的《天津条约》，规定南京等为约开商埠，英、法等国传教士可自由往内地传教。清廷以对外妥协的方式集中力量对内镇压。此后，来华外国人的数量迅速增长，1859 年

① 中国史学会主编：《中国近代史料丛刊·鸦片战争》(五)，上海：上海人民出版社、上海书店出版社，2000 年版，第 496 页。

② 马士著：《中华帝国对外关系史》第 1 卷，上海：上海书店出版社，2000 年版，第 323 页。

③ 《澳门月报》1841 年 6 月号，转引自马士著：《中华帝国对外关系史》第 1 卷，上海：上海书店出版社，2000 年版，第 323 页。

在中国的外侨人数为2148名，其中1462名在香港。[①] 外侨来华的重要目的是经商，“在一八四二年到一八六〇年的不安定期间，除了法国商行掌握了一些丝的贸易以及德国人因为长久努力发展奠定了一些杂项贸易的基础之外，重大的商 业活动几乎全部都掌握在英国人和美国人的手里。港脚人和其他印度人则或是与鸦片贸易相关联或是经营家庭用品”。[②] 得寸进尺，以英国为首的西方殖民者并不满足在华既得利益，后借换约之机，英法联军再燃战火。1860年10月，中国被迫签订《北京条约》，规定中国割让九龙司“归英属香港界内”，退还天主教堂的资产等。为了维护既得利益，英国一面以传教布道的方式“教化”异域民众，一面通过海外贸易攫取高额的殖民利润。香港、上海是西方对华最早的殖民据点，香港尤为英国在远东的重要文化思想输出地。时人评述云：“自西洋报纸输入中国，开人智慧，映入眼帘，知新之士，渐次仿行。香港为开风气之先，沪上创铸铅之活字。由是报章出世，阅历倏经过五十余年，其在港沪者，均发自西人，聘华人为主笔，稍具规模，材料未丰，以是士商两途，迄未看重。”[③]此亦见港沪报刊有待发展。

英国对华思想输出有多种途径，香港报刊的重要性可见一斑。英人马士称：自鸦片战争后至1860年，这是香港报业大发展的阶段。当时中国先后所出英文报刊24种，香港占17种，为总数的70.83%，数量上占绝对优势，而其实际影响，也是中国其他地区难以匹敌的。[④] 前文述及1853年麦都思主持《遐迩贯珍》在香港创刊。为迎合中国人的阅读兴趣，麦都思常邀部分买办参与润笔，办刊颇有成效。黄胜(1825—1902) 参与了《遐迩贯珍》的经营。黄

---

① 马士著：《中华帝国对外关系史》第1卷，上海：上海书店出版社，2000年版，第389页。

② 马士著：《中华帝国对外关系史》第1卷，上海：上海书店出版社，2000年版，第390页。

③ 伍廷芳：《中华民国图治刍议》，《伍廷芳集》，北京：中华书局，1993年版，第607～608页。

④ 方汉奇主编：《中国新闻事业通史》第1卷，北京：中国人民大学出版社，1992年版，第288页。

胜(又名黄亚胜,广东香山人)系中国近代第一批留学生。1847 年 1 月,黄胜随马礼逊学校校长布朗(S. R. Brown)到美国,留学于孟松学校(Monson Academy),因水土不服,中断学业。1848 年秋,黄胜返回香港成了伦敦布道会的成员,后任伦敦布道会印刷所总裁,也曾协助理雅各 (James Legge)译书。1857 年 11 月,已有一定办报经验的黄胜在香港参与创办《香港船头货价纸》,此为中国历史上第一份商业性中文报纸,属最初的经济类新闻纸,但并未摆脱其英国对华商贸舵手的身份。

二、《香港船头货价纸》与英国对华商旅

就西方对华期刊的发展史而言,英国传教士在香港办的中文期刊《遐迩贯珍》可以说是殖民喉舌的代表,表达了西方同化中国的价值趋向。就西方重商主义的喉舌而言,英文日报 *The Daily Press* (《孖刺报》)早在 1857 年 10 月 1 日出版,其副标题 *Ships' Commerce and Colonies* 即显示了该报追逐重商主义的倾向。作为新闻纸,《孖刺报》有相当强的职业精神,敢言,常刊文攻击驻港政府官员乃至总督。而英属香港政府也不示弱,依据英国诽谤罪行的相关条例,一度将《孖刺报》的莫佐逮捕[①];从中亦可见,面对资讯共享及资源分割,英属商人与官方的殖民统治亦有利益分歧,当然这是大英帝国的内部问题。《孖刺报》报馆属下的中文报纸《香港船头货价纸》,第 197 号,己未年正月初一日刊发"启者","此纸系在孖刺处每日所印之新闻纸,同馆印刷。每逢礼拜二、礼拜四、礼拜六为期,遍派香港各铺户。每月收回银一大员。如贵客有事要印落此纸内,务宜早一日走字通知未士孖刺便妥"。[②]《香港船头货价纸》经营者及联系人也是孖刺。同期还刊有新闻纸馆另一则"启者","唐人如有切要时事,或得之目击,或得之传闻,不论何事,但取其有益于唐人,有合

① 方汉奇主编:《中国新闻事业通史》第 1 卷,北京:中国人民大学出版社,1992 年版,第 304 页。

② 《香港船头货价纸》第 197 号,己未年正月初一日,礼拜四;"员"通"圆"。

于同好者，均可携至本馆刻刷，分文不取”。[①] 从现有文献来看，以报馆名义发表的此则“启者”连载至第 230 号，即己未年三月二十六日。“唐人”即华人。《香港船头货价纸》为中文类外报，重视华人提供的新闻，并为其发布提供便利。

《香港船头货价纸》现存 79 份，[②]时间为 1859 年 2 月 3 日至 8 月 27 日，时值太平天国领导集团内讧，石达开受洪秀全猜忌、排挤，遂负气独自率军出走并与清军鏖战，辗转于湖南、广西、湖北、四川、云南、贵州等地。当此政局，黄胜主笔《香港船头货价纸》，对太平天国运动及其所涉地方政治颇关注，常有资讯及时评触及。虽主笔黄胜为中国人，但这改变不了该报的文化身份，它的办报旨趣基本上反映了英国在华的商业利益。

经济不同于政治，商人不同于官员，英国对华商旅的代言阵地《香港船头货价纸》亦遭遇商业报刊对政治约束的挑战这一历史困境。1859 年罗便臣任香港总督，他就诽谤罪问题对 1844 年第 2 号香港的出版法作了补充规定。[③]这意味着对报刊加强了约束。此期间也值第二次鸦片战争及中英、中法《天津条约》签订前后，每年有价值五六百万英镑的鸦片流入中国；清政府与英法在上海就《天津条约》展开讨价还价的“修约”谈判。英法联军以到北京换约的名义，大肆进攻大沽炮台，强迫清政府履行《天津条约》。1859 年 6 月 25 日，英国舰队司令何伯率领联合舰队与清军在大沽炮台激战，但以清军胜利而告终。7 月份，英法联军再次兵临大沽口，14 日塘沽失陷。24 日大沽炮台被攻克，是日英法联军攻占天津。其中历史细节的呈现与展示尤见《香港船头货价纸》有关时政方面的新闻专栏。专栏政治倾向性颇明显。

作为专业化的对华商旅类报纸，《香港船头货价纸》偏重对华经贸方面信息的传播。从传播内容来看，《香港船头货价纸》颇重视船运消息。如己未年

① 《香港船头货价纸》第 197 号，己未年正月初一日，礼拜四。

② 卓南生：《中国近代报业发展史（1815—1874）》，北京：中国社会科学出版社，2002 年版，第 265～422 页附录影印这 79 份报纸。

③ 方汉奇主编：《中国新闻事业通史》第 1 卷，北京：中国人民大学出版社，1992 年版，第 304 页。

正月初三日第198号有专条“前往上海”：“哥赋街末士急公司有第一等荷兰二枝半桅船一只，名‘士云你剪’，船主名‘晏拿’，其七百六十墩大，准于早日扬帆前往上海。如贵客搭货，请至本行面议。戊午十二月廿一日启。”时隔七日，再有消息称：“兹有第一等荷兰船一只，名‘云打把唔’，船主名‘包孖时打’，准于早日扬帆前往上海，如贵客附搭物货，到请些化行面议。戊午十二月廿八日启。”这些外贸船只航线多经香港，往上海。第198号刊有“前往省城”的告示：“台湾火船准于新月初四朝八点钟由港往省，初五日由省往澳，初六日由澳返港，初八日由港开行，前往汕头。特此预启。”诸如此类，消息甚多，呈现了其时通商口岸商旅往来的路线图，也展示出西方商品及资本向中国腹地渗透的早期版图。

就经济资讯而言，《香港船头货价纸》刊发的商品贸易消息涉及方方面面，其报馆本身亦进行商品代销。己未年正月初六日第199号有专条“鞋皮出卖”：“兹有新到好米路鞋皮出卖，如贵客欲买者，请到本新闻纸馆面议。戊午十二月二十一日启。”同期刊有“白米出卖”：“兹有上白孟加剌米与米朴出卖，如贵客欲买米，请到本新闻纸馆面议。”这些消息虽字有错乱，但说明《香港船头货价纸》尚有商品交易中介的多重镜像。

作为早期形态的商报，《香港船头货价纸》还刊载了“寻物启事”，可见商人逐利的精明能干。如己未年正月初十日第201号刊“出赏帖”：“兹有一百员旧银行银纸一张，由船料局至新公司行路上失去。如有四方君子执得者，可带回本新闻纸馆，自然有赏。此银纸已经在银行报失，不能取银矣。”类似消息，皆与商贸有关，表述如“四方君子执得者”，后又说不能取银，亦见商人的精明。《香港船头货价纸》还较好地呈现了近代商贸的日常叙事，尤以刊载信笺船运方面消息为最，如己未年正月初一日第197号题为“香港管理书信馆”：“照得每凡泰西书信火轮船到港后六点钟，即有根砵带书信往黄埔、省城，除附搭各庄口，火轮船□省之外，每礼拜四早晨七点钟亦有根砵往省，书信准以每礼拜三下午五点截收。每逢礼拜一早晨七点钟即有根砵由省起行，落黄埔，来香港。戊午十二月廿九日。”该消息连续刊载，见己未年正月初三日第198号、己未年正月十五日第203号、己未年正月十七日第204号,等等。此亦见,其时列强有专门运载书信的轮船航班,由西方抵达香港,至黄埔,再至省会,再按原路返回。简言之,以省会为中心组成发散的传播网络,交通工具为船只。这一点正如赫德的助手马士称:“早年是没有邮政便利的,每个发信人或收信人都须依靠其本公司的船只或其他公司的便船。”①就香港通信而言,“在一八四二年四月十五日璞鼎查爵士通告在香港开设邮局,但是在目前对于信件或包裹不收任何费用”。② 当大英轮船公司组织邮轮班船后,部分邮件要收费:“寄到英国或法国的新闻纸免费,寄到美国的新闻纸照信件办法收费……在一八五七年寄到法国的新闻纸免收邮费,寄往英国的每份收一辨(便)士,寄往美国的照信件收费。”③其中,专门的书信传递(除西方在华任职或活动的殖民者与其家人或朋友通讯外),可能存在相当于后来的“通信社”(后或称“通讯社”)的传播组织。《香港船头货价纸》对这一广告连载,主要为了增强传播效果。由此足见商贸类新闻纸虽为草创,但逐利的用心已清晰呈现。

三、《香港船头货价纸》新闻专栏的经济价值取向及动因解读

《香港船头货价纸》作为商业通讯类新闻纸,其时政要闻集中于鸦片及英法联军等;关注香港地方官员的变动及其与英帝国的关系,亦常发布官方告示。它是英方对华重要的经济类喉舌。《香港船头货价纸》作为早期经济类新闻纸,如何在浩如烟海的资讯中采集或遴选新闻,涉及新闻刊发标准。而

---

① 马士著:《中华帝国对外关系史》第1卷,上海:上海书店出版社,2000年版,第387页。

② 《澳门月报》,1842年8月号,转引自马士著:《中华帝国对外关系史》第1卷,上海:上海书店出版社,2000年版,第387页。

③ 马士著:《中华帝国对外关系史》第1卷,上海:上海书店出版社,2000年版,第387～388页。

新闻遴选往往与读者的关注程度密切相关。从现存的《香港船头货价纸》来看，其新闻聚焦：军事新闻，涉及英法联军及“亚罗”号事件、中国军备之弱、第二次鸦片战争、英人与中国地方交战、英军入台湾等；太平天国方面，涉及太平天国运动概述、太平天国与清军交战、太平军等；外交方面则涉及中英外交及香港、英钦差、中俄外交，部分新闻涉及中国附属国安南，法兰西与西班牙为殖民安南事交涉等；传教士方面，涉及英法传教士并通商等；通商方面涉及中英通商、中美通商等；与通商相关的社会问题有向外国人征税、通商抽税、贩人作“猪仔”贸易、走私案等；航运方面涉及凶杀案、海盗、洋海盗等；华侨方面涉及美国华侨、唐人等；区域新闻涉及香港及香港英督官升降、广东地方新闻等；还有国际新闻及国际外交新闻等。比照时人马士所著《中华帝国对外关系史》第1卷，即可见这些选题皆是其时的社会焦点。至于进入《香港船头货价纸》编辑视野并准备刊发的经济新闻出现在报纸的什么位置、字号的大小等，则是另一问题，亦值得关注。就报道的连续性而言，《香港船头货价纸》尤侧重英法联军侵华战争（即第二次鸦片战争）方面的消息及时评。刊载内容关涉鸦片贸易及其相关的商业活动等。通商抽税则是新闻议程设置的焦点。

《香港船头货价纸》报道及时评的范围涉及围绕鸦片贸易展开的战争及参战方英、法等国的舆论，清帝在战争中的姿态及清廷官方的舆论，第二次鸦片战争的国际背景及相关舆论等。而其时的国际外交及中国附属国在世界殖民浪潮中的命运，亦有所触及。作为地方商业性报纸，《香港船头货价纸》关注香港周边如广州等地的商贸动态，同时，也有世界性目光，如关注中英、中美贸易，报道国际新闻等。但总体看来，在香港逐步沦为殖民地的语境中，《香港船头货价纸》是世界范围内贸易畸形繁荣的产物，故中英之间的鸦片贸易、中美之间的所谓“猪仔”贸易等商业资讯在《香港船头货价纸》上高频率地呈现。与殖民化贸易对应的是列强对华暴力干涉，《香港船头货价纸》也予以关注并有相当篇幅的呈现。

《香港船头货价纸》报道的经济新闻背后涉及殖民战争。如《香港船头货价纸》第215号刊有新闻:"兹接到上海信云:现查天津河口大姑(沽)地方炮台,旧岁被英法人毁烂,一切已经重新筑好。又闻,咸丰君实不欲英国钦差大臣进京,故此迁去两广总督之洋务钦差关防,交两江总督管理。又留桂中堂、花大人二位钦差在江南,俟候来任大英钦差到上海或以言语阻他进京之意。以上之言,未知真否。如若是真,可见大清官长屡屡办事如同小子弄戏一般。虽立明和约,两国钦差盖了关防,以昭信守,亦有悔恨之意也。"以"小子弄戏"来形容大清官长处事屡变,可见其站在侵略者立场上的态度和对在西方对华商战背景下政治身份的认同。而香港报人乃至主笔就要面对清政府、英帝国两者之间的被殖民者、殖民者的政治心态,而《香港船头货价纸》的办报旨趣在两者之间是如何取舍的?我们在分析《香港船头货价纸》刊发新闻时不能忽视这一点。

《香港船头货价纸》设置"新闻"专栏,其新闻包含多个方面,鸦片贸易方面的新闻占据主导地位,这有殖民战争的社会语境。下文逐一探讨。

第一,鸦片贸易方面的经济新闻及军政动因。就18世纪的中外贸易进出口额而言,英国居首位。由于中国自给自足的农耕经济的存在,英国对华工业品贸易初遇不利。以中英在广州十三行的贸易为例,中方始终处于出超的地位,大宗对英商品输出尤以茶叶、生丝等土特产为代表。但从黄爵滋的奏折可知,鸦片战争之前已有大量白银外流。中英贸易从《香港船头货价纸》刊载的经济新闻可见一斑。该新闻纸作为商业报纸,发表中方与茶叶贸易密切相关的告示,特别是广东抽取厘金以应军需,也在情理之中。但涉及各方的利益,问题重重。《香港船头货价纸》己未年正月初十日第201号以"分巡各路总办元白茶抽厘前雷琼兵备道蔡为晓谕事"形式发表"告示":"咸丰八年九月二十六日,奉钦差大臣两广总督部堂黄札开:照得军需万紧,前经本部堂特派参将伊达章督同孔继尧等办理元白茶抽厘,事务日久,尚未见效。刻下需费孔急,不容再事稽延。昨前续派当防同知刘丞前往佛山,会同尹参将迅速开办,各在案。乃近接该参将来禀,察其呈词,尚知激发天良,力图报效,而其中难免有掣肘之处,禀请派委大员会督筹办,俾得以功补过。本部堂查有奏请随带，来粤之前，雷琼蔡道守洁才优，为部堂素所深信者，以委办此项抽厘及稽查各项厘务，必能认真整顿，俾厘务大有起色，以济军需而除弊，实合亟札，饬札道即便遵照，由局刊刻。”清方在茶叶商贸中抽取厘金，意在筹备军饷，对此须奖罚分明，以示公道：“分巡各路总办元白茶抽厘并稽查各项厘务，前雷琼道关防一颗，先行驰往佛山，会督尹参将、刘丞等破除情面，妥议章程，认真办理元白茶事务，并查有（无）私图肥己、暗中阻扰、把持舞弊之人。如有此等人，不论何项功名，何色顶戴，立即一面禀开，一面摘去顶戴，锁押来辕，以便本部堂亲提迅（讯）明，奏参治罪。案关军需万紧，刻下粤省百吼（孔）千疮，专捐此项，为接济军需之资，岂容贪官污吏渔利肥身，致误通省大局？该道督办此事，即与办理货厘无异，来踪去路，必须彻究到底，无所用其掩饬以致偷漏隐匿。一俟办有成效，本部堂即当查照各省成案，奏明动机、支销，非如前之将就了事，任中冒滥出入，无所稽查也。”由此，佛山作为整顿厘金的重镇，理应认真督办；佛山为各路总镇，章程核定，即可通行。各路迅速照办，该督亦即分驰督饬，一律办理，“至各货抽厘，原派有李道在佛总司局务，现在李道暂赴西江，督办军务。该道亦即顺便查明一切货厘如何抽收情形，均着扫除积弊，以济军需而副委任。是所切嘱等因。奉此。除督新会营尹参府及刘丞、孔都司、守备汪经历，妥议章程，认真办理外，合行晓谕。为此示仰铺户、居民及商渡船各色人等知悉：尔等须知，此项抽厘为接济军饷起见，系部颁奏案，岂容任意侵渔？倘有不肖之徒，私图肥己，暗中阻扰，把持舞弊，立即锁拿解赴督宪行辕，讯明究办。尔等慎毋以身试法。切切。特示”。告示的时间为咸丰八年（1858）十月十二日。《香港船头货价纸》刊发告示反映了茶叶贸易获利甚重，也从侧面反映了清廷贪官污吏在商业管理中以权谋私。

为了应对对华贸易的逆差，攫取高额利润，英商竟向中国贩卖鸦片，“英人畅行鸦片也，以中国为最盛”。[①]《香港船头货价纸》对香港鸦片的报道颇精细，鸦片贸易数额、价位高低等资讯无疑成为对华经济掠夺的指南。1858年6月26、27日，清政府被迫签订中英《天津条约》、中法《天津条约》。这些条约为列强掠夺中国提供了保障。是年11月又签订《通商章程善后条约》等，其中涉及鸦片贸易的条款将鸦片易名“洋药”，规定每箱只需在通商口岸交30两进口税，即可合法交易。对于中方而言，这无疑是雪上加霜。事实上，太平天国运动期间，鸦片的销量迅速上升，在1847—1849年，“吴淞趸船每年鸦片的平均成交量达一八·八一四箱，平均价值是一一·一八五·〇〇〇元；一八五三年增加到二四·二〇〇箱，约值一四·四〇〇·〇〇〇元；一八五七年已增加到三一·九〇七箱，值一三·〇八二·〇〇〇元；一八五八年达三三·〇六九箱；一八五九年达三三·七八六箱，同时在前一年有二·三〇五箱在宁波进口，没有经过上海”。[②] 正是在变相的鸦片贸易合法化的条款下，己未年正月初三日第198号《香港船头货价纸》刊载“鸦片行情”：“香港鸦片行情：新公烟土沽七百六十二员半到七百六十五员。鸪烟土沽八百零五员。白皮烟土沽六百零五员。澳门公烟土沽七百六十二至七百六十三员。”己未年正月初十日第201号中“鸦片行情”：“香港鸦片行情：新公烟土沽七百七十员。鸪烟土沽八百二员。白皮烟土沽六百零七员半至六百一十员。上海十二月十八。”己未年正月十三日第202号“鸦片行情”涉及香港鸦片价格：“新公烟土沽七百七十五员半到七百七十七员半。鸪烟土沽八百一十五员。白皮烟土沽六百零七员至六百一十员。澳门公烟土沽七百七十二至七百六十三员。”己未年正月十五日第203号的“鸦片行情”再涉及香港鸦片价位：“新公烟土沽七百九十五员。旧公烟土沽七百七十五员。鸪烟土沽八百十五员。白皮烟土沽六百零五员至六百十员。澳门旧公烟土沽七

---

① 日本人撰，汤数译：《英人强卖鸦片记》，清光绪年间排印本，广东人民图书馆藏，见《中国近代史资料丛刊· 鸦片战争》(六)，上海：上海人民出版社、上海书店出版社，2000年版，第203页。

② 《北华捷报》，1860年4月14日，转引自马士著：《中华帝国对外关系史》第1卷，上海：上海书店出版社，2000年版，第522页。

百七十二至七百七十五员。”据上述鸦片贸易行情可见，除中国新年初一外，《香港船头货价纸》对鸦片贸易均有精确的数字报道，“行情”中仅 12 天内新公烟土涨价 5 元，鸪烟土涨价 10 元，白皮烟土涨价 5 元，澳门旧公烟土 5 天之内涨价 9～12 元。在诸多的商贸项目中，鸦片贸易上升的势头用“触目惊心”来概括不为过。对于中方而言，鸦片成为商品并如此市场化，身心痛楚不言而喻，数字上升是掠夺者的疯狂及中国陆沉程度的标识。《香港船头货价纸》对市场行情报道如此细化，成为英商进行鸦片贸易必看的刊物。[①]

第二，对鸦片输入后英法联军行动的报道。中国近代的开启缘于鸦片贸易而爆发的中外战争。不满足于第一次鸦片战争既有的成果，英、法等借口修约而启衅，遂有第二次鸦片战争，“鸦片之战已罢，中国偿巨款于英，且开五港通商，割香港永为英属。夫私卖鸦片，素为中国政府所禁，是此之战，曲在英国。然由斯而后，开东洋通欧美之路，贸易振兴，维新日胜，其为效岂鲜哉？况欧洲列国势力，亦由此推及东方亚细亚，使外交政事为之一变，则鸦片一战，诚可为东方要务发端关键矣”。[②] 其时英国对华“特命全权大臣”(High Commissioner)额尔金的重要使命就是“争取商业上更多便利为目的而作条约的修订，诸如增辟口岸以及准许中国商船均可前往香港”。[③] 作为商贸晴雨表的《香港船头货价纸》侧重商贸报道，其新闻专栏凸显其办报的立场。就政治价值取向而言，《香港船头货价纸》新闻栏目对英国就 1857 年“亚罗”号事件及法国就马神父事件发动第二次鸦片战争作报道，将殖民者与被殖民者的地位，描绘成侵略军队到被侵略国土上游玩参观及被侵略者官吏士绅夹道欢迎的社会场景，显然是站在英、法立场上。己未年正月初一日第 197 号《香

---

① 昨日的新闻即今天的历史，《香港船头货价纸》保存了鸦片战争及太平天国期间珍贵的资料，是研究这段殖民历史必备的资料，而学界运用得不够。

② 日本人撰，汤数译：《英人强卖鸦片记》，清光绪年间排印本，广东人民图书馆藏，见《中国近代史资料丛刊·鸦片战争》(六)，上海：上海人民出版社、上海书店出版社，2000 年版，第 197 页。

③ 马士著：《中华帝国对外关系史》第 1 卷，上海：上海书店出版社，2000 年版，第 548 页。

港船头货价纸》"新闻"："闻说，于廿八日有根砵三只，第六十九号、七十三号、七十五号；每只根砵拖大艇两只，装英法兵勇往花地与九十六乡游玩。云于去年十二月三十日上午，在港战船炮台燃炮迎接大英钦差大臣从江南至港云云。"以"游玩"表述英法联军的"从容进军"，对于英法联军而言，可谓花絮性的报道。此类新闻有后续报道，已未年正月初三日第198号《香港船头货价纸》中"新闻"云："兹闻大英陆路提督斯大人、大法统领陆路水师军务达大人、大英代理水师提督墨大人，亲带根砵，载英法兵勇约八百名，于去年十二月廿八日由花地上岸，起程前往九十六乡大沥地方游玩，南海县太爷亦倍(陪)往，所过各处村乡遍贴示张，表其好意。各处乡民亦相待以礼，不敢有违。到大沥，九十六乡绅仕将告示读知后，由大沥启程经过瓦陶到黄竹沂，有根砵接去。是日下午六点钟，埋城。英法两国提督大人所出之告示，下号印刻。"所谓"告示"情状果见下期。已未年正月初六日第199号"新闻"云："闻说，大英官府定意要中国人民遵守所立之新和约，大英钦差大臣迟六个礼拜，将又往上海办公务。〇据英国新闻，有英官府出招帖，请船只装载煤八千墩来香港、上海两处。〇又闻，大英君主特派美伦先生前来香港，承充传话通事之职云云。""新闻"表述框架中侵略者居高临下之姿态跃然纸上。

《香港船头货价纸》对侵略者与被侵略者的军事力量作了比较，对清军弱势有精当分析。已未年正月初八日第200号《香港船头货价纸》"新闻"描绘中国军备之弱："据上海信云，钦差大臣桂中堂花大人去苏州过年后，俟大英钦差返上海相会。〇又闻，日本国公子辉山于旧岁请荷兰国水师提督并手下各员饮燕，饮后游日本国军器厂、大炮台，见有许多子母大碰炮由九寸至十二寸大，又有许多三十二磅码子大炮，俱是日本人制造，并非由外国买来。由此可见日本国之军器亦胜于中国军器矣。""新闻"将殖民者、被殖民者之间的外交照会描述成"相会"，"又闻"则显示"弱国无外交"。该报对英法联军的一举一动均有涉及，已未年正月初十日第201号《香港船头货价纸》"新闻"涉及英法联军："兹接到省城初六日来信云：英法提督业经带兵勇九百名前往花县，约去六日之久，将回省矣。"报道英法联军及"亚罗"号事件时，该报对英法联军及被侵略者的态度显然有别，这只是表达对英法联军有更多偏好而已。而对世界性工业革命历程中英法列强的海外殖民扩张，该报态度、立场另有天地。第212号“新闻”云：“闻说，上日，法兰西国助英国合兵攻击中华，有一弓开两箭之意。现在泰西诸国，你恶我权、我妒你势。法国常妒英国得志于西竺，尽获鸦片饷务每年不下二百万员，故上年法国闻在广东省城因亚罗华艇之事，法国即发兵助英国者，非因英国兵少故出兵相助之，实恐英国独获其益而已。法国亦欲在东方得志，如英国一般。奈无衅可乘，故上年借助英国调大军东来后，一得省城，诸事俱妥，法国提督尽调法兵往安南攻击，声明安南国王无故杀戮天主教门巴礼，故当问罪。实法人欲得安南土地而已。设使上年法人不助英人，则英人断不允法人出大军东来，因英人战船多，法人战船少，若英人不允，法船则不能来，寡不敌众，势之理也。”这揭示了世界范围内殖民者力量分化后列强各自的殖民意向，该报对英法联军各自的殖民意图评判基本上中立，有平衡报道之立场。

第三，官方告示背后涉及对殖民身份的认同。在顾及英法联军对华利益均沾的前提下，《香港船头货价纸》在某种意义上充当了英国在华殖民管辖者的喉舌。西方对华的报刊显然涉及“他者”与“自我”的心态差异。论及报刊与洋人之关系，近代有论者称：“虽然，彼外人于已国之报，固视为神圣不可侵犯者也，使非吾国官吏之仇恶报纸启其渐，则亦未敢天下之不韪而自蹈于悖理之域也。夫官吏與(与)外人，其仇恶报纸之迹既一矣，其仇恶报纸之故则大异。请复略辨之。官吏欲遂其富贵利禄之愿，故仇恶报纸；外人则欲遂其兼并侵略之愿，故仇恶报纸。其私同也。其私之范围则有大小。”[①]在某种程度上，清末报刊宣传乃至传播使得国内政务及外交，由秘密转向公开。虽是商业性的新闻纸，《香港船头货价纸》对本地时务也颇关注，有时也会发布香港英督办告示，己未年正月初一日第197号《香港船头货价纸》刊载“宪谕”：“宪示为招人承接事，兹定于英本月三十一日为期，在监狱南边空地建造围

① 观雪：《社说〈中国报界之命运〉》，《海报》，宣统二年二月初九日(1910年3月19日)第1版，未刊完，见续文。

墙，并建墙基址。如不明详细，意欲阅看地图者，每日自十一点钟起至三点钟止赴量地官署取视可也。特示。一千八百五十九年正月十四日。”己未年正月初三日第198号、己未年正月初六日第199号“宪论”重刊。这些“宪谕”虽非“新闻”，但呈现的是隐形官方权力。

《香港船头货价纸》作为英商的喉舌，在第二次鸦片战争中的新闻报道和时评当然站在英法的立场上。1857年7月《天津条约》签订，英法联军南撤。己未年正月初八日该报第200号以“大英钦命督理香港等处各管驻扎陆路军务提督军门斯、大法国统领广东省陆路各管水师船只等军务达、大英驻扎广东代理水师提督军门墨”名义发布告示，就《天津条约》中与清政府以平等礼仪，放任外国人到中国腹地进行通商、游历等条款，发表议论称：“为晓谕事，照得我两国自在天津同中国议定和好，至今半年之久。既经议和，以后中国各城乡百姓自应与我两国民人彼此均以礼仪相待，中外即如一家，恪遵和约，各守本业。按照和约所定，现准我两国内地各处游行。至中国人民有因事到我两国者，任便游行，早已无所禁阻。中外既已如此，何以本月初一日我两国官兵出城照常巡游，并无一毫扰及百姓，忽被安良绅勇由石井突出，截放枪炮，伤我两国兵丁？□系好事不安之党，敢作敢为，图便一己之私，率行妄动，不特有违圣旨并且累及村乡。此等匪人，理宜严拿惩办，当经先请地方官拿缴首事之人。因未能及行查获，是以本军门等于初五日带兵前赴该处查拿。石井绅勇复敢开炮轰击，有心拒敌。本军门等始将太平社学公所炮台以及局绅梁葆训步冈住屋焚烧，并有小堡地方军兵经过时。虽系无人拦阻，乃于初五日晚，本军门等派差回省。该处黄家祠竟敢藏匿败勇，将听差二名砍伤。故将黄家祠一律焚毁。随督兵由石井往艇江步冈大冈岑村，教心龙让高唐村、大□环教岛、石冈望冈等各村巡历，既无窝藏安良匪勇之迹，亦无拒敌之人，并以礼相迎。是以本军门等严行约束，兵丁并未分毫扰累……戊午年十二月初九日。”《香港船头货价纸》之后连续刊载这一布告，表明其无形中以商业报纸的身份充当西方侵略者的喉舌。本告示尚有：“兹将此次实在各情节刊布晓示，务使城厢内外人等及各村乡共见周知。此后如各人凛遵条约，于我两国人所到之处，均能以礼让相待，各安本分，并不欺凌我两国人，亦断不准丝毫滋扰。惟兵丁仍必照常督带出城，分行各外（处）操栋（练）步法。倘其中由不遵约束滋事之人，尔等应立即赶向带兵官面禀，或来省城正使衙门具禀，自当查拿严办，绝不姑宽。如中国人有无故欺骗我两国兵民之事，亦必从严究治。嗣后无论何处，再有似石井绅勇生事妄为、施放枪炮相拒者，本军门等定照处治石井之法办理，勿谓示之不早也。各宜凛遵毋违。”这里以布告的形式对中国民众指手画脚，表现了殖民者居高临下的姿态。

大体而言，媒介的经济功能是相对于政治功能而言的。媒介刊载广告等对经济产生影响并从中牟利，是媒介经济功能的体现。由于社会形态存在差异，媒介的经济功能也大不相同。解析媒介功能离不开具体的社会环境。清季报刊处境艰难，多在官吏与洋人的夹缝之中求生存。舆论界多有评论，称："为报者不见容于官吏，外复见忌于外人。国民之智力未备，政府之昏蒙如故。于斯时也，非屈原所谓有志极而无旁者耶？人亦有言，重言十七，报纸孤立无援，而求其言之有效，又恶可得？虽然精卫衔木以填沧海，愚公担石以平北山，苟怀斯志，复何物能阂？愿吾报界勉之而已。""盖他国之报，莫不直接受制于其政府，吾国则反是。"[1]很显然，鸦片贸易作为中外爆发战争的导火线，对其讨论成为中外舆论的一个重要议题。鸦片战争的根源较为复杂，"英知销流印度所生物产以中国为最要，故虽致用兵，必欲盛其商务，且心怀官吏之无礼，亦欲俟时泄愤，以并开贸易焉。此则鸦片战之所由来也"。[2] 处于第二次鸦片战争语境中的《香港船头货价纸》在报道过程中重视新闻纸的特色，并能及时根据社会议题的变化作深刻揭示，这是值得学界关注的。固守经济新闻史学探究经济新闻发展变迁及其规律的学科意识，易忽视鸦片贸易背后有炮舰政策为其合法性作支撑。以《香港船头货价纸》为代表的新闻纸中对日常经济新闻的表述呈现列强对华的炮舰政策。

---

① 观雪：《社说〈中国报界之命运〉》。参见 1910 年《海报》(续)3 月 19 日。

② 日本人撰，汤数译：《英人强卖鸦片记》，见《中国近代史资料丛刊·鸦片战争》(六)，上海：上海人民出版社、上海书店出版社，2000 年版，第 200 页。

四、对清末政治语境中经济新闻价值取向的省思

早期西方对华报刊创办的目标主要是针对自视为天朝大国的清王朝而来。传教士办报刊的旨趣侧重"通中外",从而达到传教布道的目的,其背后有配合商旅攫取垄断的殖民利润旨趣。清末,随着列强对华步步进逼,以政治宣传为主的报刊遂成主流媒介,"道光之季,既通道于欧墨各州;咸同以来,若广州、若福州、若上海、若天津,各以次设立报馆"。[1]就报刊与政治关系而言,"清廷对报界之态度,初则以变法图强,故力加倡导;后以诽谤杂兴,时讦当道,则又禁止封闭。然时势所趋,亦无多效可言"。[2] 而救亡图存的使命始终没有完成,政论性的报刊在近代中国始终处于主流地位。从政治层面分析报刊的功能,可知以报纸为核心的媒介政治宣传与清末社会变革大致同步。这不仅涉及政治宣传的内容,还涉及如何宣传政治。前者与报纸的政治倾向有关,后者涉及媒介业务技巧。媒介政治功能要得到良好的发挥,取决于两者完美的结合。西方对华报刊在这方面也有一个探索过程,且有社会变迁的语境。

清季报刊是近代社会变迁的重要产物。清季社会转型面临结构性变化,急速的社会运动过程中的政治、经济关联颇为复杂。在鸦片战争之前,中西商战,中国的茶叶、丝织品出口遥遥领先于西方对华商贸,清政府陶醉在天朝大国氛围之中。鸦片战争以清军失败告终后,商贸问题发生了实质性的变化,特别是贸易往来中,鸦片公开变成商品并获得合法性。鸦片贸易不仅毒害了国人的身心,而且改变了中国的社会结构。伴随着鸦片贸易,西潮东渐已成不可阻挡的历史趋势。在这一趋势下,报刊传媒扮演了重要角色。与政

---

① 附二:《〈国闻报〉论文选辑》,见王栻主编:《严复集》(二),北京:中华书局,1986年版,第454页。

② 黄天鹏著:《中国新闻事业》,《民国丛书》第三编·41,上海:上海书店据上海联合书店1930年影印版,第44页。

论性报刊主导政治舆论相比，商业性报刊倾向经济新闻的报道，在政治舆论中居次要地位。就媒介生态而言，政论性报刊与商业性报刊并不是此消彼长的关系，两者往往遥相呼应，由于向西方学习的国别不同，近代政治思潮多元；办报资本的多元化也导致近代报纸商业属性的多元化。而早期的报刊属于草创，西方传教士乃至商人出资、中国买办帮办的两者搭档型的关系随处可见，其呈现的政治上民族自尊心的维护与经济上他者强势的形象，两者关系尤其微妙。

就地域而言，香港、上海租界等部分商业性报刊势头较盛，商业报刊经济新闻及其与政治时评的关系尤其值得关注。就商业报刊的语种而言，外语类的报刊主要针对外商，而中文类的报刊主要是为了侨商或买办。后者尤以《香港船头货价纸》为代表。《香港船头货价纸》有新闻、时评、广告等，毫无疑问是一张近代意义上的新闻纸，而报刊若以新闻纸注册，则其经营范围应当以新闻为主体。[①] 但《香港船头货价纸》的新闻专栏表面呈现的是西方对华的鸦片贸易及第二次鸦片战争，背后则是西方殖民语境中强者的霸权。这种霸权在该报新闻专栏中一度以中国地方官员与英法联军“联欢”的姿态呈现。作为被侵略对象的近代中国，救亡图存是时代赋予的重任，其时有识之士所办报刊承担舆论动员的重要职责。但国人主持报刊，其维护国家经济利益的本土取向的确立，须有足够的办报资金作支撑，这有个历史的过程。而作为殖民者主办或资助的报刊，当然成为其殖民的喉舌，西方在华商人经营的专业性经济类报刊也不例外。其刊布的经济新闻除了提供一般经济信息外，毫不例外地要呈现殖民者在经济利益上的话语权，论证其在势力范围的经济统治上的合法性。综观《香港船头货价纸》及其经济新闻的取舍，多为此旨。

---

① 政论性报刊是例外。

火烧圆明园时外交照会及礼单原件等稀见史料考释

——兼论恭亲王奕䜣与清季政治舞台

［按语］ 伦敦访学期间，笔者在不列颠图书馆发现了有关英法联军火烧圆明园时恭亲王奕䜣致格兰特将军的外交照会和恭亲王的礼单等两份稀见史料。第一份材料展现了第二次鸦片战争的发生是先由英使臣发出警告，再伴之军事征服并由英方水陆军予以实施。在交涉过程中，总揽全局及与清廷谈判的是英使臣，其中巴夏礼在战争中起到了重要作用。第二份材料表现出恭亲王奕䜣在复杂多变的局势中，采取多种策略，展开多重外交，在政治舞台上展现了台前与幕后的多面人生。研究这些史料，分析恭亲王奕䜣及其政治舞台，有利于把握中英双方最初真实的战略意图、姿态及其变化的逻辑层次，对于研究中英关系具有重要意义。

笔者在伦敦访学期间，在不列颠图书馆特藏室多方查索，发现了包括英国国防部等单位的诸多手稿本或盖有京津等关防、御玺的资料。新发现的这些关于中方军事外交等文档多属未刊珍稀史料，其重要性可见一斑。

本文公布两份珍稀资料，为不列颠图书馆所藏，涉及第二次鸦片战争。1856 年英国借“亚罗”号事件伙同法国出兵侵华。次年 10 月，英国额尔金同法国葛罗率军在香港会合。在此期间，清廷既要面对太平天国运动，又要应付英法联军。面对内忧外患，1858 年 6 月中英、中法签订了《天津条约》。以英国为首的西方殖民者并不满足于在华的既得利益，英法联军以到北京换约名义，大肆进军，强迫清政府履行《天津条约》，并要求面见咸丰皇帝亲递国书等。1859 年 6 月 14 日，塘沽失陷。6 月 24 日，大沽炮台被敌军攻克，是日英法联军攻占天津。1860 年 2 月，英法政府调整军事部署，扩大战争。[①] 在巴夏礼看来，“我们的军力应该集中在对付僧格林沁和傲慢的蒙古人身上……我想整个项目应该这样进行：首先我们应当攻取大沽要塞，然后向天津移动”。[②] 面对紧迫军情，清廷或战或和的把戏一再重演，军事上的良机不复存在。联军顺势进犯京师，并有烧劫之举。新发现的文献即此后英法联军扩大战争并以火烧圆明园进行威胁的产物。

一、恭亲王奕䜣致格兰特将军的外交照会及其背景考释

第二次鸦片战争，英法联军攻打北京及火烧圆明园，主要借口涉及中方扣留谈判人员巴夏礼等。这一点《中国近代史资料丛刊·第二次鸦片战争》《筹办夷务始末》均有涉及，而马士著《中华帝国对外关系史》(第 1 卷)较为翔实。但马士所依据的材料多为巴夏礼写给英国的英文材料，而少直接涉及中文照会。笔者在不列颠图书馆发现了两份原始文档，文档涉及火烧圆明园前后恭亲王的外交行为等。第一件索书号为 OR. 6597，有信函包装。信封为白皮，宽 3 寸，长约 7 寸，正中竖行，墨迹书“咸丰拾年玖月初六日”，红色关防印章盖在“拾年玖月初六”字样上。10 月 6 日，法军进入圆明园并抢劫。咸丰十年九月初三(1860 年 10 月 18 日)，英法联军火烧圆明园。大火烧数日之久。咸丰十年九月初六日，即 1860 年 10 月 21 日，圆明园仍在熊熊大火之中。

---

① [英] 斯坦利·莱恩-普尔、弗雷德里克·维克多·狄更斯：《巴夏礼在中国》，金莹译，桂林：广西师范大学出版社，2008 年，第 212 页。

② 1860 年 4 月 8 日巴夏礼致妻子的信，《巴夏礼在中国》，金莹译，桂林：广西师范大学出版社，2008 年，第 220、221 页。

装有外交照会的信封背面右上竖书“大清钦差大臣和硕恭亲王公文赍至”，左上竖书“大英钦命陆路（字有缺损）大将军克当台开拆（字有缺损）”。中有关防红印两处，上下各一。两个关防印之间有英文草书：“Prince □□□□□（字迹潦草，当为 Kung，见下文）Letter to me”，“熊”（䜣）。[①] “Letter to me”亦可见此属格兰特将军笔迹的照会原件。照会中“大清钦差大臣和硕恭亲王”即爱新觉罗・奕䜣（1833—1898）。照会中“大英钦命陆路（字有缺损）大将军克”即 Sir James Hope Grant。[②] Grant（格兰特将军）即马士等书中所指英军统帅，他将曾经囚禁巴夏礼等的圆明园予以焚毁。

信封内照会的正文：右边竖行书“照会”并有关防红印。

另起一行：

大清钦差大臣和硕恭亲王为（大字号）照覆事，照得本爵于九月初四日接到贵将军照会。

另起一页：

贵国员弁除送回二十一名尚有\同时被获之五人（，）至今未有下\落（，）请本爵将如何实在情形（，）详晰\查复等因前来（，）查本爵于接办后

另起一页：

业将\贵国在京之员弁八名（，）以礼相待\送回（，）其余各名（，）本爵并未知悉（，）迨\接办后（，）陆续详查多日（，）始知分寄

另起一页：

各处（，）即行札饬从优款待（，）亦已将\生故共二十九名（，）分

---

① 字迹潦草，待考。

② 或译作格兰特将军或有其他音译。后有 Henry Knollys 编辑 *Life of General Sir Hope Grant：with selections from his correspondence*，收录了 portraits of Sir Hope Grant，and maps and plans，该书共两卷，由 Edinburgh 的 W. Blackwood and Sons 出版社 1894 刊行。

别送回(,)与 \贵国大臣额来文名数(,)似无不符\并据

另起一页:

贵国大臣额照会(,)给抚恤银三十万\两(,)已经本爵允准照覆矣(,)须至照覆者(。)

右　　照　　会

大英钦命陆路大将军克

咸丰十年九月初六日(红色关防印章盖在“十年九月初六”字样上)。

文档中尚有“December 10,1904.”,字迹潦草,为不列颠图书馆收藏时登录在案的时间。

查《中国近代史资料丛刊·第二次鸦片战争》相关记载,发现此照会与《附件五:抄录奕䜣为查明被押在京之英国员弁情形给英使照会》基本上一致。[①]原文日期中有“咸丰”字样,而抄录件无。且原件显示接受照会的是将军克而非英使额尔金。这易与《附件四:抄录奕䜣为允许如数照交恤款给英使照会》混淆,[②]实际上该书相关“附件四”中“英使”才是真正的英国国王授权代国行使大权的额尔金。其时,英国对华外交公使与英法联军中英方将领关系微妙,双方既相互合作,亦相互牵制。即英将不能干预英使与中方谈判事宜,而英驻华大臣可以授意采取军事行动,但亦不能命令英军在战事上的进退,至于何时适宜进军,何时谈判,则主要听从英国外交部、国防部,乃至首相的命令或指示。所以上文提到的文档抄录将英使与英将混淆,实为一大历史误会。这从奉行对华进行铁血政策的巴麦尊主义的当事人巴夏礼的记载可见,巴麦尊称:“如果我们采取低姿态,那么我们将丢失通过在中国的战事

① 《中国近代史资料丛刊·第二次鸦片战争》(2),上海:上海人民出版社,1978 年,第189 页。

② 《中国近代史资料丛刊·第二次鸦片战争》(2),上海:上海人民出版社,1978 年,第189 页。

胜利所取得的一切有利地位。"巴夏礼可谓此信条的信徒。[①]对于要不要针对修约而发动战争,英国众议院展开了论辩并进行投票,终以巴麦尊获胜而告终。而没有等投票的结果出来,所谓"英女王的全权大臣额尔金"就被派往中国。[②] 此时的巴夏礼与威妥玛都充当了翻译官的角色。额尔金一度要往北方与清廷谈判时,他并没有将自己的职责交给英军总司令,而让巴夏礼充当自己在广州的代理人。但额尔金离开时,巴夏礼的工作并不顺利,"我的工作是并不受人尊重的领事,受命于总司令,很多时候我要扮演他的眼睛和嘴巴,与中国人打交道"。[③] 但巴夏礼基本上每天以日记的方式向额尔金报告。[④]此从侧面可见英使与英将的权力牵制。后来额尔金离开中国,3 个月后由其弟卜鲁斯继任。卜鲁斯属对华强硬派,与其搭档的是英将格兰特司令。而英军初在大沽炮台攻占的失利被视为额尔金软弱政策造成的后果。为了挽回自己在中国弱势的形象并补救英方在中国遭遇的所谓损失,额尔金重新受命往中国,而其弟改任英方驻上海全权大使和商务总监。1860 年 3 月 26 日巴夏礼在致妻的信件中表明"格兰特将军和他的夫人星期一到了广州,周二和周三他们都在这里"。[⑤] 巴夏礼在起草租借九龙协定的时候,草稿"要先让格兰特将军过目",可见此时格兰特也参与政事。[⑥]但主张对华强硬政策的巴夏礼对额尔金重回中国主持工作并不看好。1860 年 4 月 17 日巴夏礼致妻子的信称:"额尔金将要回来的消息已经通过邮件得到证实。我觉得很遗憾,我认为政府送他过来无异于火上浇油。"[⑦]其时英方军队分为海陆两部分,巴夏礼称:"一方面,我们的军事准备状况很好,格兰特将军对我们的巡逻队很满意。

---

① 《巴夏礼在中国》,金莹译,桂林:广西师范大学出版社,2008 年,第 156～157 页。

② 《巴夏礼在中国》,金莹译,桂林:广西师范大学出版社,2008 年,第 181 页。

③ 1858 年 11 月 13 日巴夏礼写给姐夫的信件。《巴夏礼在中国》,金莹译,桂林:广西师范大学出版社,2008 年,第 156～157 页。

④ 《巴夏礼在中国》,金莹译,桂林:广西师范大学出版社,2008 年,第 202～207 页。

⑤ 《巴夏礼在中国》,金莹译,桂林:广西师范大学出版社,2008 年,第 216 页。

⑥ 《巴夏礼在中国》,金莹译,桂林:广西师范大学出版社,2008 年,第 222 页。

⑦ 《巴夏礼在中国》,金莹译,桂林:广西师范大学出版社,2008 年,第 216 页。

但是我不喜欢海军上将的表现，他努力调集北方的军力，给予南方太多的海上支持。"[①]巴夏礼这样的看法，主要取决于他对华强硬的立场，他认为对中方只有通过军事征服。实际上额尔金抵达中国后完全改变了他过去主张通过谈判来解决问题的立场。1860 年 6 月 22 日早餐之后，巴夏礼去总督府与额尔金会谈了两个小时，"他对自己言辞的选择十分小心，他承认说自己这次出任主要是为了封住政府里攻击他的嘴巴，但是决不会对中国人屈服，而且希望总司令在攻打大沽要塞方面已经取得了长足的进展。他必须接受并且出色地完成这项工作"。[②] 这些表明额尔金一改过去以和谈为主的路线，支持军事征服。因此，他选择了一贯主张对中方动武的巴夏礼参加自己北上的团队。1860 年 7 月 6 日，巴夏礼称是日"晚上到广州的邮件给了我一个惊喜，额尔金勋爵下令让我去北方，加入他们的团队！他用词非常客气，我想他所遭遇的身份危机使他的态度发生了很大转变"。[③] 额尔金一北上即授意军方采取行动。

在新发现的照会中，恭亲王与英将联络，旨在军事压力上有所缓解，此为现实外交中的细微之处，也为交涉大局中关键的一着棋。至于行文，亦见恭亲王办事务实，他对英将的要求分类解答并表示逐一落实，对于赔款亦应允，出发点是求得联军军事上缓进。新发现的照会在格兰特的日记中也有提及，并表明了"我们焚烧圆明园的意图"。[④] 新发现照会中有"九月初四日"字样。查《英将克灵顿为要求查明被押英兵尚未放还之实在情形事照会》："大英钦命陆路大将军克，为照会事。照得八月初四日，有本国员兵弁人等数名，均为

---

① 1960 年 5 月 20 日巴夏礼致妻子的信，《巴夏礼在中国》，金莹译，桂林：广西师范大学出版社，2008 年，第 223 页。

② 1960 年 5 月 20 日巴夏礼致妻子的信，《巴夏礼在中国》，金莹译，桂林：广西师范大学出版社，2008 年，第 225 页。

③ 1960 年 5 月 20 日巴夏礼致妻子的信，《巴夏礼在中国》，金莹译，桂林：广西师范大学出版社，2008 年，第 228 页。

④ [英]霍普·格兰特、诺利斯：《格兰特私人日记》，陈洁华译，上海：中西书局，2011 年，第 86 页。

免战旗号所保者，被贵国袭掳。今送回二十一名，内有死者八人，本将军分别查收外，尚有同时被获之五人，至今未有下落。其中一人，为我国武弁。据查：初五日早，与前被获各名，一同离通进京，行至半途某地方庙前，将该弁并法国官员一人，分别启行，声称欲送回两军，以便汇报；其余兵丁四名，与前多名，皆送海淀，或在淀远近地方，捆缚甚凶，大违各国之常理。旋于初八日，将多名分为五六人一股，远押各监。合请贵亲王将前兵弁五人如何实在情形，详晰查复。"[①]"右照会大清钦差大臣和硕恭亲王"。时间为"一千八百六十年十月十六日"，又署"庚申年九月初三日"。[②] 此为外交照会惯例而已。九月初三日英将发照会，初四日恭亲王收到，事关清廷对巴夏礼处置这一第二次鸦片战争中最为棘手的事件。九月初六日恭亲王即发给英将回覆。依据当时通讯条件及京师被英法联军封锁的情况，恭亲王若在两日之内向在热河的咸丰帝会商并得到指示是难以想象的，由此看来，致英将照会为恭亲王当机立断，意在放人了事。从后来的上谕可见咸丰帝之意完全相反，是要处决巴夏礼等。实际上，初三日英方驻华代表额尔金亦发出了战争迅将恶化的威胁信号。其时，英使、英将虽都听从英国政府的指挥，但具体到对华的态度及其军事措施，两者亦有些差异。在清政府利用人质来要挟英法联军停战之际，额尔金明确表示拒绝，他说："所以现在指挥权又都交到了将军们的手中……我不知道他们准备什么时候进军。"[③]在交涉过程中，总揽行政全局及与清廷谈判的是英使臣。1860 年 10 月 26 日，额尔金称："我们军队太过庞大，为了保险，耽搁在所难免，但就因为如此，几乎毁了全局。"火烧圆明园多为额尔金的决策，额尔金称："这是清帝最喜爱的住处，将之毁去，不仅仅动摇他的威

---

① 《中国近代史资料丛刊·第二次鸦片战争》(2)，上海：上海人民出版社，1978 年，第 189 页。

② 《中国近代史资料丛刊·第二次鸦片战争》(2)，上海：上海人民出版社，1978 年，第 189 页。

③ [英] 额尔金·沃尔龙德：《额尔金书信和日记选》，汪洪章、陈以侃译，上海：中西书局，2011 年，第 213 页。

严，也会刺痛他的情感。”[①]“将军克”是执行者。英钦差额尔金威胁要挟恭亲王赔款，并限期画押换约照会，“前接贵亲王八月二十八日来文，内开大半系为照覆我将军克前日去文，本大臣阅悉之下，合立抄录转致查照，听便办理。所云我军攻破圆明园，并在进军之间，另有各等举动，本大臣无庸再言。只以此次进兵之故，仅因本大臣前在天津所开和议，贵国不肯定局，旋在通州亦然，加以奸谋袭害，开辟以来，无此凶恶，理合申明。”[②]可见其言辞强硬，也足见额尔金重塑自己强硬派的立场。照会涉及英驻华使节与英将的分工，即额尔金负责具体谈判事宜，“至于来文内开，颇归本大臣专办之事。所有两国既经和好之语，贵亲王何不记本大臣于八月初八日首次照覆内，有该员等未回之先，我军断不能暂息干戈，实不便遽议和局之言？俟屡发文，毫无别议，总以务必依议，否则不能复和”。其内容涉及中方扣留英方代表巴夏礼等，即八月初四日巴夏礼等被扣，四日之后，英方作正式外交反应，初八日英使额尔金照会清方因巴夏礼等被扣，难以和谈，联军将更严厉地推进军事，“容问贵国暨贵亲王，原为当国之臣，何以应之？查本国彼日不回者，计共二十六名；今送回生者，仅十三名，身上俱有辱逼虐遇之迹，轻重不等，其余十三名处死甚凶。本大臣于始终情节，不更长言，只因深愤，难免重提，恐与此等公文有所不便之语。惟此事甚恶，尚未抵偿，大英国于大清朝自不能先定和局。贵国果愿拯救其濒危，必照本大臣所定，克允遵行”。[③] 对此，额尔金简述了部分被逮捕的英人受虐的情形，并以战争相威胁：“据查园庭似为两国员人数名受各等暴虐之处，内各殿宇尚有未经全坏之区，立必拆清。”“此节，我大将军克刻当设法自办，贵亲王可毋庸与闻外，必将叁拾万银两交与本大臣委员查收，候本大臣奏准，分别赔恤，或给遭害之家，或给被难之人，以资抚赡。”即此事

① ［英］额尔金·沃尔龙德：《额尔金书信和日记选》，汪洪章、陈以侃译，上海：中西书局，2011 年，第 220 页。

② 《中国近代史资料丛刊·第二次鸦片战争》(2)，上海：上海人民出版社，1978 年，第 187 页。

③ 《中国近代史资料丛刊·第二次鸦片战争》(2)，上海：上海人民出版社，1978 年，第 187 页。

的决议者为英驻华代表,执行者是英将而非恭亲王等,至于赔款等善后亦归驻华使节专任其事。此外,“所有前在天津会定续约内,除一条改为俟约内赔项总数未得交完之间,我两国任便将两军均在津城驻扎之词,其余照旧不改,贵国立必盖印画押。其园庭拆毁一举,不日兴办”。即发出拆毁圆明园的警告,同时就赔偿及订约签字问题进一步威胁:“余定本月初七日巳刻以前为期,务当于限内,必以本国被凶之人赔恤银两,俱于初九日措交;并以贵亲王真奉便宜行事之权,于本月初十日,必将续约画押、八年条约互换等因照覆。否则咨会大将军克入京,将皇宫攻取,再当相机设法,勉令贵国必从所议;一面咨请水师提督,合一并严办。”[①]这些皆是新发现照会所提及的交涉内容。即先由英使臣发出警告,再伴之军事征服并由英方水陆军予以实施。在交涉过程中,总揽全局及与中方谈判的是英使臣。额尔金在战争之中总结英国人质被杀事件时,一度指责英军方失误。1860 年 10 月 26 日,他称:“在中国用兵就该派五千人的部队……”[②]前文述及英使臣额尔金在对华强硬派巴夏礼等的心目中一度对华过于谦和,早在 1858 年 3 月 14 日巴夏礼致其姐夫的信称:“额尔金勋爵对我也很好,我现在每年的薪金是 300 英镑……唯一令我不满的是我们对华方针。总的说来,我们的政策很弱,无法保证巨大的胜利。我不认为额尔金勋爵是一个伟人,尽管他可能很受政府的喜爱。他在欧洲、在国会和在公众面前都非常谨慎。”[③]但重返中国并急于要在英国众议院改变自己软弱派形象的额尔金因巴夏礼等被捕而对中方态度更加强硬。

在新发现照会原件中的“九月初四日”,即 1860 年 10 月 19 日,英法联军于 20 日第二次火烧圆明园,见于“奕䜣等又奏初五日英兵焚毁圆明园片”。恭亲王(奕䜣)等又奏:“再,臣等于初四日亥刻,接到英夷照会,声称:被获夷兵,凌虐过严,欲拆毁圆明园等处宫殿。当即连夜札调恒祺来寓,令其前往阻

---

① 《中国近代史资料丛刊·第二次鸦片战争》(2),上海:上海人民出版社,1978 年,第 187 页。

② [英]额尔金·沃尔龙德:《额尔金书信和日记选》,汪洪章、陈以侃译,上海:中西书局,2011 年,第 221 页。

③ 《巴夏礼在中国》,金莹译,桂林:广西师范大学出版社,2008 年,第 193～194 页。

止。乃初五日辰刻，该卿来后，正在谆嘱商办间，即见西北一带，烟焰忽炽。旋接探报：夷人带有马步数千名，前赴海淀一带，将圆明园三山等处宫殿焚烧。臣等登高瞭望，见火光至今未息，痛心惨目，所不忍言！该夷到后，以大队分扎各要隘，探报无从前进。其焚烧确有几处，容俟查明，再行详细具奏。据恒祺面禀：该夷去，借此泄愤，如派兵拦阻，必于城内宫殿拆毁，以逞其毒等语。臣等办理议抚，致令夷情如此猖獗，只因夷兵已拦入城，不得已顾全大局，未敢轻于进剿，目睹情形，痛哭无以自容！"可见，清廷受重创，恭亲王等束手无策。据英军随营记者佚名报道，早在10月6日晚，颐和园、圆明园已为联军占领，8日法军对圆明园进行报复性的打砸抢。"在圆明园的一间国宾接待室，人们发现了额尔金阁下签署的《天津条约》的英文本和汉文本。它被人扔在地上，躺在一堆被打碎的物品中间，直到那份英文条约明显地吸引住了发现它的人的目光。"[①]在抢劫的过程中，"魏德先生把一些珍贵的书籍和文件保护起来，我想，他这样做是为了英国图书馆"。[②] 圆明园遭抢劫并被两次火烧，对"天朝"的打击是致命的，咸丰帝朱批："览奏曷胜愤怒！"[③]但也无可奈何。相比之下，新发现的照会正文未再提及焚烧圆明园的事情，主要是烧圆明园确已发生并无可挽回。巴夏礼称："我想额尔金勋爵作出的决定是正确的。圆明园是皇帝的夏宫，离北京城只有5英里，皇帝和他的朝廷有2/3的时间都是在这里度过，这里也是我们可怜的国人最初受到拷问虐待的地方……既然圆明园是我们的同胞受难的地方，我认为毁掉它是非常合适的。"[④]英国随军记者亦在《纽约时报》上发表评论称："对圆明园内部彻底的

---

① 《英法联军占领北京西郊，圆明园惨遭洗劫》(1860年10月9日)，郑曦原编，李方惠、郑曦原、胡书源译：《帝国的回忆：〈纽约时报〉晚清观察记》，北京：生活·读书·新知三联书店，2001年，第192页。

② 《英法联军占领北京西郊，圆明园惨遭洗劫》(1860年10月9日)，郑曦原编，李方惠、郑曦原、胡书源译：《帝国的回忆：〈纽约时报〉晚清观察记》，北京：生活·读书·新知三联书店，2001年，第196页。

③ 《筹办夷务始末(咸丰朝)》卷七，北京：中华书局，1978年，第2473页。

④ 《巴夏礼在中国》，金莹译，桂林：广西师范大学出版社，2008年，第264页。

破坏，只不过是对大清皇帝桀骜不恭以及清国人对待战俘方式的一个小小惩罚。”[①]面对联军扩大事态的威胁，中英外交照会涉及巴夏礼等被扣押及处理问题。

新发现材料所涉事件的主角为巴夏礼。巴夏礼曾任英国驻广州代理领事，是酿成“亚罗”号事件中英冲突的当事人。马士[②]著《中华帝国对外关系史》称在是年“8 月 25 日占领天津，巴夏礼发挥的卓越作用”。[③] 1860 年 8 月 18 日和 26 日巴夏礼致额尔金伯爵的报告，涉及与清廷在天津谈判的过程。马士依据档案及当事者日记称：“在这里，像以前在北塘和大沽以及后来在北京进军时的各次情况一样，巴夏礼都是到场作为额尔金伯爵的代表。他蒙受这位英国大使的信任，当派他在休战旗下交递书信的时候，他曾奉命提出那些不便于落为文字的进一步的要求，并去听那些有关的中国官员的答复。”[④]马士的说法有问题，实际上，此时的巴夏礼被英驻华大使派往英将格兰特营中任翻译官，兼与清廷谈判。从目前史料来看，巴夏礼还承当了沟通使臣额尔金与陆军将领格兰特（中方称之克灵顿）之间的关系，使得两者在对华共同目标上的具体措施得以协调的职能，见于 1860 年 7 月 31 日巴夏礼致妻子的信，30 日早上“格兰特将军来到甲板上请求额尔金勋爵让我跟他一起去。额尔金当然赞成这样做。我明白，我的职责虽然是陪同将军，但我的工作绝不简单。只要职责所在，我一定会毫不犹豫地去……只有威妥玛会留下来陪额

---

① 《英法联军占领北京西郊，圆明园惨遭洗劫》（1860 年 10 月 9 日），郑曦原编，李方惠、郑曦原、胡书源译：《帝国的回忆：〈纽约时报〉晚清观察记》，北京：生活·读书·新知三联书店，2001 年，第 264 页。

② 马士即 Morse, Hosea Ballou（1855—1934），原籍美国，1874 年，毕业于哈佛大学并进入中国海关工作，1903—1907 年，一度任海关总税务司统计秘书，1909 年退休后往英国剑桥，1917 年入英国籍，1910—1918 年，出版《中华帝国对外关系史》（*The International Relation of Chinese Empire*），三大卷。

③ ［美］马士：《中华帝国对外关系史》第 1 卷，张汇文等译，上海：上海书店出版社，2000 年，第 671 页。

④ ［美］马士：《中华帝国对外关系史》第 1 卷，张汇文等译，上海：上海书店出版社，2000 年，第 671 页。

尔金勋爵”。[1] 而巴夏礼的所谓才干决定了他在对清外交中的角色，他是英方的代言人。咸丰十年七月十九日(1860年9月4日)，恭亲王奕䜣的岳父桂良等奏：“再，奴才等照覆该二国照会后，正将各款设法商议间，忽该酋巴夏礼，突来奴才桂良行寓，奴才等公同相见。该酋声称‘此次赔偿一款，非从前可比，必须即日先付若干，余再议定如何给清’等语。奴才等当将现给照会内载有各口税务，分成扣归一语。该二国既经接受，何得再有异词？该酋复称：从前所允四百万，至今数年，分文未收，总云中国失信于彼。现在照会内所云，分成扣归，原因太多，中国一时难措。今若不先付现银三四百万之数，定当即日占据天津，将各官署屯扎居住，并一面进京，索讨赔项，必须收得现银，方能还我津郡等语。”[2]至于桂良在谈判中的作用，1860年9月10日巴夏礼致其妻信称：“你应该记得桂良，他是1858年时的老委员(作者按：指他曾经参与1858年《天津条约》的谈判)，恒祺现在是王室的管家，恒福现在是直隶总督。北京的3名亲王是我们解决整个事件的障碍。当皇帝病重的时候，他们就会暴露出各自的主张。因此，接近他们是十分必要的。”[3]此亦可见，巴夏礼充当英军与清政府讨价还价的中介角色，为达到目的，发出战争威胁。巴夏礼的角色，英将格兰特称：“巴夏礼以他的杰出的品格应付各种问题，他的办事能力是有目共睹的。”[4]在桂良看来，“惟该夷嗜利性成，其意若不得有现银，仍恐难以羁縻，于抚局即不能有定议”。[5] 比照英军牧师对巴夏礼的评价，“没有人像巴夏礼那样适合处理中国事务。他就像英国牛斗犬一样真诚勇敢……因此当人们听到他的名字时，对他的感情是既有尊敬又恐惧的。我

---

① 《巴夏礼在中国》，金莹译，桂林：广西师范大学出版社，2008年，第232页。

② 《中国近代史资料丛刊·第二次鸦片战争》(2)，上海：上海人民出版社，1978年，第210页。

③ 《巴夏礼在中国》，金莹译，桂林：广西师范大学出版社，2008年，第247页。

④ 1860年11月17日格兰特致卜鲁斯的信，《巴夏礼在中国》，金莹译，桂林：广西师范大学出版社，2008年，第246页。

⑤ 《中国近代史资料丛刊·第二次鸦片战争》(2)，上海：上海人民出版社，1978年，第211页。

一直希望我们在中国的每一个官员都拥有这样的品格。这样的话，我们国家遇到的麻烦事可能会少一些。”[①]可见巴夏礼之难对付。

面对英法联军继续北上，咸丰帝派出自己的侄子载垣、“一个是真正掌握国家的亲王”[②]奕䜣、兵部尚书穆荫作为谈判代表，“这些毫无经验的外交家们从皇帝那里得到了充分的权力，试图诱使额尔金勋爵回到天津继续被打断的和谈”。[③] 载垣是钦差中的文官职员，而穆荫显属清帝国军方代表。咸丰十年七月二十九日（1860 年 9 月 14 日），载垣、穆荫向咸丰帝汇报英法公使在通州等候谈判的消息。附有法国公使葛罗以强硬的口气给载垣等的照会："惟本大臣抵至通州，如有贵国全权大臣前来，诚允所定之章程，则军务得息，旧好能敦。而本大臣随带兵将护驾进京，互换《天津条约》。如贵国不识己益，转抗拒往通州之师，则军务复兴，而兵驰抵京师。”[④]是日，载垣等又奏巴礼夏等到通州求见片，“正在缮折间，据营员伊灵阿来通面禀称：夷人吧夏礼、威妥玛带从人二十一，于明（昨）晚到码头，欲求见钦差等语。午刻，该夷人等即已到通，经地方官令于东岳庙侯（候）见。该夷等已到州官署内，称：洗澡后再定地方相见。是以奴才等派出随带司员等，尚未得与该夷会晤。其队伍尚驻河西务，已知照会僧格林沁，派拨重兵拦截，勿令前进。”[⑤]针对此，咸丰朱批："另有旨。该夷狡谲性成，知汝等回通，即赶紧前来，似属和议可成，实则预伏带兵抵通要盟根底。况葛逆照会，万分狂悖，不惟战则归过于我，并为将来战后不受抚，奢求地步，可恶可愤之至！”[⑥]身在京师并预备逃亡热河的咸丰断定巴夏礼等“预伏带兵抵通要盟根底”，是日廷寄："夷情狡谲，必欲带队赴通，名为议和，实则预伏以兵要盟地步。况法夷所递照会，万分狂悖。和议必不能成，惟有与之决战。已谕令僧格林沁等相机截击，不得再令该夷一人

① 《巴夏礼在中国》，金莹译，桂林：广西师范大学出版社，2008 年，第 247 页。

② 《巴夏礼在中国》，金莹译，桂林：广西师范大学出版社，2008 年，第 249 页。

③ 《巴夏礼在中国》，金莹译，桂林：广西师范大学出版社，2008 年，第 249 页。

④ 《筹办夷务始末（咸丰朝）》卷七，北京：中华书局，1978 年，第 2287 页。

⑤ 《筹办夷务始末（咸丰朝）》卷七，北京：中华书局，1978 年，第 2288 页。

⑥ 《筹办夷务始末（咸丰朝）》卷七，北京：中华书局，1978 年，第 2288 页。

北来。并谕胜保统带精兵，驻扎由通入京要隘矣。巴夏礼、威妥玛等系（该夷）谋主，闻明常也暗随在内，即着将各（该）夷及随从人等羁留在通，毋令折回，以杜奸计，他日战后议抚，再行放回。"[①]可见囚禁巴夏礼等是咸丰帝的主意，"若不能羁禁巴夏礼等，令其全数回河西务，亦无不可，断不准去留任意，有碍战局"。[②] 在咸丰帝看来，"至巴夏礼等欲来求见，恐该夷以宾礼自居，长其骄傲，将来见额、葛等酋，又将何以待之？即着该王大臣无庸接见，以崇天朝礼制，仍遣委员与之辩驳，所请索要现银及带兵进城，万不能允"。[③] 综上可见，咸丰帝比较利弊，提出多条解决巴夏礼带兵到通州的策略，并倾向于将巴夏礼等逮捕。当然发出命令的是咸丰帝，而出此计谋显然与咸丰帝身边的肃顺等利益集团对朝廷的控制有关。而是日，载垣等已与巴夏礼谈判，大体上接受了英法联军提出的条件，同时致信额尔金与葛罗。4 天之后，载垣等才收到咸丰的上谕，并立即扣押巴夏礼。

关于自己在鸦片战争中扮演的角色，巴夏礼自称："在占领炮台之后，我的工作是直接在炮台中获取文件、考察俘虏，等等。"[④]占领天津后，何伯一度予巴夏礼以临时执行管理天津的职权。[⑤] 加上第一次鸦片战争中巴夏礼在广东的种种劣迹，这一人物显然招致清方反感。尽管如此，是年 9 月 14 日，中国全权钦差大臣仍同意继续磋商，准备退让。为此，英、法公使各有回信，其中，"额尔金伯爵的信则经由巴夏礼之手送达，而由额尔金伯爵的私人秘书洛奇（Henry B. Loch）、陆军方面的瓦克尔上校（Colonel Walker）和汤姆逊（Thomson）、卡鲁斯的随员之一诺尔曼（de Norman）和'泰晤士报'的记者包尔卑（Bowlby）陪同前往；他在安德逊中校（Lieutenant Anderson）率领下的

---

① 《筹办夷务始末（咸丰朝）》卷七，北京：中华书局，1978 年，第 2288 页。

② 《筹办夷务始末（咸丰朝）》卷七，北京：中华书局，1978 年，第 2288 页。

③ 《筹办夷务始末（咸丰朝）》卷七，北京：中华书局，1978 年，第 2288 页。

④ ［美］马士：《中华帝国对外关系史》第 1 卷，张汇文等译，上海：上海书店出版社，2000 年，第 672 页。

⑤ ［美］马士：《中华帝国对外关系史》第 1 卷，张汇文等译，上海：上海书店出版社，2000 年，第 672 页注脚。

六名英国的和二十名印度的骑兵保卫着”。[①] 此即 34 人的代表团。这与新发现的照会原件中提及的“贵将军照会内称，贵国员弁除送回二十一名，尚有同时被获之五人至今未有下落……本爵于接办后，业将贵国在京之员弁八名以礼相待”等话中 34 人在数目上完全相吻合。而与此同时，法国另组 13 人代表团递交法国公使信件。是日，咸丰皇帝的态度有巨大转变，他以廷寄的方式答钦差大臣载垣折片称：“巴夏礼、威妥玛等系（该夷）谋主，闻明常亦暗随在内，即着将各（该）夷及随从等羁留在通，毋令折回，以杜奸计，他日战后议抚，再行放还。若不能羁禁巴夏礼等，令其全数回河西务，亦无不可，断不准去留任意，有碍战局。”[②]比较历史现场与事后追忆可见，扣留巴夏礼是咸丰皇帝的意思。而怡亲王载垣、僧格林沁只是执行者而已。“9 月 16 日，我们的两位秘书巴夏礼、威妥玛与恭亲王一行进行了长时间的亲切会谈，带回了一封正式的公文，其中表示委员会赞成草约的内容，并且会执行协定。联军在距通州 5 英里处的张家湾安营扎寨，决定不再继续前进。巴夏礼与威妥玛回来的时候非常满意，事实上他们完全上当受骗了”。[③] 9 月 18 日，僧格林沁在张家湾设置埋伏。对此，《巴夏礼在中国》有专节“中国置休战旗于不顾”，记录了巴夏礼等外交使团的情况，称：“我们快马加鞭，在离安全地点只有半英里的地方，突然被一群中国士兵包围。”[④]巴礼夏和其他人员成为俘虏。而载垣等自作聪明地向咸丰帝报告称，“该夷巴夏礼能善用兵，各夷均听其指使，现已就擒，该夷兵心必乱，乘此剿办，谅可必（必可）操胜算”。[⑤] 可见，清廷视此举为获胜，对事态看好。

与英人被俘获同时，法国代表团也全数被逮。巴夏礼及额尔金的秘书洛

---

① ［美］马士：《中华帝国对外关系史》第 1 卷，张汇文等译，上海：上海书店出版社，2000 年，第 676 页。

② 《筹办夷务始末（咸丰朝）》卷七，北京：中华书局，1978 年，第 2290 页。

③ 《巴夏礼在中国》，金莹译，桂林：广西师范大学出版社，2008 年，第 249 页。

④ ［英］约·罗伯茨(J. A. G. Roberts)编著：《十九世纪西方人眼中的中国》，蒋重跃、刘林海译，北京：中华书局，2006 年，第 18 页。

⑤ 《筹办夷务始末（咸丰朝）》卷七，北京：中华书局，1978 年，第 2319 页。

奇被解到僧格林沁营地，“他（指僧）多次向我方发出过休战旗帜，因此我希望他会尊重我……但幻想很快便破灭了，因为在我走上前去时被他的随从抓住，把我按倒，跪在他面前，因为我没有遵守他们的命令立即向他跪拜”。[①] 巴夏礼被拷问为何在条约问题上反复纠缠，并被问及为何敢对怡亲王说话如此无理，“现在你扬言说会对阻止你通往通州道路上的任何力量加以打击。现在我就正在这么做。你说你并不指挥这些军事行动；但我知道你是谁，你们民族所做的罪恶全都是你煽动的。你还敢出言不逊，当面冲撞怡亲王。现在是教外国人学会如何尊敬中国的贵族与官人的时候了”。[②] 僧氏的话基本准确，“中国人把他们所面对的灾难的每一步都和巴夏礼联系起来，这并不奇怪，因为在英国所采取的每一项行动中，都可以看到巴夏礼的身影”。[③] 僧氏命令巴夏礼，“给你们的人写信，告诉他们停止前进”。[④] 据巴夏礼回忆称，“几分钟后，我们三个人被装上一马车，连同两个法国人……一起解往怡亲王处”。[⑤] 1859 年（咸丰九年）僧格林沁在直隶设防时，怡亲王载垣奉谕视察，后与兵部尚书穆荫接替桂良。他是同英法联军议和的钦差大臣，往通州，多次接触巴夏礼。见刘毓楠日记[⑥]记载，八月初四日，“派怡亲王载恒、兵部尚书穆荫赴通州议和”。[⑦] 初五日，“将夷酋巴雅里等九名，解交刑部，不准审讯。

---

① ［英］约·罗伯茨（J. A. G. Roberts）编著：《十九世纪西方人眼中的中国》，蒋重跃、刘林海译，北京：中华书局，2006 年，第 18 页。

② ［英］约·罗伯茨（J. A. G. Roberts）编著：《十九世纪西方人眼中的中国》，蒋重跃、刘林海译，北京：中华书局，2006 年，第 18 页。

③ 《巴夏礼在中国》，金莹译，桂林：广西师范大学出版社，2008 年，第 173 页。

④ ［美］马士：《中华帝国对外关系史》第 1 卷，张汇文等译，上海：上海书店出版社，2000 年，第 678 页。

⑤ ［英］约·罗伯茨（J. A. G. Roberts）编著：《十九世纪西方人眼中的中国》，蒋重跃、刘林海译，北京：中华书局，2006 年，第 20 页。

⑥ 刘毓楠，字南卿，开封人，其书法多有可观，咸丰二年（1852）中进士，累官至礼部郎中、江南道御史。

⑦ 《中国近代史资料丛刊·第二次鸦片战争》（2），上海：上海人民出版社，1978 年，第 134 页。

房山等县城，将夷兵分寄于狱，多寡不等”。[1] 即巴夏礼等被带到北京刑部，多次接受讯问，但并未受刑笞。据巴夏礼等事后回忆，清廷此番目的是找出巴夏礼经过什么路线得到对中国当前政治的知识，并且想使他同意有权作外交上的让步及阻止军队的前进。[2]而事态恰好相反，巴夏礼等被逮次日，英法联军就发动猛攻，而僧格林沁的军队节节败退。初七日，“我军败绩，京城各门遂闭”；初八日卯刻，“圣驾携后妃诸王大臣侍卫等官，仓皇赴木兰而去。闻驻驾热河，人心大慌”。[3] 木兰即热河。咸丰携带肃顺等仓皇出逃，途中撤销载垣、穆荫钦差大臣的职务，令僧格林沁停战求和，任命恭亲王奕䜣为驻京全权大臣。

此时，清廷权力面临形式上的分裂。咸丰及其周围的肃顺等在热河组成权力核心地带。而奕䜣驻扎的京师因皇帝的流亡，权力在空间上反而受制于热河。不仅仅如此，中国以修、齐、治、平为核心的家国一体思想，还表现为皇亲国戚等身体政治在空间上的展开，身体政治主要体现在血缘关系上，如咸丰朝呈现的兄弟、君臣等关系的多重杂糅。咸丰帝奕詝与奕䜣为同父异母兄弟，咸丰帝为道光第四子，为皇后孝慎所生养，而奕䜣为第六子。奕䜣生母为静妃博尔济吉特氏。道光十七年(1837)奕䜣入上书房，与奕詝同学。后奕詝生母病逝，奕詝转由静妃抚养。道光三十年(1850)正月十四日，帝留遗命，奕詝立为皇太子，奕䜣封为亲王。是日帝崩。咸丰三年(1853)十月初七日，奕䜣奉旨在军机处行走，此为咸丰帝面对太平军北伐而加强皇权力量的重要举措。后太平军北伐部队被荡平。咸丰五年(1855)七月初一日，咸丰帝与恭亲王奕䜣因奕䜣生母病逝的谥号追封问题而有间隙。二十日，咸丰帝以奕䜣办理葬礼“疏略”而罢黜恭亲王所兼职事，罚上书房读书。恭亲王被逐出军机

---

① 《清咸丰十年洋兵入京之日记》，《中国近代史资料丛刊·第二次鸦片战争》(2)，上海：上海人民出版社，1978 年，第 134 页。

② ［美］马士：《中华帝国对外关系史》第 1 卷，张汇文等译，上海：上海书店出版社，2000 年，第 678 页。

③ 《清咸丰十年洋兵入京之日记》，《中国近代史资料丛刊·第二次鸦片战争》(2)，上海：上海人民出版社，1978 年，第 134 页。

处，其留下的权力空间迅速被肃顺、端华、载华等皇帝身边的宗室所填充。咸丰八年(1858)，英法联军进犯天津大沽炮台，咸丰帝忙于应对英法联军，启用奕䜣进行外交折冲。次年，咸丰帝补授奕䜣为管宴大臣，多属小恩小惠。咸丰十年八月初七日(1860 年 9 月 21 日)，咸丰逃亡热河的前一天，任命恭亲王奕䜣为钦差大臣，予以行事全权。奕䜣成为咸丰外交折冲的代理。而恭亲王奕䜣开始了其政治舞台上的多面人生。恭亲王的外交折冲既要面对皇帝兼兄长的奕䜣之“国”与“家”的双重恩威，又要面对英法联军的敲诈勒索及国内此起彼伏的或战或和的政治舆论。

清官方的想法见于咸丰十年八月初十日(1860 年 9 月 24 日)奕䜣等奏《夷务情形由》，称：“窃臣等于本月初九日，接据英、法两夷照会文称，欲令放还该两国业已就擒之夷人。并称未回之先，断不能咨会两军暂息干戈，实不便遽议和局。并有寄谕巴、麦两酋之信，求为转致各等语。查巴夏礼虽非渠魁，罪同首逆，又系该夷画策之人，幸已就获，岂可遽令生还(朱批：甚是，总应设法办理)。且前次所获之逆夷，系巡防王大臣分交各州县看押，臣等一时也难查知麦酋在何处监禁。况该夷狡猾成性，动施技(伎)俩，即放回巴等，未必即能罢兵，不过益增其枭悍之心。臣等先行照会该夷，令将兵队退出大沽海口，始允送还。该夷能否听命，实难逆料。”[①]咸丰十年八月初十日有“奕䜣等单”主要包括咸丰十年八月初八日英国照会、法国照会。照会无一例外是向清廷要人。是日奉朱批：“览奏均悉，以后情形，实难逆料，也不便遥为指示，只有相机而行。”[②]十一日，“留守内城王大臣等，在内阁政事堂会议一次，均无定见，旋即散去。是日，将巴酋由刑部放出，暂居高庙，供给丰美”。[③] 二十

① 《中国近代史资料丛刊 · 第二次鸦片战争》(2)，上海：上海人民出版社，1978 年，第 217～218 页。

② 《中国近代史资料丛刊 · 第二次鸦片战争》(2)，上海：上海人民出版社，1978 年，第 218 页。

③ 《清咸丰十年洋兵入京之日记》，《中国近代史资料丛刊 · 第二次鸦片战争》(2)，上海：上海人民出版社，第 134 页。

二日申刻,"夷兵有赴圆明园之信"。[①] 这些显示清廷如意算盘的破产,也可见他们对国际外交的无知。奕䜣的外交策略大多出于危机应对中的临场发挥,他本人也是在处理问题中逐步明了西方世界游戏规则的。

面对英法联军强大的攻势及要占据京师的威胁,据传,奕䜣一度也有弃京而去的想法,咸丰帝获悉后,立即抚慰。戊寅(十七日,公元十月一日)廷寄(答义道等折,并谕奕䜣)称:"恭亲王奕䜣,经朕特派办理抚局,责无旁贷。前有朱谕,令其专心妥办,如或不成,即督兵剿击。昨复谕令相机办理,朕亦不为遥制。总期抚局速成,朕即可及早回銮,镇定人心,并保全亿万生灵性命。谅恭亲王必能领会朕意,竭力图维,不至轻为迁避。"[②]从中可见咸丰帝对奕䜣的信任,更重要的是让奕䜣明白其驻守京师的重任与职责。是日奕䜣致函英法联军,"再次恳求我们部门停止前进,暗示可让巴夏礼充当调停人"。[③]而事态日益恶化,次日即八月十八日(10 月 2 日),奕䜣、桂良、文祥奏巴夏礼已提出住于高庙城内战守皆不足恃折,称:"窃臣等于十二日,接到该夷照覆,业于十四日,将办理棘手之处,奏明在案。拜折后,复接该夷照会,据称:三日之期已迫,并言明日如不送回,即行攻城。臣等仍给与照会,并设法将巴夏礼提出,于德胜门内高庙暂住,并派成琦带兵防守,仍以礼相待。并令恒祺透彻开导,令其写汉字信函,劝令退兵后,即将伊放回。仍密饬成琦,万一该夷攻城紧急,即遵谕旨,将巴夏礼等立时正法。其刑部及各县监禁夷匪,亦传知刑部、顺天府行知各县,一并按此办理。"[④]咸丰帝亡命热河,名义上是承诺予恭亲王奕䜣以驻京全权代理,不为遥制,但实际上仍为清廷政治乃至外交的总导演,廷寄再称:"昨据恭亲王奕䜣等奏,夷务紧急情形。当谕令相机办理,朕亦不为遥制,总期抚局早成,朕即可及早回銮,镇定人心。谅恭亲王必能领会

---

① 《清咸丰十年洋兵入京之日记》,《中国近代史资料丛刊・第二次鸦片战争》(2),上海:上海人民出版社,第 135 页。

② 《筹办夷务始末(咸丰朝)》卷七,北京:中华书局,1978 年,第 2378~2379 页。

③ [英]霍普・格兰特、诺利斯:《格兰特私人日记》,陈洁华译,上海:中西书局,2011 年,第 50 页。

④ 《廷寄》,《筹办夷务始末(咸丰朝)》卷七,北京:中华书局,1978 年,第 2382 页。

朕意，妥为办理。”[①]面对危急关头，重申“不为遥制”，名义上让奕䜣等相机办事，但又表示英军等“如肯遵照恭亲王等所给照会，退至张家湾一带，酌定适中之地，定期各派委员，将在津续定条约盖印画押，将巴夏礼等送回，固属至善；如必不肯遵行，或并无照覆前来，不必待其进攻城池，莫若既将所获巴酋等全行送还，以示大方，尚可冀其从此罢兵换约，不值得为此数十夷丑，致令亿万生灵俱遭涂炭”。[②] 可见此时的咸丰皇帝在外交礼仪上也无奈地选择了“大方”，只不过让自己的兄弟奕䜣充当执行者而已。奕䜣是咸丰帝驻京代理，在外交上也属咸丰帝的影子，并无太多的发挥空间。

联军步步紧逼，10 月 6 日占领颐和园、圆明园，10 月 8 日，恭亲王下令释放巴夏礼、洛奇等。[③] 这一事件及后果涉及千头万绪。但在巴夏礼等看来这是他们的幸运，咸丰皇帝下令将他们斩首的文件在释放 15 分钟后就到达。[④] 被释放的重要原因是联军不仅火烧圆明园且扬言要占据金銮殿等。英军将领及相关人员另有日记式的回忆，即巴夏礼等被释是恭亲王等在联军强大的攻势之下的必然选择。

二、恭亲王的礼单及其政治运作

面对战、和、或战或和，还是且战且和等如此复杂多变的时局，驻京全权大臣奕䜣采取了多维策略，展开了多重外交。就近代政治舞台而言，恭亲王奕䜣等对英法的外交与其对咸丰奏折话语的修辞及其思想呈现的方式无疑有明显的分界线。面对强悍的他者，奕䜣对英法联军采取多方联络感情的措施，面对英法联军统帅的“面子”问题，恭亲王送礼大方，充分发挥其兼管宴大

---

① 《廷寄》，《筹办夷务始末（咸丰朝）》卷七，北京：中华书局，1978 年，第 2382 页。

② 《廷寄》，《筹办夷务始末（咸丰朝）》卷七，北京：中华书局，1978 年，第 2382 页。

③ 见洛奇的记载，《巴夏礼在中国》，金莹译，桂林：广西师范大学出版社，2008 年，第 257 页。

④ 见洛奇的记载，《巴夏礼在中国》，金莹译，桂林：广西师范大学出版社，2008 年，第 259 页。

臣的资源优势，对联军示以安慰。笔者在不列颠图书馆亚非阅览室的手稿部发现的恭亲王送礼清单就充分地说明了这一点。该礼单为长 9 厘米，宽约 38 厘米的函件。外层包装[①]的左边题有：庚申九月十五日。内页有洋红纸两张，第一张墨书：

恭亲王(字号甚大，长宽各约 5 厘米)。

第二张：

送
大英国
克大将军
满汉酒席 一桌(、)三抬
刁花绍酒 一坛(、)一抬
新鲜水果 二色(、)二抬
满洲饽饽 二色(、)二抬

恭亲王送礼系中英《北京条约》签订之后的第四日。这些礼物显然是送给英方首领。关于送礼，刘毓楠日记对此有所记载，但时间及礼单内容与笔者发现的原件有别。刘毓楠九月十四日记："恭亲王送夷人满汉席二桌，鲜果四色，饽饽四色，绍酒二坛，共十六抬。送至怡王府。"[②]英军占据北京后将司令部设在怡王府，意在对载垣下令抓捕巴夏礼等施以报复。比照可见，将军克收到的只是刘毓楠提到的礼单中的一半礼物，而怡王府此时为英军所盘踞，根据外交礼节及刘日记记载，另外一半很可能送给了英方另一重要人物，但并非如此。日记中"夷人"至少包括英国将军克，这是没有问题的。另一份

---

① 右上有：Brit. Mus \ Oriental. 6598 \ Menu of represt \ sent byPrince \Kung to Sir Hope \ Grant. \ Chinese \ OR. 6598 \ Presented by \Colnll(字迹潦草，可能是 Coloel，即陆军将领)it Knollqd(字迹不清，疑为 Sir Hope Grant.) December 10，1904.

② 《清咸丰十年洋兵入京之日记》，《中国近代史资料丛刊·第二次鸦片战争》(2)，上海：上海人民出版社，1978 年，第 141 页。

礼物实际上送给了法方,[①]十六日刘毓楠日记载:“恒祺与法人送行,送鲜果四盒,饽饽四盒。”[②]这也有问题,二十三日(11 月 5 日)“奕䜣等又奏于互送礼物并法使求在天主堂超度王兵片”,称:“臣等至礼部于该夷换约,咈夷噶酋取出洋钱数枚馈送,业经奏明在案。臣奕䜣于次日派员备席。送给该酋以为答礼。并给英酋一席。咈夷全行领收,英酋只领饽饽、水果。”[③]送礼日期当为 1860 年 10 月 26 日。

从平息事态来看,奕䜣在礼仪上注重“大方”,“至十九日,英酋遣人送来该国酒果(果酒?)数瓶,并洋菜四色,声称:两国和好,特备礼致敬。臣奕䜣未便显拂其意,因即收受,拟仍酌给礼物,以示羁縻。至该酋等欲至臣奕䜣府拜谒,当即托词拒说,仍于广化寺接见。前换约时噶酋恳请欲于天主堂超度该国伤亡之人,臣等以条约中既准其传教,此等小节,似不足与之计较,因即允其所请。至十七日,该夷前往彼处念经一日,亦尚安静。”[④]咸丰朱批:“知道了。”[⑤]此时,咸丰对其弟奕䜣面见“英酋”并没有表态或有某种特殊的情绪。恭亲王奕䜣在外交礼仪上确实“大方”,似给对方“长脸”。他送的是满汉全席等,而法国大使送他“洋钱数枚”。相比之下,英国将军克在接受礼物四日后,“仍还酒菜”等。奕䜣这样大方的外交礼仪实属外交舞台演出的规则,他在给七弟奕譞的信中称:“若通权达变,凡事示以大方,使彼信之不疑。苟能相安,可无他虑。”[⑥]“条约内既许住京,断不能阻止,即使明岁来京,亦不致肆行无忌。至国书一节,倘不亲递固好,然住京后彼要朝觐亦不能止。若圣人识以

① 比照新发现的礼单日期为九月十五日,刘毓楠日记有误。

② 《清咸丰十年洋兵入京之日记》,《中国近代史资料丛刊·第二次鸦片战争》(2),上海:上海人民出版社,1978 年,第 142 页。

③ 《筹办夷务始末(咸丰朝)》卷七,北京:中华书局,1978 年,第 2542 页。

④ 《筹办夷务始末(咸丰朝)》卷七,北京:中华书局,1978 年,第 2542 页。

⑤ 《筹办夷务始末(咸丰朝)》卷七,北京:中华书局,1978 年,第 2543 页。

⑥ 《中国近代史资料丛刊·第二次鸦片战争》(1),上海:上海人民出版社,1978 年,第 662 页。

坦白大方，抚局方能成也。”[①]奕詝、奕䜣、奕譞虽是同父异母的兄弟，但在王朝的权力框架内有君臣之分，这无疑意味着等级秩序上的森严。而恭亲王私下议论咸丰皇帝办事的尺度，显示了政治人物奕䜣的外交折冲，他本人在对待英国将领及外交人员上也是这么做的。

对待四兄奕詝皇帝，奕䜣差不多事无巨细，件件汇报。其重要的原委就是王朝权力在空间上面临着分裂的危机。

咸丰帝流亡热河造成清廷事实上存在京师与热河两个政治中心。让朝臣及咸丰帝本人一再担心的问题出现了，作为象征符号的皇帝威权能否降得住留守京师的大臣奕䜣。面对清军败绩，咸丰帝早就有“狩猎”木兰之想，咸丰十年七月七日(9 月 9 日)有朱谕:“据桂良等折，外事决裂，今拟亲征，着王大臣定议。”[②]名为亲征通州，意在流亡热河。大学士贾桢领衔上折称:“一经迁徙，人心涣散，蜀道之行木(未)达，土木之变堪忧，虞夷人既能至津，亦何难至滦耶? 种种情形，不堪设想。”[③]所谓“土木之变”即明英宗正统十四年(1449)，英宗听信太监王振谗言，留其弟驻守京师，率部亲征瓦剌，在土木堡战败被俘。随后其弟朱祁钰继位，是为景帝。这一故事对咸丰朝显然有警示作用，而大沽战败，咸丰亡命热河，事实上步入了类似“土木之变”的困境。恭亲王奕䜣的政治舞台无疑就是皇帝缺席的京师，京师即皇帝、亲王等寓所所在的地理空间，第二次鸦片战争期间一度为英法联军占领并掌控。其时，奕䜣在政治舞台上的重要使命是如何以物质等利益上的满足打发来自欧洲且以联军形式出现的“他者”，其后再邀咸丰帝回銮，至少要做到让咸丰帝走出肃顺等的团团包围，重新在京师恢复皇权旧有的规范与恩威。他对外发表了诸多外交照会，对内公开的奏折涉及《北京条约》签订后请咸丰帝回銮，还有在书信中表露政治思想，围绕第二次鸦片战争中的外交斡旋等展开了台前与

① 《中国近代史资料丛刊·第二次鸦片战争》(1)，上海:上海人民出版社，1978 年，第 662 页。

② 《筹办夷务始末(咸丰朝)》卷六，北京:中华书局，1978 年，第 2254 页。

③ 《筹办夷务始末(咸丰朝)》卷六，北京:中华书局，1978 年，第 2255 页。

幕后的演出。

三、新发现的文献及关联史料呈现的政治景观

从新发现的这两件资料及其他关联资料来看，在咸丰皇帝逃亡热河期间，承担留守京师的重臣恭亲王奕䜣面对内忧外患，吸取历史上的“土木之变”的教训，在政治舞台上展现了台前与幕后的多面人生。考察火烧圆明园期间的政治事件中奕䜣等的外交斡旋，可见政治人物在台前与幕后差异很大。1860年10月10日英军随军记者报道：“联军方面收到了清国恭亲王的一封信，宣称清国政府已准备同意我军全部条款。我们完全可以指望短期内就能宣布我们的这次战役完成任务了，和平达成了。”[①]“现在，外交又将重新代替战争。而我们将十分焦急地观察，而且怀疑是否可能会有一个良好的结果。”[②]咸丰十年八月二十九日（10月12日），奕䜣给英法的照会称：“照得本亲王前经派员以礼优待贵国巴参赞，并与妥商办理续约盖印画押各事宜后，即可以礼送还贵国之人，屡经知照贵国，是待贵国不为不厚。何以贵国兵丁扰及园庭，焚烧殿宇？贵国乃系知礼之邦，约束兵丁，素有纪律，岂有兵军肆意焚掠园庭，而两国带兵官及贵大臣推为不知之理？应由贵大臣将如何办法，详为照覆。”[③]从照会的行文来看，这是奕䜣代表天朝大国的外交重臣在发言。而新发现的恭亲王照会英国将军克信函，其言辞也属前台演出。那么他的私人信件无疑是脱下天朝大国的外衣，是后台奕䜣真实心迹的表述。他

① 《清军投降，北京城楼升起英法旗》(1860年12月28日)，该报道是对10月9日《纽约时报》刊发报道的继续，郑曦原编，李方惠、郑曦原、胡书源译：《帝国的回忆：〈纽约时报〉晚清观察记》，北京：生活·读书·新知三联书店，2001年，第197页。

② 《清军投降，北京城楼升起英法旗》(1860年12月28日)，该报道是对10月9日《纽约时报》刊发报道的继续，郑曦原编，李方惠、郑曦原、胡书源译：《帝国的回忆：〈纽约时报〉晚清观察记》，北京：生活·读书·新知三联书店，2001年，第198页。

③ 《抄录奕䜣·为同意英法军强占安定门但须明定章程给英法照会》，《第二次鸦片战争》(5)，上海：上海人民出版社，第177页。

在给亲属的信中除强调“诸容面叙”外，还称：“至行在一切公事，弟当勉力为之，想无须多嘱，书不尽言，言不尽意，匆匆布复。”[①]部分信件已焚，无从知晓内容，但这些残留的密信对了解事实真相及其心态无疑是十分关键的。奕䜣以密信致七弟奕谖(即慈禧的妹婿)称：“谕旨总以夷务办理未有把握见责。复思此次夷人之猖獗，迥非从前可比。自入城把守安定门之后，其势汹汹，若苟有异志，则都中旦夕且不能保，人心之涣散、仓库之空虚，及京中一切情形，夷人莫不深悉。到处汉奸勾引，又何事不可为。而其心仅以索现银五十万为赔恤之用，住怡府数日，为泄忿之举，其心已可概见。缘夷人此次之大肆猖獗，实因拿获巴夏礼及英、法二国之夷兵，我处凌虐太甚，彼心不甘。”在他看来，怡亲王授意僧格林沁抓捕巴夏礼造成严重的政治后果，“为此烧毁园庭，伤心惨目，有不忍言者”。[②] 其时的国事、家事对于奕䜣、奕谖而言，实为一体，他在私人信件中称：“至亲递国书一节，该夷不复坚执前说，而我处亦不必再行饶舌，俟恒祺、崇厚到津后渐渐消弭，易于措辞。明岁驻京人数，此时亦不能预定。上以此二事未能说妥见责，然夷性诡谲，狡猾异常，不与晤面，不能深悉其情。彼之来意，暗中实为通商，诸事总不肯明言，故以争分要体面为辞。”[③]即奕䜣私下里将英法联军的侵略目的归纳为通商，而在外交礼仪上归结为好面子，由此看来，恭亲王有其一孔之见，“额尔金勋爵和恭亲王之间进行了常规的会谈，勋爵还将自己的弟弟介绍给他。在我们离开北京之前，卜鲁斯先生已经开始和中国当局展开了贸易业务，这正是我们的特别大使馆的目标”。[④] 恭亲王虽仍有夷夏之辨的心态，但已区别于咸丰帝外交上的无知。

---

① 部分信件已焚，无从知晓内容，见《中国近代史资料丛刊·第二次鸦片战争》(1)，上海：上海人民出版社，1978 年，第 662 页。

② 《中国近代史资料丛刊·第二次鸦片战争》(1)，上海：上海人民出版社，1978 年，第 661～662 页。

③ 《中国近代史资料丛刊·第二次鸦片战争》(1)，上海：上海人民出版社，1978 年，第 662 页。

④ [英]斯坦利·莱恩-普尔、弗雷德里克·维克多·狄更斯：《巴夏礼在中国》，金莹译，桂林：广西师范大学出版社，2008 年，第 267 页。

恭亲王接见夷人的重要目的是洞悉夷情，这些皆说明他在外交舞台上演技日益精湛。

就外交而言，奕䜣在政治舞台上的表演应该说非常成功。从现有的文献来看，西方人对奕䜣很有好感，芮尼博士描绘了1861年英法联军进犯北京时的中国外交政策的首脑恭亲王（奕䜣），[①]称："恭亲王表情很和善，是个典型的鞑靼人……他的脸和手很小，手指纤细，有点女气……他中等身材，体形瘦削。他身着海獭皮皮袍，外罩紫色马褂，他的帽子是普通的那种鞑靼帽，上翻的部分衬有黑丝绒。帽子上端是一个深红色的丝球，而不是顶子和显贵们所戴的孔雀翎。"[②]人物的描述除了呈现相貌外，更重要的是传递一位晚清重臣给英国人以"和善"的好印象。

政治外交的前台与清王朝官员活动的后台无疑有明显的界线。舞台的前台实际上是在演出，奕䜣扮演天朝大国的钦差，是面对作为"他者"英法联军的挑战这一社会角色的担当。奕䜣的外交演出是否成功？英人当事者巴夏礼在1861年9月8日致妻子的信件中称："今天有重要的消息——中国皇帝驾崩了……谁会成为继任的皇帝现在还不得而知，他的儿子很小，只有七岁，所以一定是由他的一个弟弟来接过皇冠，恭亲王或者另一个在热河的亲王。我们希望是前者，他才是数年来一直在幕后的国家发言人。"[③]恭亲工外交斡旋成功的关键在于他能区分台上与台下的界线，并在政治舞台的台前与幕后顺利调适自己作为咸丰与英法联军的缓冲这一角色担当的心态。

总之，对于中国而言，第二次鸦片战争涉及中外不同的社会秩序及政治支撑，战争是双方剧烈碰撞的暴力表述方式。被殖民者与殖民者的身份落差在卖国条约中得以充分的界定，在这里，中国的天朝大国政治身份认同就有

---

① [英]约·罗伯茨(J. A. G. Roberts)编著:《十九世纪西方人眼中的中国》，蒋重跃、刘林海译，北京：中华书局，2006年，第20页。

② 芮尼:《北京及北京人》第1卷，第42～43页。[英]约·罗伯茨(J A. G. Roberts)编著:《十九世纪西方人眼中的中国》，蒋重跃、刘林海译，北京：中华书局，2006年，第20页。

③ [英]斯坦利·莱恩-普尔、弗雷德里克·维克多·狄更斯:《巴夏礼在中国》，金莹译，桂林：广西师范大学出版社，2008年，第290页。

了问题。系统地考析这些史料，分析恭亲王奕䜣及其政治舞台，有利于把握中英双方最初真实的战略意图、姿态及其变化的逻辑层次。讨论近代中英关系，通过文献解读历史，比较两者优劣，有利于看清战争的动机及其引发的清廷内部权力的重新分配和带来的变数，明白事实与现象背后的政治想象等。

大数据时代的珍稀史料考释及史学价值所在

——不列颠图书馆藏“发信件簿”数据化处理及其反映的清帝国通讯之侧影

［按语］ 不列颠图书馆藏有大量涉及中国历史的珍稀文献，这些文献很少公布或得到利用，有些数据庞大，适合利用计算机等现代工具进行数据处理与分析。针对大数据时代珍稀史料的处理与运用，通过数据统计及电脑制图的方式，考释不列颠图书馆藏“发信件簿”，并加以逻辑分类，且就其所蕴含的信息进行计量分析，意在探讨义和团运动前后清帝国中央与地方信函往来的频率及时间段等，由此而及内忧外患中的清帝国面对危机时，信息交流的缓急程度；从侧面也可窥见清帝国通讯系统的地理空间分布之一斑。

随着数字化的推进，数字化图书馆也成为新趋势。而图书馆的知名度过去主要取决于其对珍稀文献的占有状况。由此，一些著名的图书馆一方面积极应对数字化时代读者或研究者新的需求，另一方面针对珍稀史料，往往采用数字技术进行复制，从而有效地保护珍稀文本。而数字化需要巨大的资金投入，不列颠图书馆到 2011 年为止，已经多年未能投入足够的运行经费。故尽管该馆有诸多珍稀文献可以进行数字化处理，但事实上处于停滞状态。有些珍稀文献的目录索引都没有上网，更不要说可以远程利用。笔者在英国获得大量珍稀文献，基本上都属于此类。笔者 2011 年在不列颠图书馆查找资料期间发现珍稀资料一份，该文献末尾注有“50 folias, May 1908(g. g.)”。folia 相当于汉语“叶”，现在一般作“页”。据不列颠图书馆中文部主任葛瀚介绍，g. g. 为建立于 1753 年的不列颠博物馆图书馆员。不列颠博物馆藏有大量的中文书籍，从 1843 年开始，不列颠博物馆聘请了语言学家 Auguste Prevost 给中文书籍编目，他一直工作到 1858 年去世。[①] 据 *The British Library Journal*（Volume 24 Number 1 , Spring 1998），刊发 YU-YING BROWN 的 SIR ROBERT KENNAWAY DOUGLAS AND HIS CONTEMPORARIES 里面提及，“Sir Robert Kennaway Douglas (1838-1939) was the first Keeper of the British Muesum ' s new Deparment of Oriential Printed Books and Manuscipts when it was created in 1892”。[②] 这些大体上反映了中文部管理者的人事变更情况。笔者发现的该文件系毛笔书写，原件。最后一页有说明：Register of Demolished from the emperors×××……（人名，英语字迹潦草，疑为光绪），Red Palace Peking，1900. 即紫禁城，1900 年。可见此为八国联军侵华期间，英军从紫禁城中掠夺而来的，时隔 8 年后即由不列颠博物馆登记在册。这些珍稀文献在外交中多被视作军事情报，一度进入英国国防部，后才作为历史文献进入不列颠博物馆，大英图书馆与不列颠博物馆分家后进入大英图书馆（即不列颠图书馆）。

在英文的收藏说明中提及紫禁城。此涉及八国联军侵占紫禁城。据 1900 年 10 月 22 日（光绪二十六年闰八月二十九日），八国联军总司令瓦德西致德皇的报告：联军占领北京以后，其驻扎地点之分配，一如当时各军攻入该城，最初各自占据之处。“……有所谓‘禁城’者，系一种高墙围绕之长方形，位在皇都中央，为前此皇帝所居。因各国公使及驻京联军最老将领协议之结

---

① 吴芳思：《大英图书馆藏殿本书简介》，见故宫博物院编：《第一届清宫典籍国际研讨会论文集》，北京：故宫出版社，2014 年，第 24 页。

② YU-YING BROWN：SIR ROBERT KENNAWAY DOUGLAS AND HIS CONTEMPORARIES . seeing *The British Library Journal* . Volume 24 Number 1 , Spring 1998.

果，将该禁城划在占领区域以外，只准各国军队得有通过该城之权而已。四门均被占守，直至今日，三门犹为日本所占，一门则为美国所占”。[①]“联军占领北京之后，曾特许军队公开抢劫三日”[②]（按：联军系于公历八月十四日至十六日将北京占领。占领之后，即正式特许抢劫三日，系自八月十六日至十八日为止）。“在英国方面，关于此类行军特长，却曾被以一种特别方式，即所抢之物，均须缴出，一齐堆在使馆大屋之内加以正式拍卖，如是者累日。由此所得之款，按照官级高低加以分派，其性质略如战时掠获金。因此之故，无一英人对于抢劫之事视为非法行动。而且英国军官曾为余言曰：印度军队——在此间之军队，几乎全系印度人——对于战胜之后而不继以抢劫，实绝对不能了解”。[③] 这叙述的是军机处被抢劫的历史背景。而军机处所藏文件多属军机要密，在战争期间颇有军事情报的价值。军机处处理全国军政机要，1861 年对外总理衙门成立后，军机处的权力部分被移交，但仍是清帝国最为重要的权力中枢。军机处本身就有协助皇帝处理全国机要文书的职责，相当于皇帝处理军国大事的秘书处。军机大臣协助皇帝所拟旨意分为明发上谕与寄字两种，而寄字就属盖有军机大臣钤印的信函。胡思敬在《国闻备乘》云：“应颁示天下者曰明发上谕；密交各督抚者曰军机寄字；封交各部院者曰军机交片。悉以本日题本奏章移付内阁部员亲诣抄写，今通谓之阁抄。”[④]所谓“发信件簿”当指军机处所处置的信函登记。由此而论，Register of Demolished from the emperors（由多个皇帝所发信件登记簿；英语书写潦草），据目前从不列颠图书馆所得此类文献来看，主要是光绪朝的。若细致而言，解读上存在误解。当然若有更多的这方面的珍稀文献发现，另当别论。实际上军机章京的一个重要职责就是记注档册。此涉及上谕及奏折等传播方式，胡思敬在《国闻备乘》中“改题为奏”，称：“内外言事，有题有奏。例行常

---

① ［德］瓦德西：《瓦德西拳乱笔记》，上海：中华书局，2009 年。
② ［德］瓦德西：《瓦德西拳乱笔记》，上海：中华书局，2009 年。
③ ［德］瓦德西：《瓦德西拳乱笔记》，上海：中华书局，2009 年。
④ 胡思敬：《国闻备乘》，上海：中华书局，2007 年，第 17 页。

事曰题本，露而不封，先交内阁，由内阁拟旨再交奏事处进呈，所谓票签是也。其非例行常事，或条陈时政，或匡谏阙失，或弹劾官员，用白简加小封，盛以黄匣，径交奏事处进呈，曰'封奏'。"[①]其时军机处办公地除太和殿外尚有西苑军机堂等，但紫禁城内的太和殿附近的军机处是权力中枢所在。有清一代，内阁议事易泄露，而军机处的设立在保护军政机密上较有作为，显然属于隐形政治的合法化，多被视作皇权专制的极端化表现。

八国联军侵华期间，军机处等遭受洗劫，多份文件"不翼而飞"。庚子年间，联军搜捕清廷官员，搜捕名单当与官员的行政级别相关。笔者2005—2007年在复旦大学传播学博士后流动站做研究期间，发现了珍稀文献《行在钞报》，所载透露了如下事实：面对联军即将进入紫禁城，慈禧太后与光绪皇帝遂率众向西北逃亡，京师一度群龙无首，但正是在流亡西北的途中，清廷刊发《行在钞报》。据该报，清廷开始大规模地撤换基层政权的官员，数目巨大，是一次官僚系统的大换血。这一事件并非一般意义上的新陈代谢，反映的清廷官僚行政系统绝非一般意义上的病入膏肓，而是在面临政权危亡之际，采取大换血的方式撤换基层政权的官僚，意在增进基层政权的活力。

若将复旦大学新闻学院所藏《行在钞报》等与不列颠图书馆所藏"发信件簿"比照研究，我们当有更多的发现。不列颠图书馆所藏该文件封面为红纸墨迹书"发信件簿"，"光绪二十五年八月 日"，系1899年9月前后。此属义和团运动迅猛发展期间，比照该文献最末页、图书馆员的登录时间及其文件来源说明即可知。该文献系当时记载皇帝或其代理处置军政要务的军机处等给地方要员发信的登记簿，故颇有利用价值。从军事情报的层面可见，此册在手，八国联军当对清廷基层政权的执政者及其官衔一目了然，无形中亦为八国联军在华军事行动中抓捕清廷政权的基层行政人员提供了名录。

未刊珍稀文献"发信件簿" 第一页(括号中"直隶"等文字为笔者所加)，毛笔字登录，其书写为竖行、繁体字。为了清楚地展示，文字录入现在改为横

---

① 胡思敬：《国闻备乘》，上海：中华书局，2007年，第16页。

行、简体：

□北道台　钟　信一件

(直隶)通永协右营守备　柴　信一件

(直隶)赵州营守备　李　信一件

(直隶)宣化县正堂　陈　信一件

(直隶)署深州正堂　朱　信一件

(贵州开阳县)署开州协台　黄　信一件

(直隶)元氏县正堂　葛　信一件

(直隶)河间县正堂　张　信一件

(直隶)延庆州正堂　恽　信一件

(直隶)行唐县正堂　刘　鸡　泽县正堂　张　信一件

(直隶)隆平县正堂　王　信一件

(直隶)南和县正堂　周　信一件

前　陈

营游府　信一件

右　李

管带练军右翼步队留直补用游府　吴　信一件

管带练军左翼马队前营补用游府　郝　信一件

管带海琛快船留营差遣前补用游府　林　信一件

委带海华猎船前海军左翼中营游府　饶　信一件

八月　廿七日

八月廿七日(说明:“发信件簿”中所署日期多系草书)系 1899 年 10 月 1 日。

由第一页可见其时清廷发信的对象及其职衔。其前后的历史背景是,光绪二十五年八月廿七日(1899 年 10 月 1 日),山东、直隶一带,义和团运动风起云涌,清廷对天津义和团运动格外重视。光绪二十五年二月初三日(1899 年 3 月 14 日),上谕:“山东巡抚张汝梅开缺,听候查办,以署江宁将军毓贤为山东巡抚，江宁副都统额勒春暂护江宁将军。”[①]是月二十一日(3 月 22 日)，上谕：“谕军机大臣等，电寄张汝梅，德兵遽赴沂境，昨已由总署电知该抚矣。”[②]从“发信件簿”可知，清政府对直隶县级官员及军事守备、海军的重视。八国联军侵华涉及西方在华商业及其资本，也涉及西方在华企业。从 1860 年到 1900 年，在天津开设的工厂及公用事业中外国资本有 16 家，以英国占据主导(英国有 13 家，另两家是德国 1884 年在天津投入资本 10 万两的天津时报馆及 1890 年投资的兴隆洋行打包厂)。[③] 尤以 1890 年为高峰，英国的工业以打包厂为主(7 家)，也涉及肥皂公司、印字馆、自来水公司等。这些信件集中发往直隶地区，可以想见其时义和团运动在京津等这些核心地区的展开及中央与地方定向的信息传播。再比照是年三月初八日光绪皇帝下令整顿海军，可见清廷对海军关注度明显提高。[④] 而面对毓贤在山东对义和团运动由剿变抚，西方颇为不满，遂向清廷施压。光绪二十五年十一月初四日(12 月 22 日)上谕：“命山东巡抚毓贤来京陛见，以工部右侍郎袁世凯署山东巡抚。”[⑤]其时，强硬派代表人物袁世凯开始了剿压政策。但对义和团运动是抚还是剿，清廷仍模棱两可，只是令袁世凯等相机而动，而义和团运动提出的扶清灭洋的口号响彻全国。由于灭洋导致列强惊恐万端，遂有八国联军侵华。

不列颠图书馆所藏“发信件簿”中间被撕去两页，系九月十六日至九月十八日(1899 年 10 月 18 日至 20 日)之间，当涉及九月十七日的发信相关登记信息。“发信件簿”上先登记的是州府县官衔、军衔，之后为姓，之后为“信一

---

① 中国史学会主编：《中国近代史料丛刊·义和团》(四)，上海：上海人民出版社、上海书店出版社，2000 年，第 3 页。

② 中国史学会主编：《中国近代史料丛刊·义和团》(四)，上海：上海人民出版社、上海书店出版社，2000 年，第 3 页。

③ 具体表格见徐景星：《天津近代工业的早期概况》，《天津文史资料选集》(第一辑)，天津：天津人民出版社，1978 年版，第 134 页。

④ 姜鸣编：《中国近代海军史事日志(1860—1911)》，北京：生活·读书·新知三联书店，1994 年，第 250 页。

⑤ 中国史学会主编：《中国近代史料丛刊·义和团》(四)，上海：上海人民出版社，上海书店出版社，2000 年，第 9 页。

封"等。但有例外:十月廿六日"文华殿大学士　李　信一件由邮政局寄"。十一月十四日"程、杨、聂、马四大人　公信一件 外封送提台";"委办香港文报局即补分县　梁";十一月十五日"户部正堂军机大臣　王";十一月廿六日"分统淮军右翼　梅　信一件 专马"。这些皆是简要说明发信方式,而从邮政局或"外封"或香港文报局拍电报,或"专马"(多指传统驿站专门送递),等等,当属事先的安排。此亦合军机处办事程序。

以下对信件进行统计分析:

(一)清廷军机处向地方行政要员等所发信件起止日期:八月二十七日至十二月十一日(1899年10月1日至1900年1月11日)

日期并不连续,八月份有2天,九月份有22天,十月份有17天,十一月份有19天,十二月份有1天,共计61天,参见图1。

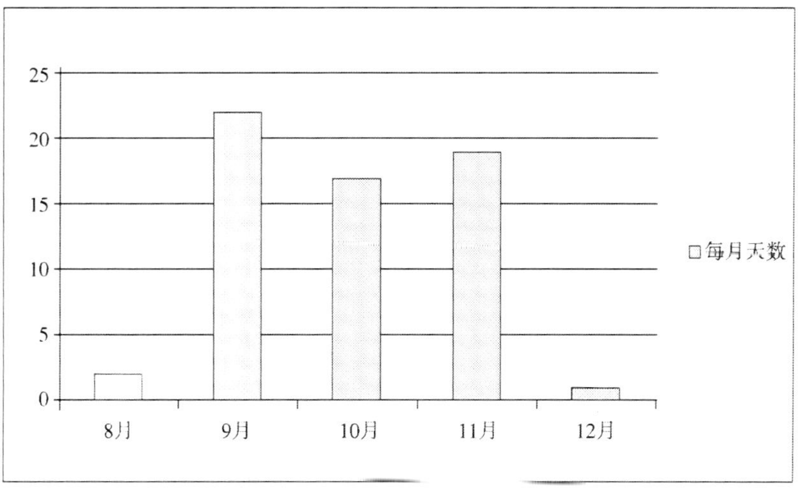

图1　军机处所发信件起止月份与每月天数

由图1可见,清政府应对义和团运动及八国联军侵华,是年九月、十一月,系多事之秋。两者之间的十月书信稍少。八月、十二月发往地方的信件也少。

(二)信件总数:824 件

八月份 38 件,九月份 379 件,十月份 112 件,十一月份 293 件,十二月份 2 件。

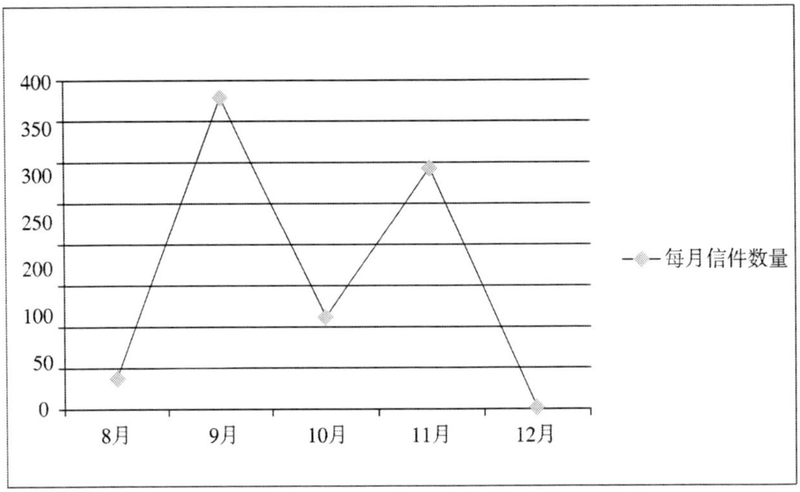

图 2　军机处每月发信数量

由图 2 可见九月、十一月是发信的两个高峰,而十月发信较少,属于低谷。

(三)清廷军机处发往地方行政要员信笺地理分布的情况

根据当时的行政区划,除青海和西藏两地外,其余各地都有信件发往。包括一件发给前台湾候选道(《马关条约》中台湾被割让给日本,但清廷仍给台湾候选道发信,此值得注意)的信。具体地理分布如图 3 所示:

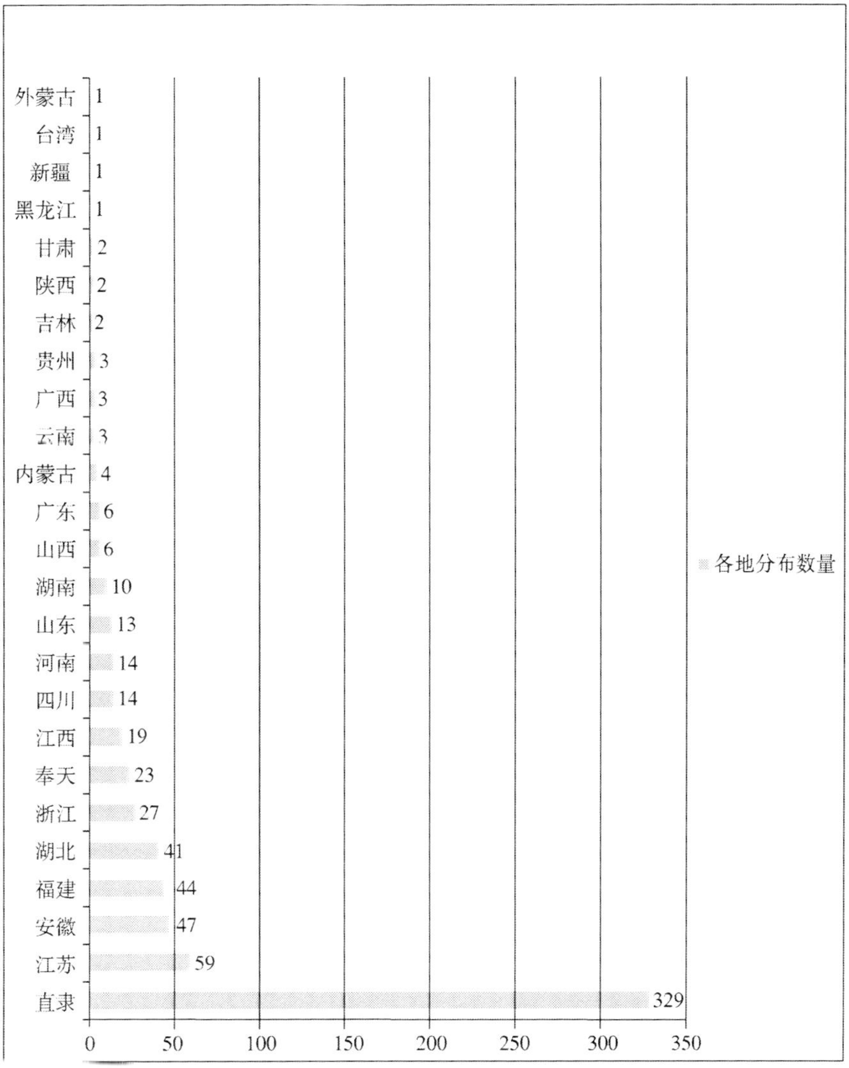

图 3　军机处寄发信函目的地的地理分布

说明:外蒙古与内蒙古在当时均为藩部,在本图中区分两者的主要依据是当时通讯的地理区域。

总体看来,清廷军机处发信最多的是往直隶,此涉及义和团运动及八国联军侵华时期京师安危,特别是义和团运动让直隶成为全国政治风暴的中心,军机处等发往该地的信函有 329 封之多。较多信件发往江苏,该地是经济的中心，南京系南洋大臣及两江总督驻地。安徽与福建、湖北也是关注的重点。安徽与湖北在长江中游，而福建特别是马尾是当时重要的海军基地。

从前人及笔者搜集的资料来看，英国对义和团运动期间的中方情况极为了解，是年瓦德西在“十二月十八日之日记”中称：“只因英国方面过于精细缓慢之故，每每解释一字，不惜虚耗时日，以致直到今日，犹不能与华人开始议和。”①这主要是由于从鸦片战争开始，英国对华建立了体系严密的情报系统，并且依靠完整而系统的情报资源取得了对华信息资源上的优势。在八国联军侵华并占领紫禁城期间，此“发信件簿”落入英国人的手中后进入不列颠博物馆也不奇怪。

（四）清廷军机处所发信件涉及：行政官 551 件，军官 271 件（据“发信件簿”，当然除去被撕掉的两内叶）

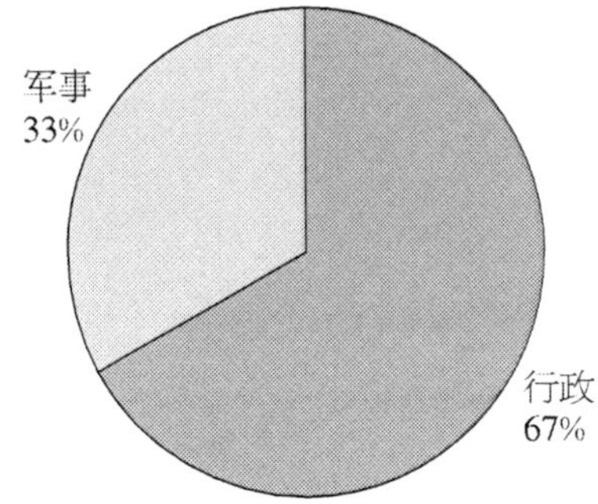

图 4　军机处寄发信件涉及行政官员和军事官员的比例

发信簿为清帝国日常由中央联络地方的重要渠道，从官员接收层面来看，内容当主要涉及地方军政及中央部署等。虽然义和团运动渐次高涨，但三分之二的信件涉及行政人员，其他三分之一的信件涉及军事人员。从官衔或军衔来看，行政官员信件中二品总督（制台）5 件，从二品巡抚（抚台）1 件，从二品布政使（藩台）18 件，按察使（臬台）8 件，道台、候补道、即补道，共 105 件，正堂 307 件，其他 112 件，参见图 5。可见，这些信件主要面对正堂等基层

① ［德］瓦德西：《瓦德西拳乱笔记》，上海：中华书局，2009 年，第 126 页。

官员。这也可以理解，圣旨多有布达地方重要大员。部分行省官员多有皇亲国戚的身份，实属中央官僚系统的一部分。

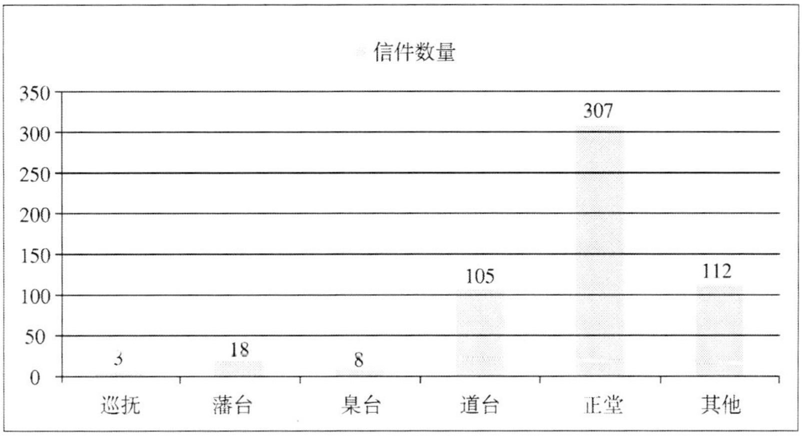

图 5 军机处寄发各级官员信件的数量

1. 行政方面

(1)巡抚 3 件

表 1 军机处发给各巡抚的信件的数量及日期

新授山西巡抚部院 王 信一件	九月廿二日
山东抚台 毓 信一件(排单)	十月十一日
江西抚台 松 信一件	十一月初四日

山西后来成了慈禧太后与光绪皇帝流亡的行在，而山东是义和团运动发源地。所谓排单，语义待考。

（2）布政使（藩台）18件

表2　军机处发给各布政使的信件的数量及日期

<table>
<tr><td>江宁藩台　恩　信一件</td><td rowspan="2">八月 廿九日</td></tr>
<tr><td>山东藩台　张　信一件</td></tr>
<tr><td>陕西藩台　李　信一件</td><td rowspan="2">九月初四日</td></tr>
<tr><td>江西藩台　张　信一件</td></tr>
<tr><td>直隶藩台　廷　信一件</td><td>九月初七日</td></tr>
<tr><td>直隶藩台　廷　信一件</td><td>九月十二日</td></tr>
<tr><td>安徽藩台　汤　信一件</td><td rowspan="3">九月十六日</td></tr>
<tr><td>浙江藩台　恽　信一件</td></tr>
<tr><td>署江苏藩台　陆　信一件</td></tr>
<tr><td>置理湖北藩台　瞿　信一件</td><td>九月十八日</td></tr>
<tr><td>直隶藩台　廷　信一件</td><td>九月廿日</td></tr>
<tr><td>直隶藩台　廷　信一件</td><td>九月廿三日</td></tr>
<tr><td>直隶藩台　廷　信一件</td><td>九月廿八日</td></tr>
<tr><td>署福建藩台　周　信一件</td><td>十月初一日</td></tr>
<tr><td>河南藩台　景　信一件</td><td>十月廿九日</td></tr>
<tr><td>直隶藩台　廷　信一件</td><td>十一月初六日</td></tr>
<tr><td>江宁藩台　恩　信一件</td><td>十一月十五日</td></tr>
<tr><td>直隶藩台　廷　信一件</td><td>十一月廿日</td></tr>
</table>

有清一代，布政使多掌控一个省份的人事与财政之权，多为督、抚的属官，官衔多为从二品。从发信来看，直隶布政使收信较多，可见清廷与京师所在地的行政与财政官吏联系密切。

（3）按察使（臬台）8件

表3　军机处发给各按察使的信件的数量及日期

<table>
<tr><td>河南臬台　廷　信一件</td><td>八月廿九日</td></tr>
<tr><td>署江西臬台　周　信一件</td><td>九月初七日</td></tr>
<tr><td>督办军务浙江臬台　李　信一件</td><td rowspan="2">九月廿日</td></tr>
<tr><td>署理福建臬台　胡　信一件</td></tr>
</table>

续表

新授贵州臬台　陈　信一件	九月廿四日
置理湖南臬台　湍　信一件	九月廿八日
福建臬台　周　信一件	十一月十九日
直隶臬台　廷　信一件	十一月廿日

2. 军事方面

军机处发给军政官员的信件：总督（制台）5件，提督（提台）23件，总兵（镇台、镇）55件，副将（协台）37件，游击1件，都司12件，守备5件，游府42件，都阃府22件，清军府9件，守府13件，参府17件，其他49件。参见图6。

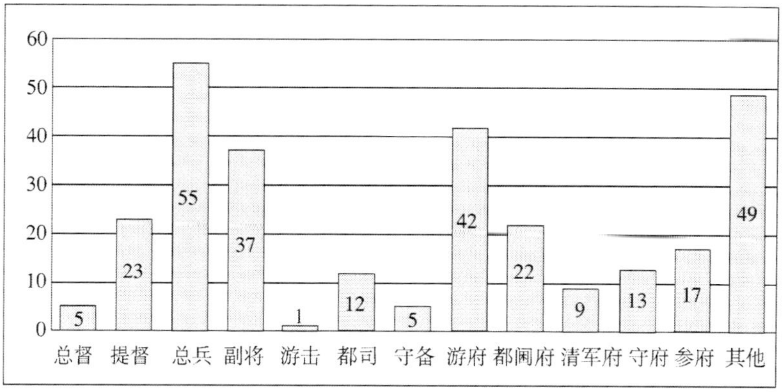

图6　军机处发给各军事官员信件的数量

说明：自鸦片战争以来，总督多负责军事乃至外交等多方面的事务，因"发信件簿"标明时间系内外交困的战时，本文考察的收信对象多侧重于军事身份。

（1）总督4件

表4　军机处发给各总督的信件的数量及日期

两江总督　刘　信一件	十月十九日
两江总督　刘　信一件	十月廿日
两江总督　刘　信一件	十一月初三日
两江制台　刘　信一件	十一月初六日

此处提到的刘，即正在筹划东南互保的两江总督刘坤一。刘坤一早在1875年即有两江总督之任（署），1880年、1881年再任两江总督，1890年任两

江总督，但未到任，1891 年至 1899 年(除 1895 年未到任外)仍任两江总督。[①]两江总督常兼南洋大臣，军情多属机密，清廷多次发信给他，也属情理之中。

(2)提督 23 件

表 5　军机处发给各总督的信件的数量及日期

<table>
<tr><td>统领奉字左军记名提督　胡　信一件</td><td>九月初一日</td></tr>
<tr><td>统领嵩武亲军中军三营遇缺题奏提台　尤　信一件</td><td>九月初六日</td></tr>
<tr><td>长江水师提督　黄　信一件</td><td>九月初七日</td></tr>
<tr><td>福建陆路提台　程　信一件</td><td>九月廿日</td></tr>
<tr><td>统领安徽省城练军记名提台　韩　信一件</td><td>九月廿三日</td></tr>
<tr><td>办理东省铁路记名提台　周　信一件</td><td>九月廿八日</td></tr>
<tr><td>署四川提台　夏　信一件</td><td>十月初八日</td></tr>
<tr><td>直隶提督　聂　信一件</td><td>十月十三日</td></tr>
<tr><td>浙江提督　马 信一件</td><td>十月廿日</td></tr>
<tr><td>湖北提台　关　信一件</td><td rowspan="5">十一月初六日</td></tr>
<tr><td>江南提台　李　信一件</td></tr>
<tr><td>长江水师提台　黄　信一件</td></tr>
<tr><td>福建陆路提台　程　信一件</td></tr>
<tr><td>直隶提台　聂　信一件</td></tr>
<tr><td>直隶提台　聂　信一件</td><td rowspan="4">十一月初十日</td></tr>
<tr><td>统领毅字前军记名提台　程　信一件</td></tr>
<tr><td>总统武卫左军四川提台　宋　信一件</td></tr>
<tr><td>代统武卫左军浙江提台　马　信一件</td></tr>
<tr><td>统领湖北州字全军记名提督　信一件</td><td rowspan="3">十一月十二日</td></tr>
<tr><td>记名提台　姜　信一件</td></tr>
<tr><td>统领安徽练军记名提台　韩　信一件</td></tr>
<tr><td>直隶提台　聂　信一件</td><td>十一月十三日</td></tr>
<tr><td>总统武卫左军四川提督　宋　信一件</td><td>十一月十五日</td></tr>
</table>

---

① 具体统计见张湘炳:《安徽近代职官表》,见《安徽近代史》,合肥:安徽人民出版社,1990 年版,第 496～497 页。

所谓“提台”,系提督的尊称。提督属于清廷中级别较高的军衔,多属从一品。分陆路(12)与水路(3)两部分。水路分为福建水师提督、广东水师提督及长江水师提督。从中可见“发信件簿”涉及军事领导人覆盖面之广。所谓长江水师提督与长江水师提台黄当系一人。福建陆路提台程与福建陆路提督程也系同一人。与此同理,直隶提督聂与直隶提台聂系同一人。余不赘述。

(五)以《皖政辑要》为参照:“发信件簿”所涉及安徽军政要员及相关结论

总体看来,“发信件簿”可谓内容丰富,信息量大,一册在手,对大清帝国的行政、军政乃至教育等方面的官员任职情况基本可以了如指掌。为了说明问题,需要抽取样本进行比较研究,按照常理,义和团运动及八国联军侵华影响较大的当为直隶、山东等地,但若要了解全国总体上的概貌,可以安徽、江苏等原属两江总督所辖之地为考察对象。下面以“发信件簿”中发往安徽的信函记载比照《皖政辑要》并作分析。

安徽收信49封,少数收信者有异地兼职身份,包括到异地候任。参见表6。

表6　军机处发往安徽省各级官员的信函的数量及日期

管带安徽省城练军定安炮营两江补用游府　张　信一件	九月初一日
统领安徽精健等营两江补用副戎　赵　信一件	九月初二日
安徽候补守府　胡　信一件	
安徽怀远县训导　汪　信一件	
安徽舒城县正堂　萧　信一件	
安徽宁国府正堂　桂　信一件	九月初六日
统领安徽澄清长庆等营两江补用府参　徐　信一件	
安徽本任徽州营休宁守备　姬　信一件	九月初九日
两江督标中军协台　王　信一件	九月十一日
安徽藩台　汤　信一件	九月十六日

续表

办理皖练营务处兼带定安右营两江即补协台　陈　信一件	九月十六日
安徽寿春镇　郭　信一件	九月十八日
办理安徽皖南茶厘局江苏即补道　李　信一件	九月廿日
安徽徽宁池太广道　吴　信一件	
统领安徽淮河长字营水师即补游府　沈　信一件	九月廿一日
安徽寿春镇　郭　信一件	九月廿二日
统领安徽省城练军记名提台　韩　信一件	九月廿三日
办理安徽宣城渡厘卡候补直隶州　吴　信一件	九月廿四日
安徽候补县　袁　信一件	
安徽游兵营游府　莫　信一件	九月廿六日
置理安徽徽州营参府　牛　信一件	九月廿八日
安徽潜山营游府　陆　信一件	
办理安徽和州厘卡候补州正堂　王　信一件	
安徽怀远县正堂　杨　信一件	十月初一日
安徽蒙城县正堂　张　信一件	
安徽无为州正堂　朱　信一件	十月初二日
安徽铜陵县训导　齐　信一件	十月初六日
安徽抚标中衡参府　齐　信一件	十月十五日
安徽凤阳府正堂　冯　信一件	十月十八日
安徽颍州府分府　周　信一件	十月廿九日
安徽抚院幕府　顾、俞　信一件	十一月初十日
办理安徽宣城东门渡厘卡候补直隶州　吴　信一件	
安徽舒城县正堂　萧　信一件	
安徽滁州正堂　熊　信一件	
安徽候补直隶州　屈　信一件	十一月十二日

续表

<table>
<tr><td>安徽即补州　钱　信一件</td><td rowspan="3">十一月十二日</td></tr>
<tr><td>署安徽州府正堂　许　信一件</td></tr>
<tr><td>统领安徽练军记名提台　韩　信一件</td></tr>
<tr><td>安徽和州厘卡即补直隶州　王　信一件</td><td rowspan="2">十一月十三日</td></tr>
<tr><td>安徽宁国府分府　钱　信一件</td></tr>
<tr><td>安徽宣城县正堂　陈　信一件</td><td>十一月十四日</td></tr>
<tr><td>办理安徽军械所候补州正堂　彭　信一件</td><td rowspan="2">十一月十六日</td></tr>
<tr><td>安徽徽州营休宁汛守府　姬　信一件</td></tr>
<tr><td>安徽即补直隶州正堂　英　信　件</td><td>十一月十九日</td></tr>
<tr><td>署安徽徽州营参府　牛　信一件</td><td rowspan="3">十一月廿日</td></tr>
<tr><td>置安徽建平县正堂　汪 信一件</td></tr>
<tr><td>安徽即补直隶州正堂　英 信一件</td></tr>
<tr><td>安徽怀远县正堂　杨 信一件</td><td>十一月廿七日</td></tr>
</table>

从“发信件簿”来看，清廷发给安徽相关人员的信函主要涉及军事、行政两个方面，行政主要以县级官僚为主。

比照《皖政辑要》，可见“发信件簿”的涉及面。

《皖政辑要》所载地方行政、军政等架构大体如下：

两江总督正二品。巡抚兼提督从二品。布政使司布政使从二品。提学使司提学使正三品。按察使司按察使正三品。

江、安、徽、宁、池、太、庐、凤、淮、扬十府粮储道正四品。

巡警道正四品。劝业道正四品。皖南兵备道正四品。皖北兵备道正四品。

知府八员从四品：安庆府、徽州府、宁国府、池州府、太平府，属皖南道。庐州府、凤阳府、颍州府属皖北道。

直隶州知州五员正五品：广德州，属皖南道。滁州、和州、六安州、泗州属皖北道。

知州四员从五品：无为州，属庐州府。寿州、宿州，属凤阳府。

亳州属颍州府。

知县五十一员正七品:怀宁县等。

布政司经历一员从六品。

布政司库大使一员正八品。

按察司照磨一员正九品。

按察司司狱一员从九品。

粮储道库大使一员从九品。

同知七员正五品:安庆府、徽州府、池太分防、庐州府、凤庐分防、凤颍分防、颍州府。

通判七员正六品:安庆府、宁国府、池州府、太平府、庐州府、凤阳府、颍州府。

府经历八员,正八品。额缺与知府同。

府照磨一员,从九品:安庆府。

直隶州州同三员从六品:和州、六安州、泗州。

直隶州州判二员从七品:广德州、泗州。

州同三员从六品:无为州、寿州、亳州。

州判一员从七品:宿州。

州吏目九员从九品:额缺与直隶州知州及知州同。

县丞十五员正八品:怀宁县、桐城县、潜山县、宿松县、歙县、休宁县、婺源县、宣城县、泾太分防、南陵县、贵池县、当涂县、合肥县、凤阳县、阜阳县。

主簿四员正九品:宣城县、凤阳县、怀远县、定远县。

巡检六十五员从九品:怀宁县长枫、三桥等。

典吏五十一员,未入流。额缺与知县同。

教授八员,正七品。额缺与知府同。

学正九员,正八品。额缺与直隶州知州及知州同。

教谕九员正八品:怀宁县、桐城县、歙县、休宁县、婺源县、宣城县、泾县、凤阳县、全椒县。

复设教谕三十九员正八品：潜山县等。

训导三十九员从八品：潜山县等。

复设训导二十六员从八品：安庆府、怀宁县等。[①]

《皖政辑要》完整呈现了其时安徽军政官僚系统的地理分布。1899－1900年两江总督为刘坤一、鹿传霖(署)。1899年清廷任命王之春为安徽巡抚，但王未到任，而原巡抚邓华熙未离任。1900年的安徽实为邓华熙与王之春权力交接的过渡时期。1899－1900年的安徽布政使为汤寿铭。1899－1900年的安徽学政使为徐致祥，按察使为联魁。这些都是安徽军政要角。而安徽早期的传教重心主要集中在省会安庆，教堂以芜湖、宣城为中心。而传教中心往往也是反传教的中心。两相比较，从“发信件簿”可见中央对安徽联系较为密切，安徽是义和团运动期间军机处乃至皇权关注的重点。

从总体上看来，军机处掌控的“发信件簿”属机要档案存档之类，信息当多涉及行政乃至军机，发信当为上谕乃至军机大臣等拟要旨，多属于对地方行情的指导或回应。从清帝国军机处档案汇存来看，有各省地方官员写给军机处的信函，汇报地方军政要情。

此涉及清帝国以军机处为核心的向全国发散的信息传播网络，也关联地方军政要员发往军机处的信函等信息交换网络。有清一代，军机处的运行虽为皇权独裁的高级“秘书处”，属于明清之际皇权专制登峰造极的重要标志，但其将权力从内阁烦琐的行政官僚系统中解放出来，在行政、军政处置上高效运行是有目共睹的。特别是皇权意志的上传下达在清季内忧外患的危难之际有出色的业绩。清廷与安徽等行省乃至府、州、县等行政、军政官员的联系，虽早已有电报，但价格高昂，马道等驿站乃至邮政等仍是重要途径。时值义和团运动，各地教案纷起，尤其以山东、直隶为最。安徽芜湖等地也发生多起教案。面对民乱四起的社会危机，中央与地方信息交流十分关键。清代皇

① (清)冯煦、陈师礼：《皖政辑要》，合肥：黄山书社，2005年，第63～66页。

权处在金字塔权力结构的塔尖，其下是以军政为主体的官僚机构，官僚机构显然包括州县等七品乃至从八品的官僚。这里的书信往来涉及乡团及地方官系统等。义和团运动中民变频仍，以最高统治者或其代理军机处身份发信，应该反映其时中央处理民乱问题的旨趣。这些来自军机处的"发信件簿"从侧面呈现了晚清通讯系统的"一对多"(核心向四周)的发散式的传播模式。庚子事变后，清帝国军机处的通讯系统也有所变弱，多处应付，而"发信件簿"发信对象涉及面非常广，涉及官僚系统的多个层面。面对民变危机，"发信件簿"呈现的发信频率亦反映了清帝国应对突发性事件的灵敏程度，"庚子以后，或以题本辗转稽时日，乃改题为奏。自是阁臣旷无一事，万机勤劳，例折不能遍阅，枢府亦以具文视之，舛错无暇细勘，内批时有误者。余在吏部见部折往往有双请或条陈政见者，皆署曰：'依议'"。[①] 对待突发性的社会危机，反应的灵敏性背后呈现的是帝国的活力程度，这也从侧面折射了王朝的寿命。中国传统的以马道为主体的驿道或新兴的邮局遭遇西方的电报，优劣对比中呈现的帝国或王朝的传统性或现代性是显而易见的。

---

① 胡思敬:《国闻备乘》,上海:中华书局,2007年,第16页。

下　编

香港船头货价纸(汇编)

序号	日期	星期	新闻	反映的问题	备注
第197号	1859年2月3日(己未年正月初一日)	四	闻说,于廿八日有根砵三只,第六十九号、七十三号、七十五号。每只根砵拖大艇二只,装英法兵勇往花地,与九十六乡处游玩云。 于去年十二月三十日上午,在港战船炮台燃炮,迎接大英钦差大臣从江南至港,云云。 据《旧金山新闻纸》云,现吠礼查里化金山出金颇多,有七条坑:一名“希厘巴”,有十六条金漕工作,每日获金不少;一坑名“波化地巴”,每人每日可获金值银三四员(即圆,后同)之间;一坑名“奄麻厘巴”,有一大金矿约三四丈深;一坑名“别列治里化”,有四个人合伴获金七十安治;一坑名“科哈”,每人获金值银不下六员至十二员;一坑名“花哥巴”,每人每日亦可获金六员至十二员;一坑名“亚厘毕扶律”,有两个公司在坑探金。内河船只甚少,由大埠名域多厘亚往内埠,每墩货要水脚银四十五至五十大员。各样货少,致价钱高昂。现在有人在此开耕种植,云云。	英法联军往花地等游玩 旧金山掘金	根砵子:小炮艇。

续表

序号	日期	星期	新闻	反映的问题	备注
第197号	1859年2月3日(己未年正月初一日)	四	机厘文公司有船一只,名"亚利波",由上海来港,各客有货附搭此船者,请早下船出货,特启。戊午十二月三十日,机利文公司启。 兹有上白孟加剌米出卖,如贵客欲买此米者,请移玉到本新闻纸馆面议。 启者,唐人如有切要时事,或得之目击,或得之传闻,不论何事,但取其有益于唐人,有合于同好者,均可携至本馆刻刷,分文不取,特此布闻,新闻纸馆谨启。	船只卸货 新闻纸馆广告,多期连载,后仅作交待	
第198号;接第197号	1859年2月5日(己未年正月初三日)	六	兹闻,大英陆路提督斯大人、大法统领陆路水师军务达大人、大英代理水师提督墨大人,亲带根砵,载英法兵勇约八百名,于去年十二月廿八日由花地上岸,起程前往九十六乡大沥地方游玩。南海县太爷亦倍(古通陪)往,所过各处村乡,遍帖(贴)示张,表其好意。各处乡民亦相待以礼,不敢有违。到大沥聚集,九十六乡绅仕(士)将告示读知后,由大沥起程,经过瓦陶到黄竹沂,有根砵接去。是日下午六点钟,埋城。英法两国提督大人所出之告示下号印刻。 香港城皇(隍)庙司事人,因租项不清,被地主未士兰这厘将其庙中家私什物早□□投,以填租项。 现据台湾火船带来厦门行情信云:新公烟土沽银八百至八百零五员,公鸪烟土沽银八百五十员,鹰银每百补水一员,纹银每百加水银六两七钱半云。	英法联军往花地等游玩及清方反应 香港城隍庙租金纠葛 鸦片行情	

续表

序号	日期	星期	新闻	反映的问题	备注
第199号;接第198号	1859年2月8日(己未年正月初六日)	二	闻说,大英官府定意要中国人民遵守所立之新和约。大英钦差大臣迟六个礼拜将又往上海办公务。据英国新闻,有英官府出招帖,请船只装载煤八千墩来香港、上海两处。又闻,大英君主特派美伦先生前来香港,承充传话通事之职,云云。 上日,大英火轮战船往甲子地方责罪,甲子人因其刹(杀)失水无辜难民,并夺去失水人之财物,该火轮船、根砵等回港。闻说,甲子人要填补银二千五百员云。 闻说,在省城买卖颇好,上几日所到各号工夫茶尽行沽出。现有一号要起价银三两。上日,英法兵入九十六乡时,所到各处村乡,并未见有大炮只,在大沥地方见一口大炮而已。英法兵未到之先,九十六乡先将炮火收藏在地矣。英法兵勇将去花县一游,云云。	中英外交 中英冲突 茶叶买卖 英法联军往九十六乡 英法联军将往花县	
第200号	1859年2月10日(己未年正月初八日)	四	据上海信云,钦差大臣桂中堂花大人去苏州过年,俟大英钦差返上海相会。又闻,日本国公子辉山于旧岁请荷兰国水师提督并手下各员饮燕。饮后,游日本国军器厂、大炮台。见有许多子母大碰炮,由九寸至十一寸大,又有许多三十二磅码子大炮,俱是日本人制造,并非由外国买来。由此可见,日本国之军器亦胜于中国军器矣。	中英钦差相会 日本军器胜于中国	

续表

序号	日期	星期	新闻	反映的问题	备注
第201号；接第199号	1859年2月12日（己未年正月初十日）	六	兹接到省城初六日来信云，英法提督业经带兵勇九百名前往花县，约去六日之久，将回省矣。 本纸今日有雷琼道蔡大人示一张，为将鸦片烟归正饷之事。因中国上代皇帝恶鸦片烟流害中土，设法禁止，而现今之道宪用"元白茶"三字代鸦片烟之名。由此可见，为民上者亦欲用文字欺人矣。谚云，掩耳盗铃，此之谓也。	英法联军前往花县 事涉鸦片	
第202号	1859年2月15日（己未年正月十三日）	二	大亚美理驾合众国（即美国）领事官呢为奖劝事，现据李穑利头猛船主张五由琼州府山外沙罗港回澳，有美国人十二名，遇（遭?）风坏船，流失在港，实属可怜。遂搭此十二人回埠，不料路经沙耙汛，该船主被人计害，历尽艰险，始得到澳。有此义士，诚堪奖劝。本领事即给酬答银六百八十九员，以为舟资各项费用，为此给照永志，一以不忘该张五不避艰险，恤救外国人命；一以劝勉华人，嗣后倘见有如此流失，乐为义举，得保平安。不论何港何埠，本国定必有该管人员，一律酌夺（?）酬答，尔四方人等，免之可也。恪遵特示。右给照张五执据为永远奖劝。戊午年十一月廿六日给。 兹者接到日本行情信札云，现在日本各样颜料好价，如苏木、兰米、白糖、丁香、豆蔻、胡椒、桂皮等物亦甚好价，这厘罢兰地酒与及（?）各色洋酒，日本人亦好饮之。鹰银有水出铜钱甚是便宜，由中国带货往日本，买铜钱回，即获利不少也。	海上事故 日本货物行情	

续表

序号	日期	星期	新闻	反映的问题	备注
第202号	1859年2月15日(己未年正月十三日)	二	于本月初九日，有火船名"澳多华"由孟买埠来港，载来英国祖家书信并鸦片一千八百八十六箱，洋银约一百三十四万四千八百二十一员。闻说，大英火轮战船名"坭查"，将驶往新嘉波埠，迎接大英新钦差大臣来港，云云。	中英货物往来 迎接英国钦差来港，后有新闻纸馆广告	
第203号；接第201号	1859年2月17日(己未年正月十五日)	四	上号本纸录明，英法提督带领兵勇，于正月初六日起程，往花县地方游玩。兹接到信云，英法兵于初六晚到江村地方扎营，歇息一夜。大英钦差亦随行至此处方回省城。次日初七，由江村起行，至平山地方扎下营，又歇一宵。次日初八，到花县城。由省城至花县，一路人民皆以礼相待。到花县时，县令绅仕耆老出城迎接英法官员入城住在。上日，钦宪罗龙苏团练总局之公所有三百英法兵随提督入城，其余兵勇俱在花县北门外下营歇息。英法人并未见有一个团练壮勇，只见百余名官兵守城而已。据花县人说，钦宪罗龙苏闻英法人攻破石井，即恐英法人来攻花县，故将壮勇尽行撤去，云云。于初九日，英法兵离花县地方。是晚，复到江村。于初十日，到省城，云云。 查颠行火轮船，名"辉也厘个罗时"，由加利吉打埠于本月初十日到港，载来烟土一千四百六十五箱。又来行情信云，现在加利吉打埠公烟土沽银一千五百七十至一千六百个路卑(卢比?)。公鸪烟土沽一千七百三十至一千八百一十五个路卑。〇又闻，有火轮船一只，名"威时鸠坚宁"，载洋硝三千五百包来港，水脚每包银二员正。	英法联军到花县等地及所见情形 中英鸦片贸易及鸦片行情 商贸往来	

续表

序号	日期	星期	新闻	反映的问题	备注
第204号	1859年2月19日(己未年正月十七日)	六	兹接到省城信云,大英钦差大臣驾根砵九只,欲由虎门入西江探听。但现接澳门信云,大英钦差大臣驾火船名“票厘鸦士”到澳门,或由澳落西往阳江、电白、海口等处一游,亦未定。又闻,大英君主已经派一员新督宪来本港,但未知是谁。现在督宪包大人将近满任矣。 兹接到《新金山新闻纸》云,上日,茶叶爽市,但现有两载茶到,一由福州,一由上海。因此,茶价每箱跌十个司连。中等工夫茶每箱沽银八磅,上等工夫茶每箱沽银九磅五个(司)连至十磅。白米最好价。现有九百墩孟加剌米到砵非立,每墩沽银二十三磅半至二十六磅半,但粗米无市,每墩沽银八磅至九磅,人家用来喂鸡鸭而已。糖,近日所到太多,冰糖每墩沽银四十六磅,上白糖沽三十九至四十磅,中白糖沽三十六至三十八磅。现在所到各船货物皆搬入夜冷馆出投,云云。	英钦差或到澳门游玩 英驻港官员的调任 茶叶、米、糖贸易及价钱	
第205号	1859年2月22日(己未年正月二十日)	二	大英火轮战船名“燕非力思布路”,为寻失水人事,于旧岁十月间往台湾地方。先到台湾府城,见台湾城离海约有十里路,水浅,大船不能进前,故用小艇入城。地方官待之以礼,亦力助访查失水人之踪迹,不遂。据地方官云,该失水船名“亚律”,非在大清管辖地方搁浅,是以不闻踪迹故。火轮船名“燕非力思布路”,驶往台湾东边寻觅,但无好港口可能湾泊船只之处。又用三板埋岸访寻。在此处见有许多山番,皆裸	英军入台湾	

续表

序号	日期	星期	新闻	反映的问题	备注
第205号	1859年2月22日(己未年正月二十日)	二	身赤体,只用小布一块遮掩腰间而已,每个山番带小刀一口、枪一枝,欲来攻击英人。英人以手招之来,但有充军至此处之唐人二十余名阻之。英人用该处唐人作通事,将寻失水英人赏贴(帖)递(?)与山番知悉。但此等山人不通情理,舞手弄足,一味要打而已,唐人尽求英人早离该处地方,因恐英人开枪打死山番,则山番必尽将此廿余名唐人杀戮,故英人不与之相斗,云云。 启者,毕公司有火轮船名"台湾"者,准于本月廿二日下午五点钟前往汕头、厦门等处,特此声明。己未正月十九日启。 台湾火轮船带厦门行情信云,亚利坚与暹罗米沽银二员四毛,公鸪烟土沽银八百四十八员,公烟土沽银八百员,鹰银每百补水一员,纹银加水七两二。	厦门物价行情,后有新闻纸馆广告	
第206号	1859年2月24日(己未年正月廿二日)	四	兹接到上海新闻纸云,现在湖北武昌府与汉口镇复被长毛攻破。又闻,钦差调宁波,亚柏督卒(当为"率")水勇前往攻击南京,云云。 于二十日,大英钦差大臣额尔金驾火轮战船名"票厘鸦时"到香港。闻说,该大臣业经落西至海口地方,观看各港口,但未有见该处地方官,云云。 本港德臣行未士威厘臣,欲由九龙陆路往省城。至南头,一路平安,过南头约二十四里,即被多人围住。幸得乡人阻止匪人,然后得脱,云云。 兹接到汕头信云,现有两只洋船在汕头沙口搁浅,一名"夭非列地时",一名"思厘亚时"。又有一只船名"亚厘卑仁";在汕	太平天国 大英钦差到香港 船只安全问题 "猪仔"贸易及"猪仔"生活	

续表

序号	日期	星期	新闻	反映的问题	备注
第206号	1859年2月24日(己未年正月廿二日)	四	头招人去洋,俗云,卖猪仔。近日,汕头地方招人甚难。因历年招去多人,百中无一返中国,亦无音信归家,或有一二返回原籍者,言唐人在古巴岛地方为奴,受主人约束极严,受尽多少恶言、臭语、打骂,做猪仔者十死一生。所以汕头各处人民严禁子弟,云云。故现在澳门每得猪仔一名,番人肯出银三十大员,赏与引带之人。有此重赏,即有一等无赖之徒往各处拐骗无知无识之人矣。 于本月十七日三点半钟,白头行那罗治卑时顿治公司起烟土上行,中途被担工挑横(?)一箱,不知下落。即时着人报明大馆,出差往太平山、么罗庙、石塘嘴等处守寻后,在一只渡船上查出,但未捉拿得贼。	鸦片被劫,后有新闻纸馆广告	
第207号	1859年2月26日(己未年正月廿四日)	六	现在澳门法兰西人建造许多小木屋,载往安南度郎埠兵丁用。〇又闻,有天主教(说明:比照第212期,可见少“门”字)巴礼在安南东京,地方相连中国广西、云南两省,寻得有出金出(山)银山矿,是以西班雅、大吕宋人与法兰西人借天主教巴礼在安南被地方官所刹之事,即两国合兵攻击安南国云。又闻说,咸丰君特派两江总督何桂清为洋务钦差大臣,至后黄宗汉只有两广总督关防而已。又闻,不日将有新总督来粤,云云。于本月十四日,有根砵数只前往西江肇庆去了,但未闻有音信回来。闻说,众英商公议数人,择为下日在羊城于何处建造新洋行一事,呈禀大英钦差大臣。据该数人禀称,旧十三行与及西关一带建造洋行,甚是合宜。	法国、西班牙联军攻打越南 清廷地方官员的任命 炮舰去向 英国在中国建设洋行事宜	西班雅即西班牙

续表

序号	日期	星期	新闻	反映的问题	备注
第207号	1859年2月26日(己未年正月廿四日)	六	兹有花旗船一只,名“孖士的扶”,在本港湾泊,于去岁十一月廿七夜,其船主之□仔,年方十五六岁,乃上海人氏,被人谋死,用铁一团绑在颈上,放落海。其船主未知情由,故出赏贴,在新闻纸内访寻□仔踪迹。后几日,该□仔之尸傍近船边浮起水面,其颈所绑之铁,认得系船上之铁器。故知,此□仔必在船上被人谋死。于是,船主将是夜当更之水手送官追究。于本月廿二日大葛审讯,得其确据。将三名番人水手定了死罪,云云。	美国船只船主儿子被谋杀案件	
第208号	1859年3月1日(己未年正月廿七日)	二	兹有三枝桅船名“西架郎”,本月廿三日由旧金山到港,带来新闻纸云,近日在金山,到有暹罗米船两只,葛剌巴米船一只,香港船三只。所到之米大跌价,上白暹罗米每磅沽两个半先时,白糖沽十一先时,茶叶价钱如旧。于去岁十二月初九日,旧金山官府废去上日议定禁止唐人往加利科省一例。闻说,在旧金山,又有许多人驾船或从陆路往北边吠礼查里化金山采金,云云。 闻说,大英水师提督西大人于本月二十七日,驾大战船名“加利吉打”回国,但大英君主尚未有命新提督来。或俟祖家火船到港,便有宝音,云云。 兹接到暹罗行情信云,现在米每车起价艮(即银)约十四,上白米每车约二十担,沽艮六十四,二白沽艮五十五四,米朴沽艮四十四,白糖每担沽艮十四至十一四,苏木五枝一担沽艮二四一毛,每百鹰艮找暹罗艮一百六十六四,七五足金叶一十六换一,云云。	美国通商 赴美华人的问题 旧金山掘金 英国水师提督的调任 暹罗(泰国)货物行情	

续表

序号	日期	星期	新闻	反映的问题	备注
第209号；接第207号	1859年3月3日（己未年正月廿九日）	四	兹接到宁波信云，现在宁波、湖东各处皆被前任道台办妥。现任之新道宪乃钦差桂中堂之孙，年方二十九岁。所有宁波各处水勇俱调往南京，云云。 前云，孖舌地时船三名番人水手谋死唐人事仔，一名业经大葛讯明定拟死罪。闻说，早晚将此三名或二名水手问吊。由此可见，大英君主一视同人，无论唐、番，命案亦照律办理。昨验尸官验一名管火轮器具官，查确乃系自用小枪照口自毙命，云云。	太平天国与清军 船主儿子被水手谋杀案件的审判	
第210号；接第207、209号	1859年3月5日（己未年二月初一日）	六	闻说，大英钦差大臣同英商数人于二月廿八日往省城，裁度地方以为下日建造新洋行之用。又闻，该大臣早晚将往新嘉波，迎接其胞弟未士布路时即来任大英驻扎中华京师全权大臣，然后返回英国。本港督宪包大人俟候新任钦差到港，亦将回国矣。于本月下旬，本港按察司亦要回国一转。前云，番人水手谋刹孖时地扶船之事仔一案，现在大宪批准于二月初三日朝早，将二名凶手问吊，又一名凶手永远监禁，云云。	英国建设洋行事宜 英国到中国官员的行程 水手谋杀船主儿子案件	
第211号；接第210号	1859年3月8日（己未年二月初四日）	二	闻说，大英各根砵往西北江，入了六百六十余里，探听各处风土人情。于正月三十日各根砵尽回省城，云及所到各处人民皆欢喜迎接，待之以礼。又闻，大英钦差大臣会同各客商已经议定，后日何处建造洋行之地，但未有出示详明。又闻，包督宪欲于本月下旬搭铁行火轮船回国，云云。	英国炮舰在西北江游走及当地民众态度 英国建设洋行事宜	

续表

序号	日期	星期	新闻	反映的问题	备注
第211号;接第210号	1859年3月8日(己未年二月初四日)	二	兹接到福州正月廿五日来信,各货行情列下:新公烟土沽银八百四十员,旧公烟土沽银八百一十员,新鸪烟土沽银八百七十五员,旧鸪烟土沽银八百四十员,白皮烟土沽银六百二十五员,暹罗米每担沽银二员四毛。○厦门正月廿九日行情,鸪烟土沽银八百五十员,旧公烟土沽银八百一十零半员,鹰银每百员七毛半,水纹银每百两加水七两。○汕头二月初一日行情,旧公烟土沽银八百一十五员至八百二十员,旧公无存,新白沽银六百二十员至六百二十五员。	福州鸦片、米等行情 厦门鸦片行情 汕头鸦片行情	
第212号;接第207号	1859年3月10日(己未年二月初六日)	四	闻说,上日,法兰西国助英国合兵攻击中华,有一弓开两箭之意。现在泰西诸国,你恶我权,我妒你势。法国常妒英国得志于西竺,尽获鸦片饷务,每年不下二百万员。故上年法国闻在广东省城因亚罗华艇之事,法国即发兵助英国者,非因英国兵少,故出兵相助之,实恐英国独获其益而已。法国亦欲在东方得志,如英国一般,奈无衅可乘,故上年借助英国调大军东来后,一得省城诸事俱妥,法国提督尽调法兵往安南攻击,声明安南国王无故刹戮天主教门巴礼,故当问罪。实法人欲得安南土地而已。设使上年法人不助英人,则英人断不允法人出大军东来。因英人战船多,法人战船少。若英人不允,法船则不能来,寡不敌众,势之理也。	英法联军及亚罗号事件;法国攻打安南。	该报道立场大体中立,有平衡报道之作用

续表

序号	日期	星期	新闻	反映的问题	备注
第213号；接第211号	1859年3月12日(己未年二月初八日)	六	闻说，大英钦差大臣会同英商，既定了日后建造洋行之地，即时别各商民，驾火轮战船名票厘亚时，驶往新嘉波，云云。又闻，英法提督亲带兵勇八百名，根砵九只，直入西江，经过西南沙湾容奇乡，顺德、新会县、肇庆府、德庆州，至广西梧州，然后止步。各处官民人等欢喜迎接。据英法人云，由肇庆府至广西梧州地方，并未见有一唐人船过往，小艇亦少见。因该处地方多遭红匪或客家之惨，村乡被烧亦不少，云云。 兹由铁行火轮船名“亚顿”接到上海信云，上日传说汉口、武昌被长毛攻破一事，至今未闻有实报，故疑是讹传。现在各色洋货皆有市道。白皮烟土沽银四百八十两，新公号数高者沽银五百八十至五百八十五两，旧公沽银五百四十至五百六十五两，结糖沽银三两九钱五至四两，次结糖估三两七钱五至三两八钱五，苏木有价，各行欲办往日本长直者沽银二两二钱至二两六钱。暹罗米沽银一两四钱至一两五钱，孟加剌米朴沽银一两八钱至一两九钱二分，云云。	英国建设洋行事宜 英法联军在广东、广西等部分地区活动及当地官民的态度。 太平天国运动 中外通商事务	
第214号；接第212号	1859年3月15日(己未年二月十一日)	二	闻说，粤海关租得火船二只，一名“金花”，一名“士瓜利厘”，前往江门陈村各处海面缉私，用心加增国课，使早日结清倍(赔)补英法之项。照和约之专条，要此项清楚，然后交回粤城与大清管辖。但闻，于本年五六月间来任大英钦差大臣上北京驻扎，若见大清皇帝并群臣民庶各人保守《天津和约》，虽倍补之项尚未清结，英法兵勇亦将退守羊城，云云。	第二次鸦片战争及所签和约	

续表

序号	日期	星期	新闻	反映的问题	备注
第214号;接第212号	1859年3月15日(己未年二月十一日)	二	于二月初八日,劫行有火轮船名“礼宁”,由加利吉打到港,载来烟土一千六百零五箱。于二月初九日,卑地烟今麻公司有火轮船名“碟时”,由加利吉打到港,载来烟土六百十五箱,洋硝一千六百五十担,木香四百二十五担。据该船带来加利吉打鸦片行情,于正月廿一日新公烟土沽银一千五百四十四个路卑,旧公烟土沽银一千五百二十五个路卑,新鸪烟土沽银一千六白七十五个路卑,旧鸪烟土沽银一千六百十四十个(原文如此)路卑,云云。	中外鸦片贸易及行情	
第215号;接第214号	1859年3月17日(己未年二月十三日)	四	兹接到上海信云,现查天津河口大姑(沽)地方炮台,旧岁被英法人毁烂,一切已经重新筑好。又闻,咸丰君实不欲英国钦差大臣进京,故此迁去两广总督之洋务钦差关防,交两江总督管理。又留桂中堂、花大人二位钦差在江南,俟候来任大英钦差到上海,或以言语阻他进京之意。以上之言未知真否,如若是真,可见大清官长屡屡办事如同小子弄戏一般,虽立明和约,两国钦差盖了关防,以昭信守,亦有悔恨之意也。 兹者喝公司之旧金山船,名“北力便连时”,于本月二十日扬帆,载去米一万零一十六担,糖一千九百五十五担,白豆三百四十担,架啡一百七十五担,吕宋烟十箱,生油一千五百五十五箱,绸缎四十箱,桂皮二百二十箱,茶叶一千零九十五箱,串炮二千一百五十箱,地席五百九十件,沙藤七十捆,西米一百二十箱,洋烟膏二千五百磅,杂货七千零一十件。	事涉第二次鸦片战争及公使进京驻扎 中外贸易任来船只货品	

续表

序号	日期	星期	新闻	反映的问题	备注
第214号；接第212号	1859年3月15日（己未年二月十一日）	二	兹铁行火船公司之火轮船于二月初一日已经离了新嘉波来港。同日开行之火船名“礼宁”，又一只名“碟时”，已于初八、初九日到港。但带书信之火船尚未见到，各人恐其于路上烂了。火轮器皿，亦未定，云云。	火轮船去向	
第216号	1859年3月19日（己未年二月十五日）	六	据现月英国所到新闻纸云，法兰西皇之弟与沙典那国公主于去岁十二月廿七日结婚。法皇之弟三十八岁，沙典那国公主今年只十六岁，生得十分美貌。又闻，阿士地厘亚国与法沙两国有些不和之处，现在两国皆整备出军粮草，但未闻有动干戈。 闻说，本港案（按）察司大人将近回国一转。去后，港巡理厅正堂升署案察司副巡理，密租大老爷即署正巡理。于二月初七日有大英火轮战船一只，根砵两只，驶往高兰等处捉贼。于十二日回港，报剎贼二百余名，毁烧贼船共三十一只，毁烂贼船大炮一百五十余门，云云。 本港颠地有火轮船名“洋子”，于十二日下午三点钟由上海到港。于二月初八日，该船离上海，见铁行火轮船名“花么沙”于二月初五日到扶桑，起了鸦片烟土，过蛋（？）船直入上海。中途搁浅在烂泥处，后于初八日洋子启行之时，其船尚未浮起。花么沙火船虽搁浅，但并无损伤，大约要十二三日之潮水方能再浮，云云。 据上海行情信云，结糖起价，洋米亦爽市，白皮烟土沽银四百九十三至四百九十五两，新公烟土沽银五百八十至五百九十六两，旧公烟土沽银五百七十至五百七十五两。南京长毛之事如常，未闻有什么大获胜仗之事。	世界新闻，花絮之类 中英冲突 火轮船搁浅情形 上海货物行情 太平天国情形	

续表

序号	日期	星期	新闻	反映的问题	备注
第217号	1859年3月22日(己未年二月十八日)	二	兹闻,现在佛山总局设一抽厘例,将来要颁行于粤省各处城镇墟市地方,但今始行于佛山,后及江门、陈村等处。凡所沽无论何项货物,每两抽厘三分,总局每月遣人查察各店数部。若一铺做得一千两银生意者,即抽厘三十两。惟恐有走私漏税之弊,故总局印刊沽货单数百万张,派与各铺户。以后要买货者,有铺户货单为据,方能搬运货物。如查出冇单者,均作走私,即将货物归官。另将沽货之店罚银十倍。或单内故意将货价减少者,亦要罚银十倍。由此推之,设有小贩带何货物到佛山,卖与铺户,即每两抽三分,或将银找钱亦抽三分,或又将钱往别铺买什物亦要抽三分。如斯计之,凡卖一两银什物,实得九钱一分而已。如此抽厘,穷民受苦。倘此例果颁行,吾恐下民不能免有"时日曷丧,予及汝偕亡"之叹也!	通商抽厘金	
			英国祖家火轮船于十四夜一点钟到港,因在中途烂了一件火轮器皿,故此担(耽)搁五六天修好。〇大英水师提督西大人于十五日驾大战船名"加利吉打"回国。港内各英商于十四晚在新公司摆宴,与西大人饯行,又捐得银约一万员,寄回英国,做一套银碟送西大人,以彰其攻破羊城、天津口之大功。〇闻说,大英官府极欲海面太平,除去各种海洋强盗,现在各号根砵整备听用,如一闻何处有海洋强盗,即往追拿,云云。	英火轮船在香港修理情形 英商对战事及英水师将领的态度 捉拿海盗	
			兹接到汕头信云,现在汕头各样生意停止,因有福建汀州、连城长毛到了潮州,地方扰乱。因此,台湾火船恐无货往汕头。故此次兼往福州,云云。	太平军对贸易的影响,后有新闻纸馆广告	

续表

序号	日期	星期	新闻	反映的问题	备注
第218号;接第217号	1859年3月24日(己未年二月二十日)	四	闻说,潮州大埔县城被由福建汀州、连城过来之长毛攻破。现在长毛围困嘉应州,官兵出城与之战。屡次败兵后,坚闭城门。长毛日日攻城,十分紧急。○又闻,西北两江官兵失利,现广西红匪在大岛地方扰乱。四会之红匪,又闻退入些。○现闻说,佛镇各铺户因抽厘头一事,欲罢市。惟恐官府执责,故埋行酌议将货价抬高,每日亦开铺门,但有客问买货,铺家即要双倍价银。如此可谓不罢市之罢也。如有官差拿人,街坊即上闸拦阻。又有人说,恐至终街坊不能硬得住官府,因街坊不做生意,每日亦要盘缴,但官府不用盘缴。虽候几个月,然后抽厘亦未为迟,但恐民与官斗,则民心日离,若民心一离,则弊端多生矣。○又闻说,有茶客由湖北省返粤云,现在湖北宜昌府亦被长毛攻破,两湖地方路程十分难行,处处皆被贼匪抢夺,云云。	太平军军事行动 铺户因抽税与官府发生争端 太平军活动消息	
第219号	1859年3月26日(己未年二月廿二日)	六	兹有快蟹一只,被新安巡船查私搬去,货物值银四千员。其船主在香港入禀报案,本港大宪收禀,即派战船三只往南头地方,要该处地方官赔还此项。地方官始不允,后见势不及,故应允如数赔还,云云。 于本月十七晚在澳门,有两个兵丁入一铺打毙唐人一名,伤唐人二名,劫去铺中钱银什物。但未闻有捉拿得凶手,云云。 士店臣新金山船名“押么时非”,于本月十九日扬帆,载去茶叶共五千二百零一件,席九百捆,生油九百三十七件,白米一千九百六十包,烟膏五千四百两,杂货九千二百八十三件。	香港缉私管辖问题 澳门兵丁伤华人事件 中外贸易船只及货物	

续表

序号	日期	星期	新闻	反映的问题	备注
第220号;接第212号	1859年3月29日(己未年二月廿五日)	二	兹接到安南信札云:于旧岁十二月三十日,法兰西、西班雅两国战船共八号,另陆兵一千名,由安南度郎港口扬帆南驶。于本年正月初十日,到安南细江城河口。法兰西与西班雅战舰即与河口各炮台攻击,毁坏炮台数座。于正月十四日,水陆并攻细江城,攻了个半时辰,其城即破,兵丁搭云梯入城,逢人便刹。安南兵勇逃走者不计其数。在此城,法兰西人所获钱粮甚多,云云。 铁行火轮船名"花么沙"带来上海信云,现鸦片烟土每箱征收关税二十四两。但各唐人云,大英新钦差将到,新和约将行,照和约,每箱收税银二十两。故各人多买鸦片。此两个礼拜内各洋行沽去白皮烟土一千五百五十箱,公烟土约五百箱,另定落未出者不计,白皮四百八十至四百九十五两,公烟土沽五百七十五至五百九十六两,白糖与米亦爽市,云云。	法国、西班牙攻打安南,涉及中国附属国安南,此属于国际外交 鸦片贸易问题	
第221号	1859年3月31日(己未年二月廿七日)	四	兹接到新金山雪梨埠新闻纸云,有法兰西船一只,名"圣保罗",载唐客三百一十六名,于去年五月十七日由香港启行前往新金山,中途搁浅。船上各人埋岸,到一岛名"业的厘"。其土人尽将唐人刹(杀)死,独留得一人。船上水手、伙长各人,亦多遭刹戮,云云。〇闻说,暹罗官府查得近年唐人往暹罗耕种者太多,恐唐人生变,则难以制服,故欲设法阻止,云云。〇于本月二十四日,丹拿行有火轮船一只,名"加梯主",由望买到港,载来鸦片一千四百箱,绵(棉)花一千六百捆。	华人赴美国 泰国华工 鸦片、棉花贸易	

续表

序号	日期	星期	新闻	反映的问题	备注
第222号	1859年4月2日（己未年二月初一日）	六	兹接到省城二月廿七日信云，省内官宪现议设洋行二十一家，与外国人交易。今因皇上仓库空虚，要每洋行纳规银若干，亦未确知多寡。外国官员亦允从此议，惟外国客商多有不愿。现各洋行会议定准章程，出入口货价银若干，但未知此例何时方行。〇又闻，大英提督于二月十九日带领英法兵往白云山龙眼洞各处游玩。众乡民无不乐见矣。英人游至清初明末两王未入城时札兵之处，又见高山峻岭美景可观，遍游三日，然后回城，并无别故，云云。 本年在香港投煮鸦片，每月税银二千七百二十五员。港内吹吸鸦片烟者，必须供给此饷。另烟土原价银约二万余员。〇每年外洋来鸦片烟土约六万余箱，现照清朝要每箱入口抽银三十两归皇库，则每年增得银一百八十万两。若每箱烟土沽银七百大员，即中华一年要费鸦片银四千二百万员。凡国富则强，国穷则弱，此定然之理也。若中国每年要费用鸦片银如此之多，穷弱之势定矣。	清政府向外国人征税 英法联军在中国游玩 鸦片贸易	平衡报道，站在英方军务立场 鸦片贸易与国之富强
第223号此篇属第222号后续报道	1859年4月5日（己未年三月初三日）	二	闻说，有快蟹船一只，乃系石龙人与本港隆字号人做的，被新安船查私夺去货物，值银四千五百大员。其船主在本港报官，云：于某某日在某某处被贼劫去货物，值银四千五百大员，其贼船乃是新安南头的船。本港官宪信以为然，即派根砵两只、火船一只前至南头捉贼并取回赃物，但到该处寻货物不见。英官即限两点钟内要南头人交回货物或银四千五百大员，如不将银交出，即放炮攻城。新安县令与城内绅仕求英官	中英冲突	平衡报道，站在清方立场

续表

序号	日期	星期	新闻	反映的问题	备注
第223号，此篇属第222号后续报道	1859年4月5日(己未年三月初三日)	二	宽限，以便查明，英官即允宽限。但到期未见有银交出，故英官令开炮，打入城内贼首所寓之屋，连放五炮，然后南头人应允赔银四千员，即交现银一千大员，其余三千请人担认，限一个礼拜内交来，香港华民政务司署收入，云云。据以上之事，本港英人新闻纸皆言，带兵水师官有不是之处，因现在大清、大英两国已经立明和约，南头城乃系大清管辖之地，不可听一片之辞而放炮入城。若该新安船乃系贼船，该处官绅焉肯不将海贼交出而反包庇之乎？		
			未士加士古状师之案件，自今日以后交与丹拿虾时伦状师办理，特此声明。己未年三月初二日启。	案件移交	
第224号；接第223号	1859年4月7日(己未年三月初五日)	四	上号本纸录明，有一快蟹被新安官船捉去之事。查说，此快蟹乃系东莞第十四号巡船，至于新安官船乃系监关引艇。前所云海洋贼首之屋，乃系南头吴家祠。因有一名吴武秀才亲带引艇三只，往捉拿东莞第十四号巡船，获得私货一单，故有南头受炮之惨。○又闻，有第十六号东莞巡船亦同第十四号之事头做的，于二月廿六日，在急水门被大英火轮战船碰沉，船上货物值银五万员，连三十余人，一切化为乌有，此可为作恶之果报矣。	中英舰船冲突及后续	
			兹有甲子货船两只，于二月十九日遇贼，一只逃脱，一只被夺去，打死水手四名，劫去糖、尤(鱿)鱼等物，值银三千员。有一搭客名“史亚金”，于二月廿一日到大馆报案后，于二月廿八日，史亚金再到大馆报说，云：	货船被劫	

续表

序号	日期	星期	新闻	反映的问题	备注
第224号；接第223号	1859年4月7日（己未年三月初五日）	四	见有被劫之咸鱼在上环海边。三隆栏即带差到，三隆栏认回咸鱼十二箩。三隆栏即转带差至海面，寻觅载此咸鱼之船。幸此船未觉到船，史亚金又认得糖五十包、尤（鱿）鱼等物。差役即拿该船主并水手十名及三隆栏之事头到官审讯。于二月廿九日经巡理厅讯明，释放三隆栏人，但留其数部将案押，候三月初四日再审，云云。 闻说，黄埔地方有两个拐子，俗名即猪仔头，被人捉拿，裸身吊起，旁边设有线香一把。点着，如有人埋。看者无不拈香烧之，后放下来，其二人几乎将死。又闻，南番两县皆出示捉拿拐子，甚严，云云。 有洋船一只，名“知扶顿”，由鸟之伦地方来港，云近日在鸟之伦地方雇工，甚好工价。故此各船水手皆偷走上岸寻工做。有一船名“亚架剌”，出四十三磅银请一个水手来香港。此船启行之时，大伙二伙均走去了，云云。	拐子被严惩 出国华工问题，后有新闻纸馆广告	
第225号；接第218号	1859年4月9日（己未年三月初七日）	六	闻说，湖南长毛贼由桂阳入粤，于二月廿一日，攻破韶府乐昌县。现在韶关各铺搬迁货物。长毛逼近韶关，但未闻胜败如何，若韶关一失，则西南佛山危矣。〇西江红匪已到肇庆府六步地方。现守肇庆府官员欲求英法兵勇往守肇庆城，使红匪不敢下。又闻，东江老龙小岭之路不通，长毛围困嘉应州十二日，然后攻破，杀死州官，并多戮人民。此帮长毛俱系广东江西人民。称王、称大元帅者，亦有之。穿明服、禁止剃发，云云。	太平军攻打广东等地	

续表

序号	日期	星期	新闻	反映的问题	备注
第227号	1859年4月14日(己未年三月十二日)	四	闻说,有俄罗斯国钦差大臣由陆路到北京。外藩院大臣到公馆问候,并问他来意,但伊不肯与中国大臣会晤,独要见咸丰君,方奏其来意。故此京内朝臣无不震怒。	中俄外交	
第228号	1859年4月16日(己未年三月十四日)	六	尝谓天道昭彰,害人终难自保;天威震动,作孽必有余殃。彼夫西洋国之贻祸粤东也,可胜发指哉!当其设计勾结土匪,贿嘱贪财奸细布散四方,拐骗良民。水路则湾船泊艇,冒作渡人,中其计者虽生犹死。陆路则设伏,阴谋凭空嫁祸,被其害者积少成多,计前后所拐之人数约十余万之多。吁!粤东人非与西洋国素有仇隙。如我天朝二百余年以来,厚泽深仁,其怀柔西洋国人者,不可谓不厚!何竟荼毒良民若是其惨。大抵凶残戎狄豺狼成性,其设计之毒则烈于虎噬,其害人之惨则倍于鲸吞。凡属洞悉情弊者佥恨,食其肉而寝其皮,取彼凶人祭獭而葬诸鱼腹,悬枭而大振雄城,然后众怒乃得其平。况天眼昭昭,疏而不漏。待至罪恶贯盈,尔等断无逃活,或水火、瘟疫、刀兵之劫,为凶人所不及料之事,突然祸及乃身,所谓"多行不义,必自毙"者,信有征焉。若澳门前有西洋人,名"锥智者",因卖猪仔发财,不久身故,家财亦转眼一空。吕宋人名"厘也",又因此发财,七年在君火船,过刀而亡。今澳门议事亭之官,名曰管库,凡有猪仔,必要过堂点名,每名收规银一员,含糊顶替,任由洋匪、唐匪横行,良可叹也!方今花旗、大英、大法三国,恩恤	贩人作"猪仔"贸易	

续表

序号	日期	星期	新闻	反映的问题	备注
第228号	1859年4月16日（己未年三月十四日）	六	群生，设惠爱医馆以济人，建书馆、讲亭以劝善。试问西洋能以此仁爱及人否？西洋既无仁爱及人，更不应以毒计害人。尔国忠厚者，亦非全无，如百令登亚孤夏鱼塘攀奴等，见奸匪拐骗，心忿不平。又如三记火船特出标贴声明，不许贩人作猪仔者搭行。若见搭行，立即驱逐，亦是善事。奈恶者多善者少，遂致今日之祸到处蔓延。恐尔西洋祸将有报，而澳门生意从此休矣。伏愿贸易澳门者暨四方良士，时存警悟之心，免堕其术。幸甚幸甚！ 粤东良民同启 于三月初六日，在巡理厅衙讯明，甲子艇手水九名与三隆栏人一案。巡理厅大老爷将失主所认得三名犯人押候，过大葛审训，其余释放。〇闻说，叶明（名）琛尚在加利吉打城居住。每有英国名人欲往见他，伊不允相见。故此各新闻纸并无提及此人，云云。〇近日，拐子猖狂，各处乡民皆贴长红，警醒愚民免受出洋做奴之苦。故广东巡抚柏大人出示，严拿拐匪，如有人能捉得一名拐匪，解送至辕，即赏花红银四十大员，报信者赏花红银十大员。本纸现号抄印粤东良民长红一张，下号将抄印柏大人之示，云云。 凡各客有货附搭本行之船，名“思沙便”，由旧金山来港者，祈即到船起货，免误。丫厘芬公司启。 各客有货附搭本行之船，名“万年剌”，由福州、厦门来港者，祈即到船起货，免误。铁行火轮船公司大班启。	叶明（名）琛状况 严查拐匪，后有新闻纸馆广告 广告行船	

续表

序号	日期	星期	新闻	反映的问题	备注
第229号;接第228号	1859年4月19日(己未年三月十七日)	二	兵部侍郎兼都察院右副都御史巡抚广东地方,提督军务,兼理粮饷柏,为严拿拐匪以除民患事,照得粤东地方商民杂处,人烟稠密。其中有贫无生计者,就食四方,或自行暂离家乡,贸易出洋,或受雇于远人,为之工作获利。如果情甘愿往,自可勿庸禁止。惟是访闻,近日有等不法奸匪,三五成群,设计诱拐,无论少壮,捏称雇工,用船装载,私行贩卖出洋,名曰“卖猪仔”,日久不得还乡,使人父母不相见,兄弟妻子离散,情殊可惨。该匪等骗受财贿,悯不畏法,忍心害理,置人身命于不顾,其险恶阴谋,甚于盗贼,殊堪发指。此而不严拿惩办,何以肃法纪而安善良?除通饬各文武督率兵役严密访拿外,合行晓谕,为此,示仰阖省军民人等知悉,恻隐之心,人皆有之,谁无兄弟?谁无子侄?此等枭獍之徒,人人得而诛之。尔等务宜齐心合力,四路查访,或有拐匪窝家潜藏境内,或在街巷讹诈强拉,立即公同捆捉,解送来辕,以凭尽法惩治。一经审实,每名赏给花红银四十元。引拿报信者,每名赏给花红银十元。银封存库,讯实即给,决不食言。本部院为民除害,慎勿视为具文,如有窝留拐匪之家,即将房屋照例拆毁,并治以窝留之罪。此时城内空屋尚多,各业主务宜慎选亲信可靠之人看守,切勿滥雇匪徒,致受其累也。为此特示。己未年三月初七日示。 兹有台湾火船带来汕头三月十三日信札云,长毛得嘉应州之后,使人入潮州地方,	广东巡抚严拿拐匪告示	

续表

序号	日期	星期	新闻	反映的问题	备注
第229号；接第228号	1859年4月19日（己未年三月十七日）	二	要该处地方官银三万大员，无则攻之。地方官见长毛势大，不得不从，即日交银三千员，其余陆续交清。现在长毛大营在嘉应州，使人到左右各县打单，云云。 凡各客有货附搭本行之船，名“思沙便”，由旧金山来港者，祈即到船起货，免误。丫厘芬公司启。 各客有货附搭本行之船，名“万年剩”，由福州、厦门来港者，祈即到船起货，免误。铁行火轮船公司大班启。	太平军在嘉应活动，后有新闻纸馆广告 广告（同上期连载） 广告（同上期连载）	
第230号；接第229号	1859年4月21日（己未年三月十九日）	四	兹有花旗船一只名“孖□□”，其船主名“文顿”。因打坏水手，故出差传船主到船政官□士英忌厘时衙审讯，云云。〇本港皇家新闻纸有英法两国提督大人出示，严禁拐卖猪仔，以靖地方而安良善事。但因本纸已有抄印粤良民长红并柏大人之示，都是大同小异，故未有将英法提督告示抄印。〇近日有船户传说，有洋船一只，在东沙处搁浅，有人疑是丫厘芬公司于二月初旬由港启行之旧金山船，名“占时播郎”。惟此数日不见有人再来报，未知真否如何，云云。〇闻说，本港按察大人早晚将回英国，但去后副案（按）察升署正按察，大状师京士味厘升署副按察，云云。 未士士店臣之新金山船，名“西故伦”，于三月十七日启行，载去唐客九十八名、白糖一十八万七千零五十磅、米七万八千五	水手与船主纠纷及官司 “猪仔”贸易 英督官升降	

续表

序号	日期	星期	新闻	反映的问题	备注
第230号;接第229号	1859年4月21日(己未年三月十九日)	四	百一十二磅、茶叶一千二百七十四件、生油六百埕又三百四十八箱、洋烟膏七千两、杂货八千零二十五件。○现有一只洋船泊在本港海面,由日本国载来许多日本兽,口鹿仔、绵羊、狗、毒蛇等物。闻说,现在日本各洋货所到太多,出口货价值高昂,所以各国商人俱要缺本,云云。 凡各客有货附搭本行之船,名"思沙便",由旧金山来港者,祈即到船起货,免误。丫厘芬公司启。 各客有货附搭本行之船,名"万年剌",由福州、厦门来港者,祈即到船起货,免误。铁行火轮船公司大班启。	中外商贸货物、货价 日货,后有新闻纸馆广告 广告(货船抵达)	
第231号;接第213号	1859年4月23日(己未年三月廿日)	六	启者,新安县彭城埠商陈玉田等向领奉两广盐运司牌照,承办彭城大埠管设巡船三只,在于新安海面一带缉捕私盐,以杜奸民漏税。缘本年二月初旬,巡至矾石海面,见有重载船一只,登往盘查,见满仓系盐,况亦无牌照,显系走私。随时获回本埠理处。奈该私头人等求愿公罚,乞免解办。民等念渠初犯,亦为原情,允肯该私等自具回甘结。登时人船货物一概释放。去后,不料该私等恩将仇报,胆敢伪词赴治下瞒禀。于二月十五日,高露云老爷统带火船三只,前抵新安城南头吴屋面前抛泊。十六早九点钟放炮,攻击上围。被打烂房屋四间,阖村居民男妇老少惊惶逃走,殊觉惨然。后高老爷带贵兵数名上岸迫索,要银四千元方为妥息事。民等村老细思,如不从	走私盐案	晚清腐败

续表

序号	日期	星期	新闻	反映的问题	备注
第231号；接第213号	1859年4月23日（己未年三月廿一日）	六	愿，则无家可归，不得已，随筹就银一千元到船交纳。另三千元约以一个礼拜内交收。然后火船于十二点钟驶回香港，曾经二月二十六日带银三千元，亲送到高老爷处，交收清楚。忖思律法昭彰，贵国岂无施设。若获私释放，反遭诬捏之累，将见奸民猖獗，国饷何归？兹将始末缘由详禀，仰祈鉴察。晚生陈玉田字禀。 本年二月十四日之京报有载，柏振在京为一品大员，屡受朝廷大恩。不意该大臣受贿，将北围朱卷卖与无耻之人。故咸丰君震怒，将柏振正法，又革去大员数名、职员数名，云云。 闻说，省城设立洋行一事不合和约，故大英领事官业经照会粤海关，但粤海关照覆云：现在省城走私甚多，以致国课无归，故设二十一家洋货号与外国人交易。嗣后，香港、澳门水客不得走私漏税而已，如若大英领事官不愿有洋货行之设，即罢此议。	清内政，官员腐败及受惩 英领事官欲设洋行事宜	
第232号	1859年4月26日（己未年三月廿四日）	二	三月廿二日晚，有人到本港差役总馆报说，云：在么鲁街有一么鲁人被人刹死。故帮办未士查文即时往该处访查，见其被伤之人，眠在地上，有两处刀伤，一在心胸，一在胁上，满地鲜血。即叫人抬往医馆调治，但到医馆时其人已死。此时在么鲁街左右地方，追寻凶手。后查得凶手乃系铁行火船公司之火轮船名“万年刺”之烧火人，故登即开船拿获，监禁候审。其被杀之人亦系船上烧火之人，云云。	航运方面的凶杀案	

续表

序号	日期	星期	新闻	反映的问题	备注
第232号	1859年4月26日(己未年三月廿四日)	二	闻说，日本皇帝欲遣一大员往花旗国为钦差全权大臣。但各朝臣谏阻之，故日本皇帝亦罢此议。上年日本人雇得荷兰国水师官员数名，教习日本人天文、地理、行船方法。又有荷兰人教以火轮船之器皿。现在日本文人多习西方人天文、地理，并铸造火轮船及铸炮之法。惟所铸之新炮，俱是铸实心，然后车通，使其坚固，如洋炮无异。又铸空心码子为子母炮，所有日本国之火轮船与及有帆杠之船只，俱是用日本人为伙长。上年所雇之荷兰人为伙长者，一切辞去，云云。	美日外交 日本学习西方知识及铸炮之法	
第233号	1859年4月28日(己未年三月廿六日)	四	于二月廿五日有根砵由省城至港，报广东巡抚柏大人已薨。〇近日接到欧罗巴新闻纸，有云：法兰西与阿士地厘亚国之事，尚未妥息，两国皆整备粮饷、军马听用。〇上日，因罗马国人作反，其国王即天主教王请法兰西与阿士地厘亚兵马入罗马国境内，保守罗马城池。兹现在伊两国不睦，故罗马王移文，请其两国追兵出境，因恐其在罗马地方滋事，云云。 兹有英国二枝半桅船，名“晏尔得忌厘时”，由暹罗棚郭埠载来米四千担、咸鱼三百二十担、胡椒一百二十担、豆二百担、苏木二百担。 又有一只船，名“华打滑主”，载来米四千五百担、苏木一百一十八担。又有一只船，名“苏山那”，由新嘉波载来米四千四百四十四包、沙藤五十把、儿茶一百四十担，云云。	广东地方新闻及国际新闻 中英贸易往来 中外贸易往来，涉及东南亚	

续表

序号	日期	星期	新闻	反映的问题	备注
第233号	1859年4月28日（己未年三月廿六日）	四	旧金山船布时兜行，名“亚孖沙”，于三月二十二日扬帆，载去白糖七千五百八十九包、白米一千三百三十三包、茶叶七百箱、地席三百三十二细、生油五百箱、胡椒二百五十包、西米一百二十五箱、烟七十箱、丝发十九箱、杂货八百一件、烟膏二千三百两。〇和兴之新金山船，名“结合巴”，于三月廿二日扬帆，载去茶叶大小共二百四十八箱、米六百八十八包、豆二百包、丝发一百零二箱、糖三百二十包、烟膏六千两、杂货六千六百八十四件、搭客五百七十一名，云云。	后有新闻纸馆广告	
第234号	1859年4月30日（己未年三月廿八日）	六	兹有一西班雅人名“化兰”，到中国数年，俱是贩买（卖）猪仔为业。他在香港所有事务，乃系尽（?）也士的厘公司办理。此人在澳门买得一只旧船名“亚巴时”，装一载猪仔驶往古巴岛夏华拿埠。其船在洋海漏水太多，全赖各猪仔日夜打水出船，幸得平安到埠。该船到埠，各猪仔尽上岸为奴，内中有数名猪仔已经在夏华拿做满八年奴者，欲搭船返回唐山，未士化兰即要每人交水脚银二十三大员，然后将此烂船装他来唐山。该船漏水愈甚，其船伙长将该船驶埋南亚美利驾利澳毡尔罗埠，将船上各猪仔客再卖与该处西洋人为奴。此段事乃系前几个月之事。查此未士化兰曾往亚非利加贩卖黑奴，但因各国战船稽查甚紧，故伊离了亚非利加而到中国贩买（卖）猪仔获利。	贩卖“猪仔”的新闻	

续表

序号	日期	星期	新闻	反映的问题	备注
第234号	1859年4月30日(己未年三月廿八日)	六	兹者前彭城埠之引艇,果确为海洋贼匪,致该处南头地方屋宇被焚烧,则是自招其祸,无不应当。倘彭城埠之引艇不过捉私而已,并非为盗,惟今被六(人?)勒索,但其受害之人应到本港大葛衙门控告,陈明曲直,料按察大人无不照公办理,云云。 本港圣晏庆鲁教习英文书馆,每年一次,各值事与及重文学之人齐集,考试馆内男女童一年所学。兹于三月廿七日,本港包督宪亲临书馆考验。每有聪明小童,即赏给书籍,又用言语抚慰。 新任大英国驻扎中华京都钦差大臣已于本月廿四日,驾火轮战船名"马知先尔"到香港,但未有迎接上岸。候至本月三十日,礼拜一日,即上岸接受总理各港通商贸易之关防。○闻说,本港包督宪于下次祖家火轮船回国,但未闻有新任督宪到港。包大人去后,大约坚大人升署督宪,云云。○又闻,柏巡抚乃系服毒而死,未审其因何故服毒,或因闻柏振在京受刑,亦未可知。	回应第231号新闻中"陈玉田启" 香港英文教育 新英驻京公使前来香港 英国驻港官员调任;广东巡抚柏振死亡情况,后有新闻纸馆广告	
第235号;接第220号	1859年5月3日(己未年四月初一日)	二	兹有火轮船名"士葛伦",由安南度郎埠到港,带来安南交仗之新闻纸云,法兰西与西班雅两国合兵攻破安南细江埠后,安南人退入数里。有炮台三四座坚守不出。法国兵勇五百名、水师一百名、揵机二百名,前往攻击安南炮台。法人失利,被安南人截断归路,刹死法人五六十名,毙伤法兵总四名,另一名兵总不知下落,料被安南人生擒去矣。所有死伤尽被安南人抢去。	法兰西与西班牙联军攻打安南事	

续表

序号	日期	星期	新闻	反映的问题	备注
第235号；接第220号	1859年5月3日（己未年四月初一日）	二	在度郎埠，法兵多染时症，现在兵少，不能往攻安南京城护府地方。今法兰西水师提督用银四万六千，买得花旗火船一只，在安南与军兵调用，云云。 前月，本港德臣行有一英国人客，由九龙欲从陆路往省城，到了新安深镇地方，被卖猪肉人数十名持猪刀叫打，意欲抢劫。后遇该处绅仕拦阻，方得平安回港。该英人将在深镇所遇之事在本港禀明大宪，移文上省。兹闻新安县已经拿得两名卖猪肉人，监禁在案，云云。○闻说，省城将来设立番人管理粤海关口税务。兹闻择英人未士非时来、花旗人未士剌弼他前经在港为花旗领事官者。○又闻，本港未士爹被时告辞退任，不日将上北，亦为管理□港海关洋务之职，云云。	法水师在安南的境况 英人在香港被劫案件 英国、美国在华领事官员及税务官员调任	
第236号	1859年5月5日（己未年四月初三日）	四	闻说，提督大人定于四月初四日兴师，派火轮船数只，载兵勇、大炮手数旗，前往香山城，责其县内官绅上年禁止汉人来港与番人贸易之事。或有人说，此队火轮战船载兵勇，乃系往澳门西攻击红匪，云云。如香山人通时达理，于英人到城之时，则待之以礼，如在佛山、花县、肇庆、梧州等处相安无事。若香山人执迷不悟，藐视英兵，吾恐干戈必动。若干戈一动，香山城将有新安南头旧岁七月之苦矣，可不慎乎？○于三月三十日有人来差役总馆报云：有贼船一只，泊在灯笼州，未士查文大帮办即带差艇前往捉拿。又有差役数人由陆路去截贼。贼见差役到灯笼州，即弃船而走。差役放枪打贼，但未有伤毙。贼匪上岸逃走，	英人与中国地方交战或为商贸 海盗	

续表

序号	日期	星期	新闻	反映的问题	备注
第236号	1859年5月5日(己未年四月初三日)	四	被差拿得八名,海贼走脱者有十余名,云云。 兹接到上海三月廿一日行情信云,白皮烟土沽银四百四十五两至四百五十两,新公烟土沽银五百四十五两至五百五十两,旧公烟土沽银五百四十五两,云云。	上海鸦片行情	
第237号	1859年5月7日(己未年四月初五日)	六	于本月初二日早晨八点钟,有火船名"金花",由本港启行往长沙。载有搭客约四十余人,内有金山客八名。至中途,离澳门西边约二十余里,火船内搭客忽然突起,即将船主斩伤,赶入船尾房,并将唐人烧火者数名殴打无数后,将此唐人格散,诚恐与他对敌之故。惟金山客跪求乞命怜救,幸得无伤。此际适有贼船三只,泊埋接济过船。即将船主之箱杠一概开看,及将人客之金银并船内值钱之物件,尽行搜空。过船而去后,火船驶回澳门。金山客报劫去银二万二千。昨初四日早,据澳门来信云,是晚十一点钟,在一屋内,捉得贼七名,云云。 兹接到宁波新闻纸云,在宁波地方亦有棍徒拐带良民为猪仔。客内有番人六名,日携利刃在身,周围拐带强捉迫勒人为猪仔。有一佛兰西船在此等候载装。此处土人业已具禀于英领事官,惟领事官不理,云此非英人,故不究办,云云。又闻,宁波地方有强盗白日持刀打劫,有一妇人为窝赃,后获贼,匪数名。讯明确据,即押往教场枭首示众,云云。	船只被劫案件 "猪仔"贸易 强盗被惩治	报道颇及时

续表

序号	日期	星期	新闻	反映的问题	备注
第237号	1859年5月7日（己未年四月初五日）	六	兹本港总督包大人昨日已经由祖家火轮船返国，为本港有些案件要回国面圣，云云。〇闻说，英国新钦差大臣部路士，现奉命为本港总督。因有事上北京后返港，实受总督之职，云云。〇昨云省城柏大人已薨，现闻两个月内将柩运回北京殡葬，云云。	英国驻港总督返英及接替 广东巡抚柏贵死讯	
第238号	1859年5月10日（己未年四月初八日）	二	迩来棍徒猖狂，设谋拐带良民为猪仔一事，闻者伤心，见者流泪。兹有一华人，其兄弟被拐，故往求黄埔痕公司伙伴，名"巴兰札"，救其兄弟。后巴兰札亦承命，登即开船查问，果有此人被拐在船，故求船主释放。惟船主要银一百员方能允肯。后船上有一人对船主云，此人今断不可放他，诚恐有事，更兼此人回去尽将船内情由与人说知，则后无人敢来矣。如若念情要放此人，待船启行时放他，方可以免后患，因此议论纷纷。故巴兰札在船等候许久，未见船主实意，又因有事乃返行。后此人竟不能救拔矣。〇闻说，有澳门第五号罗查一只，由汕头载装猪仔客不知多少。云此猪仔客乃在汕头请来澳门雇工，立明合同，两年为满。惟今此罗查驶往黄埔，将猪仔客过一花旗船，名"士华罗"。因此船租期已满，如过限一日，罚银二百员，故此迫辖拐徒，四边远近勒捉之故耳。又闻，云此船曾在领事官处立明合约，系往夏娃拿地方雇工，惟未知果有领事官合约否。不然，料其定是拐往他邦卖为奴仆矣。	"猪仔"贸易 后有新闻纸馆广告	

续表

序号	日期	星期	新闻	反映的问题	备注
第239号	1859年5月12日(己未年四月初十日)	四	于前月十六日,印度国有水师提督火轮战船,名"哭利",带兵头文书一封,到巴坑王内询问,该处尚有洋盗否。而巴坑王于是晚即复文答云,近日海洋盗贼略见平靖,惟地方现尚未得十分停妥。在巴坑海口新建一水闸,甚坚固,以防御敌人攻击。因定间尧王屡欲兴师,与之相战之故耳。此火轮船于十七日十点钟,由定间尧启行,到马剌剌地方,适遇头猛一只。此头猛已经被贼劫去公烟二箱、所有银两与及各器皿。因见火船经过,固求追贼。后火船远望见贼船二只,即进前追赶。其贼船亦放炮,与之对敌。交战许久,胜负不分。后火船见贼船炮多,其势甚猛,料不能拒敌,乃退后,顺带被劫之头猛船返新嘉波取救,至中途,遇一暹罗火船名"周非亚",乃请其同往攻贼。惟暹罗火船因见自无炮火器械,更之船主亦无定意,故不允其所请,云云。	海盗状况	
			兹有一船名"孖罗剌",由德架沙解埠带来煤炭一百二十墩、紫菜五百捆、豆五百包。又有一船名"衣舍路阿乎花兰",由冷管埠带来白米七千担。又一船名"孟尾架素",由望买埠带来白皮烟土一千二百箱、绵(棉)花一千包。	中外贸易货物	
第240号;接第228号	1859年5月14日(己未年四月十二日)	六	闻说,叶明(名)琛在加利吉打因染病,十余日后乃薨。现英人将其尸用香粉殓藏之,又用棺椁封固后,由加利吉打用银约五百余员,雇得火船一只,名"化厘哥罗士",将其柩运载。于本月初十日已到港,并昔日跟随叶明琛传话者,名"亚剌孖士打"与	叶名琛流亡印度,被羁押及病故及后续	

续表

序号	日期	星期	新闻	反映的问题	备注
第240号	1859年5月14日(己未年四月十二日)	六	及叶明琛之贴身服役人等,俱由此火船返港,云云。兹又闻说,花旗水师提督在本港雇火船一只,名“香港”,因欲上北有事,于昨十一日早晨由港启行,故顺带叶明琛之柩,上省殡葬,云云。		
第241号	1859年5月17日(己未年四月十五日)		兹有火轮船名“台湾”,由汕头启行,于本月十二日下午到港。报云,有汕头土人心怀不平,因此与英人相斗。官兵闻之,即往助英人。于是土人败而被逐,受杀者数人,云云。○闻说,在鹅士花有新设海关官一名,在彼管理出入口货税务事,云云。○兹有根砵二只,一名“查拿士”,一名“几士地厘”,于本月初十日,由厦门启行,往湖衣头缉捕洋盗,因前有二枝桅番船名“加兰”被劫之故,云云。 未士烟架拿哥有坚固驳货船三只,装载货物开埋甚便,或租往别处亦可。如有贵客欲光顾,祈请到兴隆街门牌第一百八十四号与原人面议便是,价钱相宜。特此声明。己未年四月十四日启。	汕头土人与英人冲突 新设海关官员 捉拿盗匪 货船运货广告,后有新闻纸馆广告	
第242号;接第236号	1859年5月19日(己未年四月十七日)	四	前本纸云,英水师提督欲带领兵勇及根砵前往香山,责其旧岁禁止华民不准来港贸易一事。后因新钦差到港,有事不暇,待其起程上北之后方能动兵。今准于本月十八日,带领兵勇、根砵复往香山,周游乡邑,不拘何处。但根砵可以到得者,定必周游全邑而后止。如所到之处官民以礼接待则可,倘稍有阻滞及出言不逊,敢与之拒敌者,本军门定必言出惟行,开炮攻击不恕。	英军前往香山	

续表

序号	日期	星期	新闻	反映的问题	备注
第242号;接第236号	1859年5月19日(己未年四月十七日)	四	那时玉石俱焚,尔宜慎之,云云。 于昨晚约七点钟时候,大士摩打士在上环被人抢去银及银纸、银器,共计约值三百七十员。适值此际,街上并无差役在此,故匪徒得以逃去,云云。○闻说,旧岁咸丰君遣往上海之钦差,后往住扎苏州。兹因英国钦差已离苏州,故于本月初旬返上海,与英国钦差酌议更改前所立之和约,云云。	抢劫案件 中英和谈及修约	
第243号;接第229号	1859年5月21日(己未年四月十九日)	六	闻说,新钦差大人圣(胜)保亦将被革,为保举杨道台。兹因杨道台办事不妥,故着部押解回京,交部议处,以彰国典。故连累新钦差以滥保之究,一同被革,云云。○又闻说,张国良(梁)大人已解南京之围,而撤兵往攻河北贼匪。后因贼势浩大,四方蜂踊(拥)而来,尾首不顾,寡不敌众,反被贼匪追袭,夺去炮火。现闻,张国良命人往上海铸办大炮。○又闻,咸丰君有旨,着备办弓箭,以防不虞,云云。 兹有鱼船二只在佛头门被劫,于本月初十日,到差役总馆禀报,后发根砵一只,名“哥流安”,三帮办亦随根砵前往缉捕。但到佛头门不见贼匪踪迹。后适在浦台遇之。此际,贼见根砵即时登岸而逃匿矣。 兹有船一只名“租厘亚”,于本月十六日,由本港启行,前往福州,驶至鲤鱼门被搁浅。后请威林蔑地火轮船往救援。惟因水浅,不能拖带,待潮水浮起船,方能举动,但所坏之货物未知多少,云云。	中国内政:官员被革并累及举荐者 太平军与清军之战 船只被劫 船只搁浅,后有新闻纸馆广告	

续表

序号	日期	星期	新闻	反映的问题	备注
第244号	1859年5月24日(己未年四月廿二日)	二	近来粤海关税务多有不照规例征收,惟专设谋勒索,借端捏云走私,欺诈商民,将货物充公以肥己囊,致令商民血本无归,仍将人押带勒索银两,倾家荡产。种种弊端,流毒日甚。每见商人被其害者须受屈沉冤,亦无由伸诉,惟哑忍于心,诉诸同人,闻者无不切齿,亦无可如何。兹因中华官宪俱是卖官鬻爵,专贪贿赂。是以上为下效,无一忠直为国为民之官。现关吏如此滥税,故商民多有裹足不前,坐视穷困,生意为之停止,货物不能通行。前有一华民在黄埔与一洋船买得船底铜,欲载往佛山,已经挂号过税。后被关吏诬捏走税,将铜充公,仍监押此人,后索银四百大员,方得脱身,本钱一空,丧气而归,诚可叹惜。今税吏如此残暴,伤心害理,吾恐弊端由此而生,则祸无底止矣。惟现任领事官者既云协助关税一同征收,以免勒索之弊,何今见税吏如此摸(漠)民而不劝责,任其横行,竟若罔闻,则是无能,反被关税所欺,不能免商民之害,是与税吏摸民无异,不能辞其责。实有碍生意之道,其究在此。若能尽职,体恤民情,劝转税吏,使之照公征收,以免阻滞生意,则货物流行,中外商民云集,互相贸易,彼此皆获其益矣。	广东海关税收(滥税)与中外贸易(多抨击清政府之意)	
			启者,中环马路未士的铁匠专做船只铁器皿。如有贵客光顾者,请到本行面议。己未年四月十九日启。	广告	

续表

序号	日期	星期	新闻	反映的问题	备注
第245号;接第242、245号	1859年5月26日(己未年四月廿四日)	四	昨十八日,英水师提督带领根砵二只及兵勇前往香山,于十九日下午一点钟,到香山,即上城。其县官与下属官僚皆欢洽迎接,以礼相待。至于街上百姓亦欢声踊跃观看,并无异言。是以平安无事,至廿一日带根砵、兵勇回港,云云。 于本月初一日,本新闻纸已经录明,法兰西与西班雅两国合兵攻破安南细江埠。现闻,安南复与西班雅、法兰西两国大战。惟安南人十分勇烈,奋不顾身,虽大炮在前,不惧而进。若炮台是日被打烂,一夜之间建复,明早如旧。兵威甚壮,俱是胆勇之士,以进而无退。法兰西兵共二千之间,故此不能拒敌,被安南人杀得大败而奔。杀死两国兵总各一名,兵丁死伤者约百余,又因不服水土,或病或伤,皆无战意。又闻,法兰西钦差已经有文回国,奏请调取救兵一万前来应敌。料不日将有浅水根砵到,必非昔日之比,屡败于安南人之手矣,云云。	英国水师与中国地方相处情形 法国、西班牙联军攻打安南(多次报道)	
第247号;接第242号	1859年5月31日(己未年四月廿九日)	二	闻法兰西国钦差于本月廿六日驾火轮船驶往上海,候三国钦差到齐,然后上天津、入京朝见。大英钦差大臣将驾大火轮船数只、根砵十余号前往。花旗公使人臣将驾大花旗火轮船一只,另租得小火轮船一只,名"台湾"者同往。但照泰西诸国规矩,如有两相争论之事,必各派钦差大臣会同商议,各必将所奉全权大臣便宜行事之上谕互相较阅。如不将该上谕出看,则不准入围商议。故去年五月间,英、法、花旗	英、法、美三国钦差大臣与清方外交	第246号为上谕,原新闻版面被上谕取代

续表

序号	日期	星期	新闻	反映的问题	备注
第247号；接第242号	1859年5月31日（己未年四月廿九日）	二	三国钦差往天津先见直隶总督谭大人，但伊未有钦差大臣便宜行事之关防，故英、法钦差不与之商议两国大事。后咸丰君特派桂中堂花大人为钦差到天津，故英、法钦差与之商议，将所议和约五十六款抄录二本。大英钦差执一本，则有中国钦差之关防图盖；大清钦差执一本，则有英国钦差关防图盖。俟候两国御笔批准，以一年为期，彼此各派大臣于大清京师会晤，互相交付。现在英、法、花旗钦差各带来本国御笔批准之和约，议于六月进京交付。但闻桂中堂花大人请各外国钦差不可进京，称说此事不合中国规矩，又用言辞阻止，云云。惟英国钦差提督各奉英国上谕，进京朝见咸丰君，亲手交付御笔批准之和约，令在必行。是以英国钦差多带战舰、兵勇前往天津，以防不虞及阻止等事，云云。		
第248号	1859年6月2日（己未年五月初二日）	四	在汕头有传道教师名“未士赞”。有一日，见一嫠妇约六十岁，在街上悲哭，称说伊独生一子被奸人拐去卖猪仔。此子靠以养老与及继香灯者，今竟被人拐去，则终身无所靠矣。言及至此，哀哭不止，在旁观者无不泪下。未士赞亦可怜此妇，乃同此妇人往猪仔馆内寻觅伊子。路遇一英商，乃未士赞之好朋友。未士赞将妇人失子之事一一告知，此友人亦愿同往，助其一二。后查了三个猪仔馆，方寻得见此妇人之子。赎出，使其母子再得相逢。据其子云：于某日，有某某人叫他赌钱，又肯借钱与他赌，遂借得银五员半入场。输了后，某某勒取	“猪仔”拐卖给受害人带来的痛苦	

续表

序号	日期	星期	新闻	反映的问题	备注
第248号	1859年6月2日(己未年五月初二日)	四	回银两,无银填还,故称说欠银一事,将他打骂,捉去猪仔馆受苦,不能尽说。幸得未士赞与友人救出,故母子再得团圆,云云。 臣黄片奏,再,广东阳江镇水师总兵官温贤,自咸丰元年补授今职,旧驿具折谢恩,奉到。朱批,着毋庸前来,钦此。嗣以该总兵所辖洋面有匪船窜扰,经前督臣饬令暂缓起程,俟接署有人再行北上。现又再届三年,自应委员前往接署,以便该总兵仍遵前旨,进京陛见。其所遗阳江水师总兵篆务,查有曾经保举堪胜总兵之升署大鹏协副将潘庆汉,营务谙练,督捕认真,除檄饬遵照外,所有阳江总兵应行进京,委署镇篆缘由,谨附片具奏。奉朱批:知道了,钦此。	奏折及朱批	
第249号;接第243号	1859年6月4日(己未年五月初四日)	六	兹接到上海四月廿五日来信云,于三月中旬张国良大人奉谕,弃南京之围,带兵往江北剿贼。南京长毛知其动静,出兵追之。屡次交战,使张国良之兵不能尽渡江北。江北之贼见张国良之兵到,不敢与之战,惟有小战则诈败佯输。俟其粮草尽过江北,即四面埋伏,攻其不备。于是,张国良江北之兵失利,首尾不能相顾,心胆俱丧,被伤毙者不计其数,粮草、布帐、炮械、军器尽行失去。江南官兵亦败。官兵屡战屡败,现在退守扬州。长毛复得六合县,攻破仪征县,直上扬州,未闻扬州交战如何。若扬州一失,则运粮河再不通行矣。〇闻说,俄罗斯国因清朝割去黑龙江省之地与他,现在送来大炮八百口以为酬答之礼,云云。	太平天国与清军交战 中俄外交及清方割地	

续表

序号	日期	星期	新闻	反映的问题	备注
第249号；接第243号	1859年6月4日（己未年五月初四日）	六	现在巡理厅正堂辞任，往北做唐人海关缺任，副巡理密租大老爷升署正堂，未士咩署副巡理，未士查文署总理差役官等情。	官员调任	
第250号；接第233、245号	1859年6月7日（己未年五月初七日）	二	于五月初五晚七点钟，有铁行火轮船名“亚顿”，由望买埠到港，带来泰西书信并新闻纸，云：澳打利亚与瑞颠拿国不睦。澳打利亚乃泰西之一大国，瑞颠拿不过一小国耳。法兰西国皇以兵助之，一闻澳打利亚有兵一十二万入瑞颠拿国之境，法帝即调大兵八九万，水陆并进，御驾亲征，入瑞颠拿境内堵御。但吾恐法人救兵未到，澳打利亚之兵勇已经攻破瑞颠拿国之城池，所谓“远水不能救近火”矣。现在俄罗斯国、普路沙国、大英国、法兰西国皆责澳打利亚之行为。各国商议救瑞颠拿国，惟法兵已动，其三大国之兵尚未有动，云云。又闻，有法国上谕，法水师提督珍那厘即刻带兵攻破安南京城，名获府。后尽将兵勇调回本国听用，云云。该火轮船又带来白皮烟土九百箱，在加利吉打埠，新公烟土投一千六百五十一个路卑，在望买白皮烟土沽银一千三百一十个路卑。 前督宪叶大人之灵柩，于四月十六日上船，停寄东门外斗姥宫。于二十五日将载来之锡棺打开，其尸有药制好，不见臭味。许多大小官员来吊丧者，亦得见面。	世界新闻 法国攻打安南 鸦片贸易 叶名琛后事	澳打利亚即澳大利亚

续表

序号	日期	星期	新闻	反映的问题	备注
第250号;接第233、245号	1859年6月7日(己未年五月初七日)	二	后用本地棺木装好,交其家属提理。俟候部覆如何安置。又闻说,柏大人薨之后,有上谕到省,调黄宗汉往别处,命柏桂署两广总督关防,云云。 兹有法国火轮船名"被利真",由安南到港,带来四月十六日书信,云:法兰西与西班雅两国兵勇往攻安南。炮台数座,安南人据险力战,法人不得地利,故被毙者五十名。后法、雅人苦战方能得此炮台,安南人死者不知其数,云云。	地方官员调任 法国、西班牙联军与安南的战事	
第251号	1859年6月9日(己未年五月初九日)	四	于五月初七日,有一只花旗内河火轮船名"百忍",由新嘉波到港,不过行五日船。火轮船之中屡由新嘉波来港不及此之快也。闻说,此火轮船系来走香港、澳门、省城等处装载货物、搭客。其船样似旧日之哩布不火船,较哩布不火船更长且大。○渣颠有火轮船一只,名"兰士非厘",由加利吉打到港,载来公鸪烟土一千一百二十箱。又有火轮船一只,名"占时洽厘",由加利吉打到港,只载来公鸪烟土二百五十箱。闻说,现树植鸦片多被虫蚁伤害,有计得来年西竹地方只出得公烟土一万六千箱,鸪烟土五千箱。故本港各商人接到信札,公鸪烟土即时起价,云云。	西洋对华通商及鸦片贸易	
第252号;接第250号	1859年6月11日(己未年五月十一日)	六	兹有法兰西官所租之火船名"碟士",于五月初九日到港,于五月初六日由安南度郎埠驶来,路过海南、澳门等处,将所载之病人交澳门医馆后,一直来港。据该火船云:法兵屡攻安南人营寨,不能取胜。现	法国与安南交战;安南与中国战事比较	

续表

序号	日期	星期	新闻	反映的问题	备注
第252号;接第250号	1859年6月11日(己未年五月十一日)	六	法人被安南人困在度郎,不敢出。安南人札(扎)营不过离法人四百步而已,法人之枪可以打得到。如无新兵到,法人不敢攻安南人,反被安南人攻。法人营寨现有四只法兰西根砵,在度郎埠守口。但安南人夜间抬大炮到海边处攻之,火(伙)食来得十分艰难,兵勇多染病症,云云。由此观之,安南人之武士胜清朝之武士多矣。今清朝重文不重武,实系重虚文不习武。古时重贤豪重实学,即文武并习矣。安南人多习中国古风,故胜于今之中国人也。		
第253号	1859年6月14日(己未年五月十四日)	二	在葛剌巴之荷兰督宪与思厘被岛土人不睦。荷兰水师提督带领战船数只,往困邦尔埠,即思厘被岛之总埠也。兹有荷兰火轮船带来书信云:有波尔澳岛之土人名“布几时”,尽将该处居住番人杀戮,无论男妇老少,共六十余名。因布几人与思厘被人结为唇齿,见荷兰人攻击邦尔埠,故有此举耳。	荷兰海外殖民行为及遭反抗	
第254号;接第247号	1859年6月16日(己未年五月十六日)	四	闻说,在厦门地方因捐输之事多有,铺户闭门不敢做生意。〇兹有火轮船名“望买加时厘”,由上海到港,载来白烟土二十二箱,金条两箱,重九千二百两。又带上海新闻纸,云:花旗全权公使大臣未士和地并随员于四月廿六日到上海,住在未士喝行。于五月初二日,钦差大臣桂良、花沙纳等在钦差行台请宴花旗公使并各官随员,用两只战船鲍乞□未丝涉被之兵勇保驾,到钦差行台拜候饮宴。于五月初四日,钦差大	厦门商户受捐输冲击 鸦片贸易及英、美、法与清外交事宜,后有新闻纸馆广告	

续表

序号	日期	星期	新闻	反映的问题	备注
第254号；接第247号	1859年6月16日（己未年五月十六日）	四	臣桂良、花沙纳等到花旗公使居住之行答礼，不久将去天津交新和约，云云。于五月初六日，大英钦差□士布路士与大法钦差巴布郎各驾本国战船到沪。是日，大英钦差即命根砵、战船前后往直隶。大英水师提督随往，但花旗与法兰西两国钦差之行为举动，英人亦不知其何，云云。		
第255号；接第249号	1859年6月18日（己未年五月十八日）	六	闻说，厦门道宪要各鸦片行每箱烟土征收税银一百大员，每月准以三百箱为额，各行每月务要纳鸦片饷银三万大员。如入口不敷额数，须要各行补足。是以各行商不从，故各行闭铺不做生意。每日道宪饬差役民壮巡查甚紧。现在各样生意止息，未知后事如何，云云。 此次上海新闻纸并无提及南京长毛交仗之事。○闻火船三洛与燕非耶都近在澳门打了四只贼船，云云。	厦门鸦片贸易 太平军南京周边战役；澳门攻打海盗船	
第256号；接第254号	1859年6月21日（己未年五月廿一日）	二	兹有铁行火轮船名“花么沙”，于五月二十朝，由上海来港，带来上海五月十四信札，云：钦差大臣桂良、花沙纳闻得各外国钦差进京主意以定，故桂中堂、花大人即时由苏州动身返京，云云。现在大英往天津之大战船七号，根砵九号，载陆兵船两号，共成一十八号。大英水师提督坐驾大战船名“议思北”。大英、大法、花旗三国钦差大臣择于五月十五日动身北上。现在生意颇旺，但南京长毛交仗之事，一句无闻。此半个月在上海，沽公烟土四百箱，白皮烟土一千四百箱。现存公烟土一千箱，白烟土五千五百箱。白烟土沽银四百五十五两至四百六十五两。公烟土沽银五百七十五两至五百八十两。米、白糖俱无市道。	第二次鸦片战争、英法美对中交涉、烟土贸易、米和糖生意清淡	

续表

序号	日期	星期	新闻	反映的问题	备注
第257号；接第252、256号	1859年6月23日（己未年五月廿三日）	四	闻僧格林沁带有十万蒙古兵，在天津口大沽地方，意欲阻止英人进京。但英人立意进京，故大英钦差多带兵勇于五月十五日由上海启行，向天津前进。如僧王敢用兵阻止，英人断不肯罢手。〇于四五月间，江南地方大雨连绵，河水泛滥村庄田土。〇又闻，咸丰君遣一使驾火轮船名“孔夫子”，由天津往长岛，与日本国修好，但未知因何缘故。〇据新闻纸云：于五月初八日在安南度郎埠札营之法兰西兵，见安南人猖狂，日来日近，如是出兵七百五十名与之战。战了三点钟时候，安南人败北，法人夺得营盘数座，大炮七十口，军器等物。安南人死者一百名，伤者约六七百名；法人死者八人，内有一位吕宋兵总，伤者四五十名。安南人即时修筑已被打烂之营寨。又闻，现在并无交仗，安南人与法人讲和。惟安南断不肯效大清皇帝赔补四百万兵需费银之理，云云。 兹失去五口头手枪一枝，系兰□城罢兰主晏申所造。如有人知其情者，祈去大馆报知。取回原物，或将贼办罪，即赏花红银十大员，决不食言，此贴（帖）是实。己未年五月十四日启。	第二次鸦片战争中的大沽口战事准备、江南水灾、中日外交、法越之战，后有新闻纸馆广告 手枪失窃类寻物启事	
第258号	1859年6月25日（己未年五月二十五日）	六	闻说，上环大水坑口德记楼上，有一教馆，先生姓唐名星甫，带一个司连往上环海边均和杂货店，买生油一斤，续回铜钱一百六十六文，内有次钱数个。均和长（掌）柜不肯回换。互相争论不妥，故唐星甫将此事报明大馆，出差拿其长柜到案。业经巡理		

续表

序号	日期	星期	新闻	反映的问题	备注
第258号	1859年6月25日(己未年五月二十五日)	六	厅大老爷审讯。查始立行规,不使次钱者乃系杂货店,地方官并无出示禁止使烂钱等情。今尔杂货店买入者既要好钱,惟出则给以次钱,显系藐视国法,欺遏贫民。故官拟将均和长柜监禁三个月,当苦工,云云。 于廿二晚十一点钟,铁行有祖家火船名“新嘉波”,有望买埠到港,带来泰西新闻纸,云:澳士打利业国兵勇共一十二万已经入了沙典那国之境内,过了一河名“煲河”,但因雨水连绵,故暂退出。法帝择于四月初八日,由法国京城动身,御驾亲征,共调大兵十五万,水陆并进,往助沙典那国,留皇后在朝摄理政务。现有法兰西兵勇九千,已到沙典那国境内,其余陆续皆至。惟法兰西兵所到沙典那国,各埠处处皆铺花道路,箪食壶浆以迎法师。现在两国兵勇尚未有动手。惟沙典那王亲自督率兵勇,固守疆土,俟法兰西大兵到齐,然后攻击澳士打利亚地方。至于俄罗斯、日耳曼诸国,皆整备军旅以防不虞。英国亦多装战舰,操练兵勇,保守各处海埠,云云。	商贸市井新闻 1859年法国参与欧战(意大利对奥地利的统一之战)	
第259号;接第255号	1859年6月28日(己未年五月二十八日)	二	直隶总督臣庆祺跪奏,为遵旨调拨官兵、火药前赴军营,并微臣到省日期,恭折具奏,仰祈圣鉴事。窃臣承准军机大臣字寄,咸丰八年十一月初二日奉上谕,着庆祺于大名、正定两营内,酌抽精锐,合成四百名,饬赴江北军营。同日又奉上谕,着庆祺协济火药四万斤,加工制造,派员迅解江南军营等因,钦此。臣伏查大名一带,处处与豫东接连,前经奏明,调兵一千名驰往防堵。	直隶总督庆祺奏折,涉及调兵镇压太平军	

续表

序号	日期	星期	新闻	反映的问题	备注
第259号；接第255号	1859年6月28日（己未年五月二十八日）	二	该镇官兵此时仍未可抽调。臣拟调宜化兵二百名、正定镇二百名，已照会各该镇务须拣选精锐，派员管带，即日起程。至火药一项，查上次奉拨之四万斤外，其余一万斤，现按成酌齐枪子、火绳，派委员弁于本月十三日先行，解赴江南，交和春军营应用，并饬小心护解，沿途毋受潮湿。此次奉旨协济之火药四万斤，饬营赶紧加工制造，接续起解，毋任迟延。臣于初三日自天津起程，兹于初七日抵省，一路看察，麦苗均已出土，民情亦颇安谧。现将署中文案逐一清厘，分别办理。所有遵调官兵、火药，缘由，理合恭折具奏。奉朱批：知道了，钦此。		
第260号	1859年6月30日（己未年六月初一日）	四	兹有船一只，名“约书亚希厘”，由旧金山四月初八日来港，云于四月初旬一连到了四只唐山船，一名“今蔑”，一名“占时播郎”，一名“北力便连时”，一名“山打过罗时”，带来金山行情，云：白糖爽市，冰花沽九个半先士，白米多到无市，有商人将平米收埋，载往新金山，粗茶叶无市，好茶叶少到价爽，生油颇爽，烟膏沽银十二员至十二员半，水银一磅沽银一员，鹰银每百加水十员至十一员，云云。	旧金山市场行情，后有新闻纸馆广告	
第261号；接第259号	1859年7月2日（己未年六月初三日）	六	未士孖剌于本年英五月初二日刊落新闻纸内，说澳门西洋人名“三画”之事。身当澳门总理差役官，乃自投番摊赌馆，聚藏匪徒，买得火轮船数只，装载猪仔来澳门以图利，实乃为富不仁之甚。现在三画已经到香港请大状师未士别列者时与未士包律	“三画”状告未士孖剌	

续表

序号	日期	星期	内容	反映的问题	备注
第261号;接第259号	1859年7月2日(己未年六月初三日)	六	在大葛告了未士孖剌,云他诬捏,假传新闻,故意欲坏伊名声一案。未士孖剌于英五月初九日又刊落新闻纸,云伊一生未有见过三画,原日与他并无仇恨,只因见三画行为不合情理,心怀不平,故将其事略述一二,以望化其骄恶之心而已。若己有差,理当认错,但此事实有确据,不是错落新闻。俟开大葛审讯,是否则泾渭自分矣。 闻说,北江韶关地方红匪太多。有人传说韶关已失,又有人说韶关未失,但现在被红匪围困,十分危急,若无救兵,失在旦夕。现在北江各路不通货物,不能运动,云云。又闻,省城各官宪求英兵勇,切不可离省城,若一离城,则红匪必至矣。又闻,有上谕罗、龙、苏三位大臣为讨匪钦差,未审此说真否,云云。	韶关一带有太平军活动及地方官员对英军的态度	未士孖剌系《香港船头货价纸》重要创始人
第262号;接第256、261号	1859年7月5日(己未年六月初六日)	二	闻说,北江红匪刹戮甚大,故各乡踊跃协同官兵、民壮打退红匪。现在北江各货再复流通,云云。兹有上海火船带来上海五月廿五日新闻纸,云:英、法、花旗三国钦差往北已经十日,但未有火船回沪通报天津音信,谅必一路平安,各钦差直抵京都,亦未可知。○军机公文到省,得悉广东巡抚员缺,着广西巡抚劳崇光大人调补;其两广总督王大人未到任,着劳崇光大人兼署等由。又闻,劳大人择于五月十六日交卸,定廿六日由桂林起程来粤,计程六月初旬可到省城,云云。	太平军军情、英法钦差大臣的活动、官员补缺,后有新闻纸馆广告	

续表

序号	日期	星期	新闻	反映的问题	备注
第263号；接第213号	1859年7月7日（己未年六月初八日）	四	上年英法往攻省城，未进之时，城内各人俱不愿两国兵勇进城。有人自骄自傲云：外国人只水战可胜我中国，至于陆战，英法断不能取胜。若他上岸，恐一人难存也。英法人攻破省城之后，又有人谅他断不能久守。今守了年余，并无阻碍之事。英法兵勇由陆往返花县总局，攻破石井大营西江，过了梧州之上九十六乡，江门陈村、佛山西南石岐，英法兵勇亦遍游历。现在粤省红匪四起，逼近韶关。城内居民人等不独不愿英法兵勇离城，反求其保守而赖平安，免遭红匪之惨毒。何其人事变迁，爱恶靡定若是欤！ 兹有白云火轮船于六月初五日往省河。行了五点钟三个刮，船即到省城。又于初六日由省来港，不过行了六点钟一个刮，较飞马火轮船犹快一点钟一个刮，云云。	广州市民对英法联军的态度 火轮船时速，后有新闻纸馆广告	
第264号	1859年7月9日（己未年六月初十日）	六	有一白头人名“问渣治律敦治”，系在白头行衣化林治申做管数人，于初七日，带一个管店到黄埚涌，白头人坟墓之所，后使其管店带物一小包回行。其管店去后，问渣治律敦治即服毒而死，其管店带回之物，拆开有信一封，锁匙小数部等。其东家一见他信，即知其人欲自戕生，故与其管店即时往黄埚涌寻觅，及到时，其人已死。〇此几日，有差役捉得私行典当店数间。在太平山一间鸦片铺，经巡理厅讯明，拟罚银二百大员，云云。	社会新闻（自杀） 私行典当店及鸦片铺被罚	

续表

序号	日期	星期	新闻	反映的问题	备注
第265号;接第258号	1859年7月12日(己未年六月十二日)	二	于初十日午时,祖家火船到港,带来泰西新闻纸,云:于四月十七日,法兰西兵勇与澳士打利亚在瑞典拿国境内,地名“芒地被劳”,交仗。法国皇帝亲督战仗。初时,澳士打利亚兵胜,后因法国救兵陆续继至,故澳士打利亚人抵敌不住,即时退出。瑞典拿马队追之。但澳士打利亚人虽退,队伍不乱,故虽有数百马队追前,亦无大碍。路上死伤不能相顾。法瑞两国兵勇伤毙者五百余人,澳士打利亚国伤毙者二千余名,内有二百零三名被法人生擒,军器、什物,法人亦得不少。兹于五月廿二日,在红海亚顿埠接到电气传快音,云:法瑞两国兵勇与澳士打利亚兵又交一场大仗。瑞典拿国王亲冒矢石而得重伤,云云。○大英君主命厦娇厘时罗便臣大人前来香港,调补督员缺职。该罗便臣大人择于六月由英国起程,要七月下旬或八月初旬,方能到香港升任。○又闻,有一只新装花旗火轮船,名“北河”,如本港颠地行往上海之火船名“洋子装法”,于四月初八日由英国载货来港。此船乃系剌时厘公司所装载货往北省贸易,云云。	法军参与意大利对奥地利的统一之欧战 英国驻香港官员的调补 商船贸易	瑞典拿、瑞颠拿、沙典拿,澳打利亚、澳士打利亚,系音译。原文并不统一。
第266号	1859年7月14日(己未年六月十五日)	四	兹接到省城信,云:红匪返乐昌县,各样北江货物又不通流,韶关铺户尽将货搬落西南、佛山两埠。因官府欠粮几个月,各处民壮无心与贼攻击。有散回原籍之壮勇,所过各处村乡无不抢夺。又闻,官府要各处捐资,往西北江打贼。俗云:宁做太平犬,莫作乱世民。斯言诚是也。	太平军与地方动乱	

续表

序号	日期	星期	新闻	反映的问题	备注
第266号	1859年7月14日（己未年六月十五日）	四	于本月初十晚九点半钟，本港近白头丫厘咽主今麻行后，便即连治行买办吴德衡住家厨房，因刨口柴失火，幸早被救息。若不早救息，则大石柱礼拜堂对面一带房宇亦难保也。 是晚有女子一名，年方十四五岁，将孖也买办何锡衣杠一个搬去。后遇孖也行内有人见此衣杠，即查问之，见他言语含糊，即叫绿衣截住，带去大馆。后经官审讯，拟监禁一个月，云云。	社会新闻	
第267号；接第257、261、262号	1859年7月16日（己未年六月十七日）	六	现闻说，在省城英官接到北京快马书信，云：大英钦差已经入了京都朝觐大清皇帝，交转和约，各事无不妥协，云云。 闻说，法兰西与安南交仗之事，谅必和妥。因上日，法国水师提督命造许多木屋，今自愿罚去定银，将合同作为故纸，云云。 兹闻于本年三月廿二日，在花旗国内河有火轮船一只，名“散路夷时”，因水甑泡烂，打死人三四十名，又伤者甚多，云云。 三记火轮船名“化难时”，于六月初十日拖一只大开波入口，内有货值银四万大员，已经遇贼，将船驶去。后见火船到，贼即退走。火轮船将开波船带回澳门，要船货各一半，赏给该火船，云云。 兹闻三画告孖剌一案已经在外厢和妥。三画所使各项衙门状师费用，孖剌不知；孖剌所用各项使费，三画不理。自后两家再不将此事印落新闻纸内。既和之后，所有上日一切争斗唇舌之事互相不究。今即两无短长，未士孖剌又要衬（趁）此机会托于纸笔，谢各衙门助他寻觅见证之朋友，云云。	中英和谈事宜 法国与安南战事 美国火轮船事故 火轮船遇贼 三画状告孖剌案件	

续表

序号	日期	星期	新闻	反映的问题	备注
第270号；接第256、257、号	1859年7月23日（己未年六月二十四日）	六	兹闻英法各勇于五月廿五日在北河口大沽炮台交仗，无一人不疑大沽各炮台有俄罗斯人在内。因其所烧之炮台尽是洋炮，极有准头，又有子母炮打来，与外洋子母炮无异。又有人见俄罗斯人在炮台内穿蓝衣，头上有短发；又有人闻俄人在炮台里用俄话，叫带多的火药来。于次日廿六日，英人见有两尸骸在河水流出，穿唐衣，但其面貌无异俄罗斯人之面貌，云云。	英法联军与清军在大沽口交战	
			现有劫行火船名“礼宁”，于廿二日由加利吉打到港，于十五日到新嘉波埠，停止一日，又于十六日正午离新嘉波来港。在新嘉波时，见望买火船带来祖家书信并泰西新闻纸，云：法兰西、瑞典拿（注：撒丁王国）两国兵勇直入阿士地厘亚境，于五月初五日在孖坚打地方大战一场。法瑞两国兵勇大获胜仗，两边毙伤人不计其数，有两名法国提督亦在阵亡，法、瑞国人生擒阿士地厘亚兵亦不少。法帝封其带兵提督为公爵，阿士地厘亚（注：奥他利）人退入一处地方名“巴非亚”，云云。	意大利对奥地利之法奥战争情形（涉及法国与撒丁王国联合）	
			于一千八百五十五年九月，有船一只名“孖时都”，由上海来黄埔，其船遇风飓后到福州，将各水渍坏货当公出投，如有各附货物人到，本行未士孖剌即以所应得之银派回便是。其货开列于下：德记货，OT乜头八十七件，KB二百二十一件，XY六十九件，Wn二十件，以上系四方榄核乜；W九十件，MD六件，LK十三件，OL三十九件，WR一百五十三件，以上系用三角乜。亚一货，JT乜头一百四十一件，CDQK六十		

续表

序号	日期	星期	新闻	反映的问题	备注
第270号;接第256、257、号	1859年7月23日(己未年六月二十四日)	六	件。恒昌货,HY乜头二百一十八件,合良J乜九十件。亚棋货,O乜一百九十六件。宝兴货,L乜一百三十三件。福记货,D乜八十件,和源ST乜一百一十九件,SH二十件,SO六件。亚锦货,Ackum乜二十七件。以上系四方榄核乜头。己未年四月廿一日,司理摊数人孖剌启。 宁波新闻(此为大字号标题): 余邑第泗门谢姓家豪富,年前例应大捐,官欲捐伊数千千,谢姓仅许数百千,官亦无如之何。适逢岁歉,遂示谕贫民向谢姓乞赈。谢姓未许,贫民因而抢夺,谢姓屡次呈控,县官置之罔闻。遂出钱雇勇,私设刑具。前年八月间,谢姓有小主,年甫廿六,跨马游行。适逢乡民秋报迎赛,有龙盘滚,小主恐惊其马,叱令停盘。无如持盘滚者不下二十余人,骤不能止,以致马惊人坠,小主因怀恨而归。移时会至,伊家遂率令家众以图报复,乡人被凶殴,伤者甚众。时盘龙赛会者共十七庙,群起图报,蜂拥而前。而谢姓住屋在于悬汀,四面环河,有桥两条,见人众拥来,拔去一桥,使仅容一桥而进。第泗门本系市镇,店铺皆闭,内伏谢姓乡勇,迨人众过街,铺内伏勇齐出,搠死百数人。乡人自是与谢姓攻打。原其起事之由,实因谢姓私设官刑,而走马殴会之仇犹其小也。人谓余邑闹租之事起于谢姓,其实闹租案内伤人不多,云云。	贸易船只遇飓风,附货受水渍等。 豪富与贫民结仇。	

续表

序号	日期	星期	新闻	反映的问题	备注
第271号;接第270号	1859年7月26日(己未年六月廿七日)	二	铁行火轮船名“加地时”,由望买到港,载来鸦片烟土八百一十七箱,洋银七十八万六千九百五十四员。○火轮船名“北京”,于六月廿三日出口,载去湖丝二千三百九十六件,金叶纹银共值银一十五万七千五百七十五员。○据火船带来望买新闻纸,云:自从前次火船来港之后,白皮烟土跌价,至每箱沽银一千三百四十个路卑。现在,望买埠存得五千五百箱烟土。棉花市价颇爽,沽一百二十五至一百四十七个路卑,云云。○闻说,法兰西、瑞典拿两国与阿士地厘亚国人在孖坚打地方,一日连打了三场大仗。法、瑞共兵一十二万五千,阿士地厘亚约有兵十五万交仗。阿士地厘亚毙伤者二万余人,法、瑞两国毙伤者九千余,两边共毙伤约三万人。法帝与瑞王亲督战仗。有一名法国提督,在法帝左右,被炮打死。闻说,阿士地厘亚皇帝亦将御驾亲征,择于四月廿七日带兵离京城,云云。○现据花旗乌约新闻纸云:大清皇帝准赔补花旗国商人在粤城被烧洋行货物,银六十万两,已经收到十万两,云云。	鸦片贸易(进口) 湖丝贸易(出口) 鸦片、棉花价格。 意大利对奥地利统一欧战情形 清方赔偿美方银两	
第272号;接第270号	1859年7月28日(己未年六月廿九日)	四	闻说,英法两国战舰将往围困天津北河口与运粮河口,禁止船只出进。又闻,英法欲议罢各港口饷务,未知真否。○又闻,有火轮船一只,名“亚厘麻”,由望买载货往埃及国苏衣时埠,驶至红海,碰石打沉。船上各人与书信幸被三板救脱,得免葬于鱼腹。前任本港督员包大人亦在此船内回国,失去许多贵重物件。○又闻,在汕头地方,各外国商人聚集商议,禀请各国驻扎汕头领事官员,严办拐带男女出洋卖猪仔一案。○又闻说,黄宗汉大人定廿六日起程,进京请训。前任抚宪柏大人之灵柩定七月初五日由火船起程回旗,云云。	英法联军欲围困天津等 火轮船红海失事 严办拐带“猪仔” 柏贵后事灵柩等	

续表

序号	日期	星期	新闻	反映的问题	备注
第273号；接第272号	1859年7月30日（己未年七月初一日）	六	闻说，新任巡抚劳大人闻得天津北河口之事，明示商民，云：大沽之事，皇帝自然与英人妥理，与广东人无涉，各人宜贸易如常。如有滋事者，查出必将按律重办。〇又闻，红匪伪元帅陈金光在广宁县被其步(部)下人刹死。现在红匪尚据乐昌，如有货物过者，凡值银一两输税二钱，即放过关，并无阻止。〇现有两个字号新茶陆续到省城，云云。 兹据新金山新闻纸云：有唐人在便丁古坑打伤开铺番人一名，后因伤成病而死。故此番人憎恶唐人，甚至有番人无故将唐人殴打、驱逐。又闻唐人在砵非立埠，不肯纳住居地税。各处唐人聚集商议，停止掘金，不与番人交易，云云。 启者，未士么厘时，因此数日大雨连绵，故将澳系澳船出投之日改期，待天好即投，再字声明便是。己未六月三十日孖厘时启。 宁波新闻 去年十一月，英船赴汉口经南京，长毛开炮轰击，英还击之，坏伊炮台无数。返棹时，缘水浅难行，一船暂泊南京近处。长毛知英人不可玩视，假修和好，赍书是船，使奉英钦差，书词约云，七八年前天父与耶稣下降南京，因在天日有万几(机)不能兼理世务，特命太平王为天下主，畀以大权，赐以荣耀，扫清蛇魔，使无遗类。尔英人不信，可赴南京观光上国。我太平王荣华，万目共睹，群黎百姓皆仰事之。且云耶稣	广东地方就大沽口之战发告示 太平天国运动所涉地方起义军状况 新茶上市 在美掘金华工生活 船只遇雨改期 太平军活动及太平天国告英钦差书	

续表

序号	日期	星期	新闻	反映的问题	备注
第273号;接第272号	1859年7月30日(己未年七月初一日)	六	乃天父长子,次太平王,尔英邦又次之,谊关手足,理合天人,宜戮力同心,以勦大事。待蛇魔扫清后,尔英可归国,以安臣服,以藩王室。时英人见其书词倨傲且荒谬不经,故置而不答。予思长毛起事之初,人疑其教与耶稣教同。今观其书,知彼有天父、耶稣之名,实无天父、耶稣之理。其所以称之者,或采天主教人之说,煽惑愚人,使之从己,以邀成功耳……		
第277号;接第273号	1859年8月9日(己未年七月十一日)	二	于七月初七晚,颠地行火轮船名"洋子",由上海到港,带来该处信札,云:现在尚有一只大英火轮船,名"故路思亚",与两只根砵在天津口外。查说,上月英人往攻大沽炮台时,有十二名英兵被唐人捉去。现在天津官待之不薄。但据僧王爷奏章,只说捉得英人两名。花旗国公使大臣自从入了北河后,未闻如何。又闻,有一只法兰西船,名"加度路",泊扶桑口,收买猪仔,载往古巴岛夏华那埠作奴仆。故有番人棍徒上岸,或用甜言拐骗,或用气力强捉唐人下船,卖去番国为奴。虽有人禀告法兰西官知,法官置若罔闻。临近上海各处,多人被拐下船后,在船闹事。其船主与大伙用手枪打唐人数名。有四五十被拐之人见事如此,皆落海而走。逃生者一半,被溺者一半。故此,于七月初一日,各处唐人见有番人拐子,登即攻刹之。有数名拐子追至北头外国人所居之地。有英人未士李现任总理各口出入洋务税饷,见唐人将番人拐子刹	英兵被清军俘虏等;美国公使活动;拐卖"猪仔"及上海所涉中外纠葛	

续表

序号	日期	星期	新闻	反映的问题	备注
第277号；接第273号	1859年8月9日（己未年七月十一日）	二	戮，故来劝之。不料，有人持刀向他腹刺来，以致有肠流出。番人自后不敢出外远游。有许多唐人不识那(哪)个番人是拐子不是拐子。总之，不分清白，逢见番人在外，便叫打拐子而已。现查说，法国官驶一火船出扶桑口，将猪仔船名“加度路”带回上海审讯。船上各凶手理应定拟问吊，但未知法官如何审讯，且听下次火船定有宝音。现在，上海生意暂时停止，甚少买卖，又无人敢去番人处做管店并当水手之役，因恐被拐之故也。 初七晚，有望买火轮船到港，带来泰西新闻纸，云：法兰西与瑞典拿两国兵勇又获胜仗。阿士地厘亚之皇帝亦亲督战仗。是日，阿士地厘亚毙伤七八千人。法瑞两国获大炮三十大门，尽将阿士地厘亚炮台、营盘一切夺了。阿士地厘亚皇帝之大营亦被法人所夺，是晚法帝居之，云云。	意大利统一之对奥地利之战，所涉欧战情形	
第279号；接第272号	1859年8月13日（己未年七月十五日）	六	闻说，厦门地方于七月初四日酉刻有一朵光，大如斗，由海上腾起，直至天空，暂暂长大后，散开无数小火星、光云等类，然后不见。此火球，唐番俱见，未知唐人以此为吉凶之兆。 于七月十一日，柏抚台之灵柩由巡抚衙门迁往西关万寿宫。候有上谕到省，然后运柩回旗。是日，有英人差役在街巡查，闻有人□□。此差役却被许多唐人往观柏大人之丧礼者围紧。他即时发惊，开枪打伤一唐人，云云。	厦门海上火球奇观 柏贵灵柩后事	

续表

序号	日期	星期	新闻	反映的问题	备注
第281号	1859年8月18日(己未年七月二十日)	四	闻说,有船一只,名"咽云查",奉命前往加利吉打,载西竹黑兵五百名来粤守城。又闻,法兰西提督除留在安南守度郎细江埠,尽将法国船只、兵勇调回中国,北上会同英师。未知即往攻大沽,抑或在镇海调养,候该国上谕到,然后行事,云云。 兹因十八日风飓尽将未士亚非列之新戏棚吹去,打烂其中新奇变画之架生甚多。故于二十晚不能再演。特此声明可也。	英法军队调遣 飓风致新戏棚受损致演戏受阻,后有新闻纸馆广告	
第284号;接第277号	1859年8月25日(己未年七月廿七日)	四	闻说,于六月初九日,花旗公使在北坛(塘)河口与直隶总督恒大人相会。此北坛河离大沽不过三十里。恒大人对花旗公使云,上日在大沽地方与英法攻击,不过因英法人不由其门而入。大皇帝实欲与外国和好,但英人偏执,必要由大沽而入,用火船前进,拔去水闸铁柱,以致动起干戈。虽僧王得胜,亦非皇帝本意。恒大人又问花旗公使,英法钦差何往,为何不同贵公使一齐进京,云云。天津道宪送许多鸡鸭、果菜、米麦等类到花旗公使船上,花旗人送还各物价值,但差人丝毫不敢受。于六月廿一日,直隶总督接花旗公使上岸,并随员二十名、汉人书吏十名护送入京。 又闻,于六月十五日,有俄罗斯西比利亚省总督,名"么剌非厘",驾战船一只,名"亚美利",驾根砵数只,到北坛河口,有五六名俄官登岸拜候。该处地方官即时请车带文书入京,后于七月初三日出京,到北坛河口下船。花旗人问其来意。据伊云,俄	大沽口之战后 英、法、美与中国的外交	

续表

序号	日期	星期	新闻	反映的问题	备注
第284号;接第277号	1859年8月25日(己未年七月廿七日)	四	帝欲设一度铁线,由俄国至北京,用电气以通来往文书,云云。若此乃俄人来意,不必用如此多火船到北坛河,但恐其中必有别故,未可知也。	中俄外交	
第285号	1859年8月27日(己未年七月廿九日)	六	闻说,在花旗有一省,名"兔尔梳打",多出上好洋参。有一处地方名"澳多化",每人每日可获二十余磅,若每磅值银十个先时,即每人每日可得银二员余。又闻,近日有一只新西洋船到澳门,载来西洋兵一百五十名,以加增澳门兵数。又闻,俄罗斯皇帝已经招有四万余人,前来绥芬乌苏里河地方开耕、贸易。该地上年乃黑龙江、吉林所属,今被俄人据守,开耕、种植、设立墟市。因该处土人乃鞑子,俗不务农业,终日以游猎、牧畜牛羊为生,故无城池、墟市,云云。	美国出洋参 外国调兵到澳门 中俄外交,后有新闻纸馆广告	

说明:该件虽非源自不列颠图书馆,但史料涉及近代中英关系,意义重大。本书"上编"中录有笔者相关论著。此次将相关"新闻"专栏整体辑录、点校并汇总,供学界研判。

发信件簿

光绪二十五年八月　日

□北道台[①]钟　信一件

(直隶)通永协右营守备柴　信一件

(直隶)赵州营守备李　信一件

(直隶)宣化县正堂陈　信一件

(直隶)署深州正堂朱　信一件

(贵州开阳县)署开州协台黄　信一件

(直隶)元氏县正堂葛　信一件

(直隶)河间县正堂张　信一件

(直隶)延庆州正堂恽　信一件

(直隶)行唐县正堂刘 鸡泽县正堂张　信一件

(直隶)隆平县正堂王　信一件

(直隶)南和县正堂周　信一件

前　　　　陈
　　营游府　　　　信一件
右　　　　李

① 发信件簿中,官衔与姓氏之间均有空格,为便于排版,空格未保留。

管带练军右翼步队留直补用游府吴	信一件
管带练军左翼马队前营补用游府郝	信一件
管带海琛快船留营差遣前补用游府林	信一件
委带海华猎船前海军左翼中营游府饶	信一件

八月廿七日

(江苏南京)江宁藩台恩	信一件
(直隶)易州营游府满	信一件
(内蒙古多伦县)多伦诺尔协副戎胡	信一件
(直隶)大沽协前左营都阃府李	信一件
管带毅军飞云轮船即补千戎陆	信一件
调署闽浙督中军副戎王	信一封
(直隶)密云营都阃府桂	信一封
(直隶)广平府清军府杨	信一封
(直隶)顺德府清军府范	信一封
(直隶)雄县正堂胡	信一件
(直隶)井陉县正堂言	信一封
(直隶)丰润县正堂卢	信一封
(河北省)元氏县正堂孙	信一封
(直隶)良乡县正堂王	信一封
(直隶)清丰县正堂王	信一封
(直隶)唐山县正堂叶	信一封
山西河东道台杨	信一封
山东藩台张	信一封
奉天东边道台荣	信一封

八月廿九日

福建补用道聂 信一件

(直隶)大顺广道庞 信一件

(江苏)总办沪宁兼勘苏浙铁路江苏候补道潘 信一封

江苏候补道部 信一封

湖北荆州府正堂舒 信一封

福建福宁府正堂严 信一封

奉天锦州府正堂奎 信一件

(安徽蚌埠)帮办开平矿务即补分州吴 信一封

(直隶)管带淮军右翼前营前大沽前右营游府李 信一件

调署通协正营都阃府曹 信一件

帮统南洋自强军前登莱青镇章 信一件

管带武术中军前路右营补用游府徐 信一件

管带淮军右翼步队前右营尽先游府周 信一件

管带淮军右翼后营留直补用副戎卞 信一件

管带淮军右翼后左营留直尽先游府将 信一件

山永协中军左营都阃府岳 信一件

(直隶)管带大沽水雷营即补守府郭 信一件

(直隶)顺德府正堂恩 信一件

(奉天)营口清军府刘 信一件

清讼委员即补县正堂瞿 信一件

统领奉字左军记名提督胡 信一件

(直隶)宣化镇标中营游府倪 信一件

山东协台梁 信一件

提标右营游府松 信一件

(直隶)大沽协中右营都阃府王 信一件

浙江温州镇台刘 信一件

河南归德镇台蓝 信一件

代统武卫左军马	信一件
(直隶)宣化镇台陈	信一件
统领武术前军左路等营升用镇台杨	信一件
(安徽省)管带安徽省城练军定安炮营两江补用游府张	信一件
(直隶)大城县正堂徐	信一件
(直隶)文安县正堂王	信一件
(直隶)晋州正堂刘	信一件
(今福建省邵武市)神机营营务处前邵武府正堂董	信一件
(直隶)蓟州营都阃府谢	信一件
(直隶)三屯营游府宝	信一件
(直隶)丰润营都阃府张	信一件
忠顺营都阃府恩	信一件
提标前营游府松	信一件
(直隶)武强县正堂魏	信一件

九月初一日

(浙江)上海文报驻局委员浙江试用县左堂李	信一件
分统豫正右军前锋炮队马步各营记名镇台将	信一件
江苏抚标中军忝府常	信一件
(湖北)署理湖北郧阳镇台樊	信一件
(安徽)统领安徽精健等营两江补用副戎赵	信一件
(福建)前署福建福宁镇桐山营游府朱	信一件
安徽候补守府胡	信一件
安徽怀远县训导汪	信一件
署理山东东昌府冠县正堂程	信一件
河南大挑县正堂屈	信一件
署理山东高唐州正堂李	信一件

安徽舒城县正堂萧	信一件
办理轮船招商局前台湾道台顾 候补道台郑	信一件

九月初二日

（福建、浙江）署闽浙督标水师营守府吴	信一件
（江苏）办理船政驻沪采办事宜江苏补用州樊	信一件
（直隶）宁河县正堂李	信一件
（直隶）署平乡县正堂齐	信一件
（直隶）元城县正堂王	信一件
（直隶）保安州正堂荣	信一件
（直隶）栾城县正堂张	信一件
提标左营游府孙	信一件
（直隶）大名县正堂苗	信一件
仓场总督部堂长	信一件
（直隶）吴桥县正堂劳	信一件
（福建）泰宁镇中军游府瑞	信一件
山永协山海路游府奎	信一件
（直隶）枣强县正堂凌	信一件
（直隶）盐山县正堂铭	信一件
（直隶）庆云县正堂夏	信一件
（直隶）署静海县正堂曹	信一件
（直隶）易州正堂窦	信一件
（直隶）署内邱县正堂李	信一件
（今重庆市开县）开州都阃府尚	信一件

九月初三日

(直隶)大沽新关委员留直补用都司马	信一件
(直隶)尽先都司借补霸州营守府刘	信一件
顺天西路刑钱督捕分府刘	信一件
署固关营中军守府吴	信一件
陕西藩台李	信一件
江西藩台张	信一件
(直隶)保定协台张	信一件
(湖北)江汉关道岑	信一件
调署杭嘉湖道陈	信一件
江苏督粮道罗	信一件
福建兴泉永道恽	信一件
湖南督粮道但	信一件
江苏候补道马	信一件
署江苏苏松太道曾	信一件
办理江西督销淮盐局江苏候补道达	信一件
会办全省营务处山东候补道崔	信一件
(直隶)大名府正堂吴	信一件
(直隶)永平府正堂重	信一件

九月初四日

(直隶)密云副都信	信一件
安徽宁国府正堂桂	信一件
湖北即补道刘	信一件
江苏即补道松	信一件
办理芦保正定铁路候补道孙	信一件
清河道高	信一件
即补道台卫	信一件

调署山东兖州府正堂洪　信一件

奉天候补府正堂福　信一件

（内蒙古多伦县）多伦诺尔抚民府冯　信一件

候补道叶　信一件

（直隶）调署武清县赵　信一件

湖北候补府盛　信一件

（直隶）大沽协后左营守府龚　信一件

（直隶）署肃宁县正堂赵　信一件

（直隶）署永清县正堂杨　信一件

（直隶）武邑县正堂王　信一件

务关路参府柯　信一件

（直隶）置（署）邯郸县正堂钟　信一件

（直隶）置（署）天津镇右营游府刘　信一件

（直隶）置（署）保定县正堂郑　信一件

（直隶）调补万全县正堂吴　信一件

务关路中军守府夏　信一件

（直隶）保定营务处前江南苏松道鲁　信一件

（直隶）饶阳县正堂汪　信一件

（直隶）杨村分府时　信一件

（直隶）署望都县正堂孙　信一件

（直隶）署高阳县正堂周　信一件

统领嵩武亲军中军三营遇缺题奏提台尤　信一件

河南河北镇台孙　信一件

管带福建福强军左路后营即补镇潘　信一件

四川川北镇台初　信一件

统领安徽澄清长庆等营两江补用府参徐　信一件

九月初六日

长江水师提督黄	信一件
管带练军右翼马队中营即补协台王	信一件
(直隶)紫荆关参府沙	信一件
(直隶)祁口营守府李	信一件
(直隶)署长垣县正堂赵	信一件
府西贵县缉私委员华	信一件
署福建建宁镇台敖	信一件
(直隶)景州营连镇泛分府陈	信一件
北塘营游府孔	信一件
江苏候补县施	信一件
(直隶)宣化镇龙门路都司张	信一件
(直隶)署涞水营守备孙	信一件
倒马关都司岳	信一件
长江水师华阳营前哨守备营守府(调署金陵)张	信一件
(直隶)大沽协中左营都阃府金	信一件
(直隶)宣化镇左营游府李	信一件
湖北提标中军忝府杨	信一件
前山东补用协台王	信一件
湖北提标左营游府丁	信一件
直隶藩台廷	信一件
署江西臬台周	信一件
(直隶)热河道台福	信一件
湖北督粮道谭	信一件
奉天记名道王	信一件
(直隶)正定府正堂吴	信一件

九月初七日

吉林将军长　信一件
（直隶）署柏乡县正堂戚　信一件
（直隶）署临城县正堂宝　信一件
（直隶）署新乐县正堂福　信一件
（直隶）景州正堂王　信一件
（直隶）南乐县正堂恭　信一件
（直隶）磁州正堂许　信一件
（直隶）阜城县正堂王　信一件
（直隶）调署灵寿县正堂张　信一件
（直隶）望都县正堂李　信一件
（直隶）曲阳县正堂周　信一件
（直隶）交河县正堂龚　信一件
（直隶）盐山县正堂铭　信一件
（直隶）署威县正堂胡　信一件
（直隶）署肥乡县正堂陈　信一件
（直隶）宣化府正堂李　信一件
（直隶）高邑县正堂高　信一件
（直隶）广平府正堂岑　信一件

九月初八日

管带湖北襄防马队营补用游府李　信一件
管带练军右翼马队副中营即补参府张　信一件
管带武卫前军先锋马队前营即补都阃府纪　信一件
（江苏）南洋兵轮营务处调补川沙营忝府徐　信一件
统兵武卫中军前路广东高州总镇张　信一件

管带海龙猎船即补都阃府黄	信一件
(直隶)泰宁镇标紫荆关属白石口都司田	信一件
(直隶)署任县正堂沈	信一件
(直隶)调署故城县正堂王	信一件
(直隶)置(署)三河县正堂郑	信一件
(直隶)新河县正堂张	信一件
(直隶)调署藁城县正堂贵	信一件
(直隶)署南皮县正堂陈	信一件
办理武卫中军前路文案曹	信一件
安徽本任徽州营休宁守备姬	信一件
(奉天)盛京将军衙门兵司掌印协领达	信一件

九月初九日

(直隶)热河都统色	信一件
(直隶)邢台县正堂张	信一件
(直隶)玉田县正堂陈	信一件
(直隶)赞皇县正堂盛	信一件
(广东)潮南镇篁镇台周	信一件
江苏淮扬镇台潘	信一件
江苏候补府正堂孙	信一件
(直隶)保定府正堂沈	信一件
湖北襄阳府正堂锡	信一件
(直隶)署安州正堂洪	信一件
(直隶)新城县正堂谢	信一件
(直隶)署永平府理事厅桂	信一件
(直隶)易州正堂窦	信一件
山西大同镇台胥	信一件

江西九江镇台宋　信一件
独石口协台黄　信一件
浙江象山协台文　信一件

九月初十日

统领武卫中军后路甘肃宁夏镇田　信一件
（直隶）固关营参府张　信一件
统领武卫前军即补副将周　信一件
两江督标中军协台王　信一件
（直隶）大名镇中军游府郑　信一件
（直隶）河间协台玉　信一件
（直隶）广平府正堂吴　信一件
（直隶）赵州正堂孙　信一件
（直隶）石景山清军府张　信一件

九月十一日

直隶藩台廷　信一件
管带练军右翼马队后右营即补直隶州徐　信一件
（直隶）广平府清军府杨　信一件
（直隶）广平府正堂岑　信一件
（直隶）顺德府清军府范　信一件
顺天南路厅分府赵　信一件
办理山东青胶电报局前山西候补县张　信一件
（直隶）遵化州正堂陈　信一件
张湾营都阃府耿　信一件
（直隶）通永镇中军游府陈　信一件
管带海容即补游府曹　信一件

(直隶)怀柔城都阃府项	信一件
管带练军右翼步队后营张	信一件
(内蒙古多伦县)多伦诺尔协中军都阃府熊	信一件
(直隶)大名镇标右营都司谢	信一件

九月十二日

(直隶)大名镇中营中军守府崔	信一件
练军右翼步队前营即补都司陶	信一件
办理湖北沔阳州新堤牙厘局候补州正堂俞	信一件
(直隶)大兴县正堂谢	信一件
陕西汉中镇孙	信一件
(直隶)冀州正堂赵	信一件
(河北唐山)署乐亭县正堂石	信一件
(直隶)管带东明河南堤河防营记名镇韩	信一件
(直隶)东明营都司米	信一件
河南陕州厘局即补府宋	信一件
福建洋务总局即补道台陈	信一件

九月十四日

安徽藩台汤	信一件
湖南衡州府正堂裕	信一件
(直隶)大名镇台王	信一件
(直隶)元氏县正堂葛	信一件
(直隶)正定府正堂吴	信一件
(安徽)办理皖练营务处兼带定安右营两江即补协台陈	信一件
(福建)统领福建福强水陆全军建宁镇台钟	信一件
浙江金华县正堂黄	信一件

署理江苏淮扬海道台丁　　信一件
即补县正堂张　　信一件
统领武卫右军马队第一营记名镇台任　　信一件
浙江藩台恽　　信一件
署江苏藩台陆　　信一件
江西即补道台王　　信一件
河南南汝光道朱　　信一件
浙江宁绍台道台李　　信一件

九月十六日

出使韩国大臣徐　　信一件
奉天金州海防分府马　　信一件
江南苏州府正堂彦　　信一件

（编者按：上、下条记录之间有两整页，被撕去）

新授长芦运使山西河东道杨　　信一件
署理福建盐法道杨　　信一件
安徽寿春镇郭　　信一件
署理湖南宁乡县正堂郑　　信一件
湖北武备学堂译绘委员王　　信一件
江苏常镇通海道长　　信一件
署理湖北藩台瞿　　信一件
福建汀漳龙道荣　　信一件

九月十八日

直隶藩台廷　　信一件

办理江西吉安牙厘局即补府正堂檀　信一件
办理江西义宁州渣津缉私长湖北即补分府江　信一件
办理安徽皖南茶厘局江苏即补道李　信一件
督办军务浙江臬台李　信一件
湖北武昌府正堂逄　信一件
浙江嘉兴府正堂宗　信一件
浙江运台世　信一件
调署浙江温处道王　信一件
浙江金衢严道台鲍　信一件
江苏即补道钱　信一件
江西即补道卢　信一件
龙泉关都阃府秀　信一件
浙江督粮道郑　信一件
安徽徽宁池太广道吴　信一件
江西临江府正堂斌　信一件
浙江候补府正堂常　信一件
福建陆路提台程　信一件
署理福建臬台胡　信一件

九月廿日

江西赣南道台涂　信一件
湖南辰永沅靖道台庄　信一件
拱极营游府李　信一件
旧州莒守府李　信一件
（广东阳春市）马水口都司何　信一件
（广东省佛山市）顺德营游府丁　信一件
（直隶）良乡营守府吴　信一件

统领安徽淮河长字营水师即补游府沈　信一件

九月廿一日

兼署杭州将军杭州副都统玉　信一件

新授山西巡抚部院王　信一件

（山东潍坊）青州副都统锡　信一件

（福建广东）署理闽粤南澳镇台万　信一件

（直隶）顺天府治中王　信一件

安徽寿春镇郭　信一件

（南京）办理金陵机器制造局即补道吴　信一件

江西湖口镇台许　信一件

九月廿二日

直隶藩台廷　信一件

前翰林院侍读学士洛　信一件

（南京）办理金陵下关制验卡江南即补道松　信一件

（吉林）总办吉林三姓矿务记名海关道宋　信一件

（安徽）统领安徽省城练军记名提台韩　信一件

（福建）福州海防清军府温　信一件

山东胶州正堂张　信一件

（辽东）管带营口海防马步练军乔　信一件

九月廿三日

新授贵州臬台陈　信一件

（福建）管带镇海轮船留闽补用协台汪　信一件

署深山州正堂朱　信一件

（直隶）署清河县正堂张　信一件

(直隶)署南宫县正堂吕	信一件
(直隶)代理蔚州正堂陈	信一件
(直隶)署涞水县正堂江	信一件
(福建)武卫中军营务处福州副都统奇	信一件
管带镜清兵轮江苏候补游府董	信一件
办理安徽宣城渡厘卡候补直隶州吴	信一件
安徽候补县袁	信一件
湖北宜昌镇台傅	信一件
管带奉字左军后营即补都阃府张	信一件
管带淮军左翼步队右营马	信一件
管带练军左翼马队后营周	信一件
湖南岳州镇标中营都司王	信一件
营口海防清军府刘	信一件
(直隶)怀安县正堂张	信一件

九月廿四日

(直隶)新授永定河道台荣	信一件
武卫左军总理稽查营务处即补协台王	信一件
管带淮军右翼马队副中营即补副都司何	信一件
帮办江南自强军营务处记名镇台张	信一件
督办江南机器制造局直隶即补道林	信一件
督办沙漠洲沿江缉私江苏即补道范	信一件
河南厘税总局即补道许	信一件
湖北安襄郧荆道扎	信一件
浙江海门镇台余	信一件
署湖北汉镇专汛都司陈	信一件
本署先锋官即补协台段	信一件

(江苏扬州)长江水师瓜州镇高	信一件
(直隶)东明县正堂罗	信一件
(直隶)三河县正堂郑	信一件
(直隶)怀柔县正堂吴	信一件
(直隶)怀安县正堂张	信一件
(直隶)雄县正堂胡	信一件
(直隶)大沽协前右营游府李	信一件
武卫右军翼分统记名镇台龚	信一件
江南吴淞营轮船都阃府龚	信一件
(直隶)署广宗县正堂张	信一件
安徽游兵营游府莫	信一件

九月廿六日

湖北汉阳协台张	信一件
湖北黄梅县正堂宗	信一件
(直隶)署理建昌县正堂崇	信一件
(直隶)署理赤峰县正堂锳	信一件
湖南抚标中军参府景	信一件
署理江西广信营参府李	信一件
湖南绥靖镇陈	信一件
统领福建福毅全军漳州镇台洪	信一件
劝办湖北江苏赈捐前湖北候补府韩	信一件
帮办福建船政提调候补府孙	信一件
督办黑龙江漠河等处矿务直隶候补道徐	信一件
署理福建船政提调广西候补道魏	信一件
办理湖南督销淮盐局务江苏题奏道杨	信一件
奏派出洋肄业局监督江苏候补府正堂吴	信一件

九月廿七日

直隶藩台廷	信一件
奉天候补道景	信一件
署理福建督粮道何	信一件
署理湖南臬台湍	信一件
办理东省铁路记名提台周	信一件
管带福建福锐中军右营即补协台张	信一件
署理安徽徽州营参府牛	信一件
(福建浙江)管带福锐中军左营闽浙即补协台丁	信一件
浙江温州镇标中军游府胡	信一件
福建福宁镇标水师左营游府何	信一件
安徽潜山营游府陆	信一件
管带练军左翼步队即补参府巩	信一件
分统武卫后军甘军前军福建汀延邵镇何	信一件
本任福建桐山营游府志	信一件
署理浙江海宁州正堂汪	信一件
办理安徽和州厘卡候补州正堂王	信一件
浙江温台玉环分府吴	信一件
办理扬属运河堤工局江苏候补道马	信一件

九月廿八日

出使日本大臣李	信一件
两淮运台汪	信一件
署福建藩台周	信一件
安徽怀远县正堂杨	信一件
湖北钟祥县正堂徐	信一件

安徽蒙城县正堂张　信一件
广东新会县正堂左　信一件
十月初一日

(直隶)定州正堂朱　信一件
(直隶)祁州正堂丁　信一件
(湖南)长沙协台崧　信一件
郑家口营游府于　信一件
安徽无为州正堂朱　信一件
管带练军马队右营记名镇台周　信一件
福建总理营务处即补道台孙　信一件
办理湖北新堤牙厘专局即补州俞　信一件
十月初二日

戊安县正堂文　信一件
(直隶)南皮县正堂陈　信一件
(直隶)遵化营游府常　信一件
福建船政文案候补县正堂沈、高　信一件
湖广督中协台俞　信一件
(山西)马兰镇中军游府常　信一件
河间协右营守府卫　信一件
奉天宁远州正堂陈　信一件
湖北候补州正堂英　信一件
十月初三日

安徽铜陵县训导齐　信一件
署广昌县正堂唐　信一件

(直隶)署东明县正堂罗	信一件
(直隶)新乐县正堂孙	信一件
办理湖北营务处候补道台张	信一件
(福建)署理泰宁镇属沿河口都阃府赵	信一件
(福建)署理泰宁镇属马水口都阃府何	信一件
调署四川盐茶道长	信一件
	十月初六日
(江苏南京)江宁织造增	信一件
江苏苏松太道余	信一件
	十月初七日
署四川提台夏	信一件
浙江候补府常	信一件
	十月初八日
山东抚台毓	信一件排单
	十月十一日
(新疆伊犁)塔尔巴哈台参赞大臣伊犁副都统春	信一件
奉天锦县天桥丁巡政厅耿	信一件
浙江乐清协台白	信一件
湖广督标左营游府刘	信一件
奉天海城县正堂钱	信一件
独石口抚民分府潘	信一件
	十月十二日

直隶提督聂 信一件专差

十月十三日

委办四川金堂厘局即补州正堂熊 信一件
委带琛航轮船即补分县林 信一件
（浙江）管带闽浙督辕亲军卫队浙江太平营参府唐 信一件
紫荆关属广昌营都阃府表 信一件
提标中军参府沈 信一件
（河北省西部）正定府阜平县正堂张 信一件
长芦批验场正堂许 信一件
（直隶）永平府分府桂 信一件
河南许州委员即补县正堂罗 信一件
天津海防分府吴 信一件
河务关分府左 信一件
北路厅分府沈 信一件
（直隶）易州理事分府文 信一件
福州城守协台姜 信一件
（蒙古）库伦办事大臣丰 信一件
指分江苏候补道台欧阳 信一件
管带练军左翼马队前左营即补游府刘 信一件

十月十四日

甘肃兰州道黄 信一件
（辽宁）奉天义州正堂高 信一件
（直隶）清丰县正堂王 信一件
稽征永平属土乐落地税局委员即补县曹 信一件
（湖北）办理宜施电报局湖北即补府正堂黄 信一件

(江苏)办理吴淞沙钓船捐江苏补用州正堂文	信一件
长芦蓟永盐运分司谢	信一件
安徽抚标中衡参府齐	信一件
江西即补道增	信一件
湖北黄州府武黄分府陈	信一件
管带湘军南字右旗记名总镇唐	信一件
管带淮军左翼步队前右营补用参将府任	信一件
管带直隶练军右翼马队中营王	信一件
署理河屯协刘	信一件
(直隶)广平营游府王	信一件
(北京)永定河南岸分府程	信一件
(直隶)元城县正堂王	信一件
	十月十五日

(直隶)代理通州正堂高	信一件
(直隶)代理完县正堂王	信一件
(直隶)署保定县正堂郑	信一件
奉天辽阳州正堂陈	信一件
安徽凤阳府正堂冯	信一件
总办金陵军械所江苏候补道杨	信一件
襄办江南制造局江苏候补府张	信一件
襄办江南制造局江苏候补道许	信一件
	十月十八日

两江总督刘	信一件
	十月十九日

两江总督刘 信一件
文渊阁大学士荣 信一件
浙江提督马 信一件
十月廿日

文华殿大学士李 信一件由邮政局寄
奉天承德县正堂增 信一件
四川重庆镇吕 信一件
(直隶)通永镇台李 信一件
十月廿六日

文渊阁大学士荣 信一件
(直隶)武邑县正堂王 信一件
(直隶)丰润县正堂卢 信一件
十月廿七日

河南藩台景 信一件
河南臬台廷 信一件
河南开归陈许道穆 信一件
江西广饶九南道明 信一件
山海关道台明 信一件
湖北汉阳府正堂余 信一件
奉天驿巡道志 信一件
薛州正堂李 信一件
湖南宁乡县正堂郑 信一件
安徽颍州府分府周 信一件
八沟营参府德 信一件

(直隶)保定府正堂梁	信一件
候选县本衙门笔帖式明	信一件
候补县正堂陆	信一件
(直隶)定州正堂朱	信一件
	十月廿九日
两江总督刘	信一件
武卫全军翼长姜	信一件
总理衙门公	信一件
	十一月初三日
江西抚台松	信一件
	十一月初四日
总理衙门公	信一件
(直隶)保定正堂沈	信一件
	十一月初五日
直隶藩台廷	信一件
办理练饷营务兼蚕桑局候补道卫	信一件
(直隶)莲池书院吴	信一件
顺天学台张	信一件
两江制台刘	信一件
湖北提台关	信一件
江南提台李	信一件
长江水师提台黄	信一件
福建陆路提台程	信一件

直隶提台聂 信一件
督办洋镇铁路大臣张 信一件
十一月初六日

直隶提台聂 信一件
永定河道荣 信一件
督标中军协台张 信一件
省辕幕府陈 信一件
安徽抚院幕府顾、俞 信一件
江苏试用道祥 信一件
江苏苏松太道余 信一件
湖北候补州刘 信一件
办理上海清文工程务局江苏候补道沈 信一件
（直隶）办理开平矿务局候补选道台周 信一件
统领毅字前军记名提台程 信一件
候补道台王 信一件
江苏候补道台沈 信一件
湖北试用府黄 信一件
办理安徽宣城东门渡厘卡候补直隶州吴 信一件
中军参府张 信一件
督办卢汉铁路大臣盛 信一件
总统武卫左军四川提台宋 信一件
代统武卫左军浙江提台马 信一件
江苏候补通判丁 信一件
署正定镇何 信一件
候补府正堂梁 信一件
候补道台卫 信一件

(直隶)宣化府正堂李	信一件
(直隶)河间府正堂如	信一件
(直隶)保定府正堂沈	信一件
安徽舒城县正堂萧	信一件
安徽滁州正堂熊	信一件
热河道台福	信一件
	十一月初十日
练饷局候补道叶、卫	信一件
	十一月十一日
候补沿河知县吴	信一件
候补直隶州正堂吴	信一件
武卫中军前路后营文案候选县左堂曹	信一件
江苏候补知州徐	信一件
前台湾候选道郑、顾	信一件
统领湖北州字全军记名提督周	信一件
(直隶)广平府正堂岑	信一件
(直隶)顺德府正堂恩	信一件
(直隶)定州正堂朱	信一件
(直隶)赵州正堂孙	信一件
(直隶)大名府正堂吴	信一件
候补道孙	信一件
候补道鲁	信一件
安徽候补直隶州屈	信一件
湖北抚标中衡参府璞	信一件
安徽即补州钱	信一件

记名提台姜	信一件
福建船政沈	信一件
署安徽徽州府正堂许	信一件
福建候补府正堂孙	信一件
统领安徽练军记名提台韩	信一件
署福建督粮道何	信一件

十一月十二日

直隶提台聂	信一件
办理福建银圆局浙江候补府孙	信一件
福建补用道陈	信一件
四川补用道吴	信一件
湖北即补道徐	信一件
江苏候补道松	信一件
江苏试用县多	信一件
寿天补用道徐	信一件
湖北黄州协台马	信一件
(直隶)通永镇台李	信一件
(直隶)宣化镇台陈	信一件
署湖北郧阳镇台樊	信一件
安徽和州厘卡即补直隶州工	信一件
前奉天营清军府章	信一件
(直隶)马兰镇奎	信一件
(河北省)大名镇王	信一件
(直隶)锦州副都统绳	信一件
江苏苏松太道台余	信一件
(直隶)保定城守尉奎	信一件

(直隶)永平府正堂重	信一件
(直隶)元城县正堂王	信一件
(直隶)饶阳县正堂汪	信一件
(直隶)盐山县正堂铭	信一件
(直隶)大名县正堂苗	信一件
安徽宁国府分府钱	信一件
	十一月十三日

程杨聂马四大人公	信一件 外封送提台
安徽宣城县正堂陈	信一件
湖北兴国营参府唐	信一件
(直隶)清丰县正堂王	信一件
(直隶)元城县正堂王	信一件
(直隶)卢龙县正堂乐	信一件
两江督捕府林	信一件
(直隶)永清县正堂杨	信一件
(直隶)吴桥县正堂劳	信一件
(直隶)抚宁县正堂罗	信一件
(直隶)西宁县正堂张	信一件
(直隶)安平县正堂王	信一件
(直隶)赞皇县正堂盛	信一件
(直隶)南乐县正堂茶	信一件
(直隶)获鹿县正堂谢	信一件
(直隶)井陉县正堂言	信一件
(直隶)高邑县正堂高	信一件
(直隶)永年县正堂张	信一件
(江苏)江南徐州镇刘	信一件

(云南)武卫右军全军翼长前云南临元镇姜	信一件
(直隶)承德府正堂英	信一件
署奉天昌图府正堂陈	信一件
山东运河道罗	信一件
办理淮北督销江苏补用道曾	信一件
办理江南水师学堂江苏候补道柯	信一件
(直隶)杨村督粮府特	信一件
(直隶)元城县正堂王	信一件
(直隶)元氏县正堂葛	信一件
委办香港文报局即补分县梁	信一件
署江苏淮扬道台丁	信一件
江西督粮道台李	信一件

十一月十四日

户部正堂军机大臣王	信一件
总统武卫左军四川提督宋	信一件
(江苏南京)江宁藩台恩	信一件
(直隶)南和县正堂周	信一件

十一月十五日

(江苏)江南织造部堂增	信一件
江苏候补直隶州文	信一件
新授天津府遗缺知府戴	信一件
调署奉天锦县正堂增	信一件
办理安徽军械所候补州正堂彭	信一件
新授奉天锦州府正堂文	信一件
署理奉天昌图府正堂福	信一件

署福建兴化协台丁 信一件
四川建昌镇台闪 信一件
湖北黄冈县正堂杨 信一件
(直隶)署肥乡县正堂陈 信一件
(内蒙古多伦县)多伦诺尔抚民厅唐 信一件
帮统南洋自强军章 信一件
(直隶)保安州正堂荣 信一件
(直隶)行唐县正堂刘 信一件
(直隶)署通州协台郭 信一件
安徽徽州营休宁泛守府姬 信一件
(直隶)深泽县正堂续 信一件
(直隶)署密云县正堂鲁 信一件
(直隶)署内邱县正堂李 信一件
(直隶)灵寿县正堂张 信一件
(直隶)景州正堂王 信一件
(直隶)署沙河县正堂俞 信一件
(直隶)涿州正堂龚 信一件
(直隶)大城县正堂徐 信一件
(直隶)宁河县正堂李 信一件
(直隶)良乡县正堂王 信一件
(直隶)广平县正堂吴 信一件
(直隶)邢台县正堂张 信一件
(直隶)饶阳县正堂汪 信一件
(直隶)衡水县正堂吴 信一件
署理都县正堂孙 信一件
(直隶)署任县正堂沈 信一件
(直隶)元氏县正堂葛 信一件

(直隶)新河县正堂张 信一件

(直隶)怀安县正堂张 信一件

(直隶)唐山县正堂叶 信一件

(直隶)固安县正堂王 信一件

(直隶)署蔚州正堂李 信一件

(直隶)曲扬(阳?)县正堂周 信一件

十一月十六日

分统淮军右翼梅 信一件

(直隶)正定县正堂戴 信一件

(直隶)玉田县正堂陈 信一件

(直隶)清河县正堂张 信一件

(直隶)署献县正堂吴 信一件

(直隶)东鹿县正堂马 信一件

怀来县正堂吴 信一件

(重庆)署开州正堂唐 信一件

(直隶)署唐县正堂熊 信一件

(直隶)新乐县正堂孙 信一件

(直隶)万全县正堂吴 信一件

(直隶)署东明县正堂罗 信一件

(直隶)署柏乡县正堂戚 信一件

(直隶)署赤城县正堂金 信一件

(直隶)署邯郸县正堂钟 信一件

十一月十七日

山东候补道崔 信一件

河南河北镇孙 信一件

统领东字正军前左右三营升用镇马	信一件
(直隶)磁州正堂许	信一件
(直隶)晋州正堂刘	信一件
(直隶)署长垣县正堂赵	信一件
(直隶)广平府二府杨	信一件
(直隶)顺德府二府范	信一件
张家口抚民同知沈	信一件
(直隶)正定府同知张	信一件
(直隶)大名府管河同知王	信一件
署赤城县正堂金	信一件
(直隶)肃宁县正堂巢	信一件
(直隶)广平府分府杨	信一件
(直隶)调署南宫县正堂吕	信一件
署良乡县正堂张	信一件
办理矿务局提调四川候补府正堂李	信一件
江苏补用道乔	信一件
	十一月十八日

(贵州)调补贵州镇远镇总兵杨	信一件
(江苏)委办金陵聚宝门稽查江苏即补分府丁	信一件
(江苏)办理吴淞清文会文局江苏候补道沈	信一件
安徽即补直隶州正堂英	信一件
(直隶)芦台场正堂周	信一件
(直隶)山海关督粮府谢	信一件
(直隶)龙门县正堂张	信一件
(直隶)香河县正堂何	信一件
(直隶)栾城县正堂张	信一件

福建臬台周	信一件
湖北汉阳府正堂余	信一件
	十一月十九日
分统武卫右军右翼记名镇台龚	信一件
分统淮军右翼梅	信一件
奉天复州正堂郑	信一件
福建补用道台聂	信一件
直隶藩台廷	信一件
直隶臬台廷	信一件
四川重庆镇台吕	信一件
河南河北镇孙	信一件
督办黑龙江镇河矿务候补道徐	信一件
署安徽徽州营参府牛	信一件
云南盐法道普	信一件
（广西）办理浔州厘局广西试用府张	信一件
署广西左江道何	信一件
前云南按察使兴	信一件
署安徽建平县正堂汪	信一件
山东登莱青道台李	信一件
两江即补参府徐	信一件
江西九江镇台宋	信一件
（广东省西南部）管带武卫中军前路后营高州镇张	信一件
（四川宜宾）江安督粮道台吴	信一件
安徽即补直隶州正堂英	信一件
前福建台湾鹿港分府蔡	信一件
江苏粮储道罗	信一件

湖北武昌府正堂逄	信一件
委办武卫中军粮饷处即补道台聂	信一件
湖北布政使瞿	信一件
(辽宁)奉天铁岭县正堂杨	信一件
(直隶)奉锦山海关道明	信一件
(直隶)山海关副都统斌	信一件
	十一月廿日

(直隶)无极县正堂王	信一件
(直隶)涞水县正堂江	信一件
(直隶)东光县正堂春	信一件
(直隶)定兴县正堂钱	信一件
(直隶)完县正堂王	信一件
(直隶)易州正堂窦	信一件
(直隶)安州正堂洪	信一件
(直隶)隆平县正堂王	信一件
(直隶)高阳县正堂周	信一件
(直隶)南皮县正堂陈	信一件
(直隶)静海县正堂曹	信一件
(直隶)清苑县正堂陈	信一件
(直隶)阜平县正堂张	信一件
(直隶)武清县正堂赵	信一件
(直隶)威县正堂胡	信一件
	十一月廿二日

(直隶)满城县正堂郭	信一件
(直隶)安肃县正堂云	信一件

(直隶)长芦批验厅许	信一件
(直隶)河间府分府邵	信一件
(直隶)任邱县正堂王	信一件
(直隶)三河县正堂郑	信一件
(直隶)宁津县正堂祝	信一件
(直隶)宁晋县正堂胡	信一件
(直隶)庆云县正堂夏	信一件
(直隶)交河县正堂龚	信一件
独石口协台黄	信一件
神机营务处前福建邵武府正堂董	信一件
(直隶)委办顺德内邱临城矿务候选正郎钮	信一件
前营游击陈	信一件
(直隶)雄县正堂胡	信一件
湖北汉镇都阃府陈	信一件
拱极营游府李	信一件
(直隶)保定县正堂郑	信一件
(直隶)容城县正堂俞	信一件
(直隶)武邑县正堂王	信一件
(直隶)永平府理事分府桂	信一件
长芦严镇场盐课厅衡	信一件
	十一月廿五日
分统淮军右翼梅	信一件　专马
	十一月廿六日
(直隶)代理盐山县正堂孙	信一件
(北京)署理通州正堂高	信一件

(直隶)平乡县正堂朱	信一件
(直隶)大名县正堂苗	信一件
(直隶)曲周县正堂齐	信一件
(直隶)署理顺天府南路分府吕	信一件
安徽怀远县正堂杨	信一件
(直隶)博野县正堂陈	信一件
江西督粮道李	信一件
办理奉天锦州府矿务捐局候补分府杨	信一件
(江苏)办理江南机器制造局直隶候补道林	信一件
(直隶)密云副都统信	信一件
	十一月廿七日

分统淮军右翼梅	信一件
大学士荣	信一件
	十二月十一日

来往文书

文书　照会　照覆

钦差大臣广州将军红带子伊，为照会事。

本大臣自浙赴粤行至江西途次。接准[1]

贵公使十月二十二日所发照会一纸。内开

英国难民在台湾遇风，被台湾镇总兵妄称争战，俘获多人，贪功妄杀等情前来。本大臣即拟缮折恭奏。旋于十一月二十六日接据两江总督耆咨开：所有

贵公使前叙各情，业将如果实系遭风难民，天朝法令必将达洪阿重治其罪等情，据实入告。本大臣无须重复具奏。此时两江总督折早到京，不日必有谕旨。贵公使不必急迫，自应静候。本大臣现惟江西水路浅涸，难行，即由江西之万安县起早（旱）以期迅速到粤，面议通商税饷事宜，早为开关贸易，以结两国和好大局可也。为此照覆，并两江总督照会一件。均希贵公使查照并，并祁俱即见覆。须至照覆者

右　　照　　覆

钦奉全权公使大臣男爵璞

---

① 原文在此处换行，后文同，不再一一说明。

道光二十二年十一月二十七日

大清太子少保两江总督部堂宗室耆， 为

照覆事。前接

贵公使来文，当将本部堂钦奉

谕旨会办闽浙江苏等省通商事宜，并与

钦差大臣广州将军伊会商粤省与亲赴粤无异缘由

备文照覆，由

钦命浙江宁绍台道递交定海转递，计已接到矣。兹又准贵公使文称，英国遭风难民被台湾妄行冒(冒)有争战俘获之功，狼行混杀，恳奏明

皇帝圣鉴等因。查台湾所获英人，如果实系遭风难民冒功妄杀，不特贵公使心有不平。而两国既经和好，英人亦系我之赤子，

无辜受罪，

大皇帝必然天威震怒，本部堂亦属同深忿恨。惟前接福建来文，台湾正法英人，系在本年五月，乃两国未经和好以前之事，与和好以后之遭风难民，微有区别。即如九月间英国遭风难民二十五人，即经台湾救起交与去船带回。足见

和好之义。况

贵公使前此要约三端，曾有得此三者其余事端不难善定之语。今三者既定，则此事即在其余之列，似应依言善定。未便因其余之事，致伤两国和好。至台湾镇总兵达洪阿以难民为俘获，冒功妄杀，本部堂业据来文，据实奏参。一俟审讯得实，

大皇帝必将重治其罪，以昭天朝法令。总之和好已定，急须筹议通商，彼此不必记恨。从此贵公使亦不必虑及再有后患。是为切要。贵公使素称解事，亦定必以所言为然。今贵公使现赴粤东，自应专心办理通商税饷事宜。

乃实两国之幸也。为此照覆，并敬请

贵公使福禧靡暨。须至照会者

右　　照　　会

大英钦差奉全权公使大臣世袭男爵璞

道光二十二年十一月十三日

钦差大臣广州将军前协办大学士伊，

行抵粤省，邀约晤叙事。窃照本大臣现在已过韶关，计期十二月上旬定可行抵省城，赍有大皇帝密寄及

御宝钤纸等件。即请

钦奉贵全权公使大臣内渡，以便定地订期相会。缘系

紧要言语，必须面见告知，不便载之文书，专弁邀约期会。并希将内渡日期先行见覆。为此照会，兼候荣祉不一。须至照会者

右　　照　　会

钦奉全权公使大臣男爵璞

道光二十二年十二月初六日

大清钦差大臣广州将军前协办大学士伊，

钦命太子少保兵部尚书两广总督部堂祁，为连衔照会定

地定日相见事。窃本大臣前经差寄约期见面之照会，计已得登

澄鉴。兹本大臣于初九日行抵省城，十一日接受广州将军印务。现在与

督部堂

抚部院专候

贵全权公使大臣内渡有日。见覆文到日，本大臣等即拟前赴黄埔，同登贵船相见，本大臣有宣示

谕旨给

贵公使大臣敬领重事。本督部堂及

抚部院亦有面议之事。即祈

贵公使大臣定于何日会晤，是否即在黄埔

贵船上相见之处，均希覆文，以便会同前往。伫切望切。须至照会者

右　　照　　会

大英钦奉全权公使大臣男爵璞

道光二十二年十二月十二日

钦差大臣广州将军前协办大学士红带子伊，

钦命太子少保兵部尚书总督两广部堂祁，为照覆事。

顷接

贵全权公使大臣十二日照会，知本大臣已于初九日行抵省城，会同本部堂邀约在于黄埔晤叙。请祁内渡定日示覆，以便偕往之照会，尚未得登

藻鉴。核计日期，前文兹已赍到，想

贵大臣早经内渡前来。兹因罗译官由省转回之便再寄会衔照会，即希

贵大臣行抵何处，是否仍照前约在于黄埔见面，或在黄埔以上地方，并定何日，统即照覆。本大臣等即便挂帆同往贵船会晤，恭宣

谕旨，一并叙谈。伫切望一切外，附寄浙

抚部院刘照会一件，即祈查收见覆。须至照会者

右　　照　　会

钦奉全权公使大臣男爵璞

道光二十二年十二月十六日

钦差大臣广州将军前协办大学士红带子伊，为照会事。

本大臣前经两次咨请

贵公使早期内渡，在于黄埔定日会面，恭宣

谕旨并商叙一切，想邀

青鉴。本大臣俟接有

贵大臣内渡照会，即行曾(会)同督部堂抚部院带回

黄咸两大人扬帆前进，会晤畅谈。兹接两江总督部堂寄来照会一件，专

弁赍赴

查收。希于见面后即将前后两次接准

耆督部堂照会覆文办就，仍由本大臣处加封驰(递)

两江督部堂查收。望切望切，并询

荣祉。为此照会。须至照会者

右　　照　　会

钦奉全权公使大臣男爵

道光二十二年十二月十八日

大清太子少保兵部尚书两江总督部堂宗室耆，

为照会事。照得前接

贵公使来文，申诉台湾冒功妄杀事，当经本部堂恭

折具

奏。兹钦奉

大皇帝谕旨，命闽浙督部堂怡即日渡台核实查办

奏闻请

旨等因。查

贵公使从前本有和约一成其余不难善定之语，台湾所杀英国民人系在本年五月，本在其余之列，

贵公使因虑有后患求请伸冤，并非于和好通商后又生枝节。今

大皇帝

特降谕旨查办，

贵公使可免后患之虞。从此我两国彼此永好，毫无嫌疑。现在筹改通商正当吃紧，惟有蠲除从前之事，其利正无穷极。

贵公使素重信义，谅必尽释前疑，同守善定章程

办理矣。为此照会

贵公使查照，并候

贵公使福禧靡既。须至照会者

右　　照　　会

大英钦奉全权公使大臣世袭男爵璞

道光二十二年十一月二十九日

钦差大臣广州将军前办大学士红带子伊，

钦命太子少保兵部尚书总督两广部堂祁，

为照覆事。十二月十七日接准

贵公使照会，定于十九日早间驾坐火轮船只内渡，计晚间可至省河，即在黄埔河面专候会晤，面议事件等

因前来。是当如期偕往，惟十九日乃封印

大典，本大臣本部堂衙门均有应办公事，不克如期前往，且

贵公使于晚间始抵黄埔，本大臣等亦难在城外久待。

今改于二十日早晨偕同

抚部院等乘船至黄埔地方，定于午刻会晤，恭宣谕旨，面议一切。先此照覆

贵公使查照可也。须至照会者

右　　照　　会

钦奉全权公使大臣男爵璞

道光二十二年十二月十九日

钦命太子少保兵部尚书总督两广部堂祁，

钦差大臣广州将军红带子伊，

钦命兵部侍郎巡抚广东部院梁，

会商事，照得前在江南原定和约，因英商在粤贸易，向例全归额设行商承办，嗣后不必仍照向例。凡英商赴各口贸易，勿论与何商交易，均听其便，等因在案，自应遵照办理，惟本大臣等公同体察情形，尚有应须预为筹者。缘行

商设立已久，凡各国出口之货均有行商经手转售，遇有搀杂欺骗等弊，即由经手行商保认赔偿。其各国进口之货，先运赴洋行卸载，由行商陆续发卖，所有货价均由行商按数缴还，倘有拖欠，亦惟行商是问。此与

贵国之担保会立法相等。无如经久弊生，以致无名之费日益加增，英商未免受累。今欲将旧日行商一概除去，本非难事，英商远来贸易必须与殷实熟悉之商彼此交往，方免诈骗。若舍此数家而另投不知根底之人，万一有刁诈匪徒设计诓取财物，乘间脱逃，必不免告官拿究。中国地阔人稠，缉获既属不易，且其家无多财产，或竟属赤贫，即追赔亦有名无实。虽前于善后条款内议明此等欠项，无须官为保交，在中国本无他虑，诚恐狱讼增多易生衅隙。此其可虑者一也。各国进口之货，每船所值动逾巨万，便于趸卖而难于零拆。若舍旧行而就新商，既乏宽大栈房可以居积，又乏殷实保家垫付价值。而洋货数多，势不能随时变卖，非中国散商小贩可比，必致壅积不销，有误转运。此其虑者二也。中国税饷向归行商交纳，事有会总，故偷漏尚易稽查。而走私之弊亦在所不免。今拆总为散，缉私愈难，恐税饷更易漏缺。且英国交易向用洋钱，中国收税须用纹银，多一倾镕、添一转折，估色较秤易滋争论。此其可虑者三也。本大臣等悉心筹计，拟嗣后仍准旧商与贵国公平交易，但不得存官商及公行之名，亦不必照向例何国何船之货轮归何商承办，任凭英商自行投交。

其应输税饷，应裁陋规，酌议章程，明定秆（忤）则，送

部议定，以汉文及英文详细审译刊定书册，俾两国商民永远遵守，免致行商因无明文从中侵削，去行商之名，除行商之弊，而仍用此殷实之行商，以预杜骗财停货之虞。其应纳税饷仍责成行商交纳，似与通商收税均属有济，而陋规应行裁去者，酌议裁革，行商亦无从再累各国来商，亦不虑又生流弊。相应备文照会。即烦

贵公使查照事理，饬令谙悉商务之员熟筹详议。倘事属可行，即祈见覆，以便将税饷事宜次第商办。总之，立法不难，行法为难。行之一时不难，行之经久为难。必须彼此两益、商民相安为一劳永逸。须至照会者

右　　照　　会

钦奉全权公使大臣男爵璞

道光二十二年十二月二十二日

钦命太子少保兵部尚书总督两广部堂祁，

钦差大臣广州将军红带子伊，

钦命兵部侍郎巡抚广东部院梁，

会商事。照得前在江南和约内开英国通商之广州等五处应纳进口、出口货税饷费，均宜秉公议定则例，由部颁发晓示，以便英商按例交纳等因。查各国进口、出口货物应

纳税银，本有旧例。洋行自积年以来逐渐加增，较定例多至数倍。此等杂费有事关办贡传买等项及各项公用者，亦有洋行籍名敛入己者，自应彻底查明，秉公议定，画一则例，以便咨部饬发各口遵照输纳，免致行商影射渔利，再滋弊端。本大臣等已行知粤海关转饬洋行，将各规费清查开报，诚恐尚有

隐匿遗漏，未肯扫数开出。相应照会

贵公使，请烦查照，即饬熟悉商务之员，将英商贩运出口进口各货物实在某项某费若干，查明开写清单，译出汉字，备文咨送，以便秉公核议，望速施行。须至照会者

右　　照　　会

钦奉全权公使大臣男爵璞

道光二十二年十二月二十三日

钦命太子少保兵部尚书总督两广部堂祁，

钦差大臣广州将军红带子伊，

钦命兵部侍郎巡抚广东部院梁，

禁绝商欠，预杜争端事。案照粤东洋行积欠英商货价银三百万圆，前于和约内载明官为价还，并于《善后章程》内议明嗣后如有欠项只须官为著追，

不可官为保交各等因在案。盖缘行商与英商交易，货□多价亦繁巨，镠轕不清，渐有拖欠。日积月累，遂致百万之多，先已累官代偿，以后仍须著追。是犹留商欠之名，即难除诓骗之弊，积至数年以后必致仍成巨款。此等拖欠之商，多系疲累。即使控官严追，恐亦力难措缴。甚或人亡产绝，又将从何追比？徒烦案牍，易启争端。在粤东通市已久，所宜力遏其流。而上海等处新设码头，英商到彼，人地生疏，易致被骗，犹不可不预防其弊。本大臣等悉心筹酌，拟嗣后英商与华商通市，无论何项货物，价值多寡，总以现银交易或现货兑换。公平估价□明，两俱清楚。不准分毫拖欠，致滋争讼。倘有故违定章，私程相假贷，经中国地方官及英国领事官察出，华商由地方官治罪，英商由领事官责惩，欠项罚赔充公。如此严定章程，庶远商不致再受拖欠之累，刁民亦无所售其诓骗之技，而争讼之弊可以永息。相应照会

贵公使，请烦查照，核议见覆施行。须至照会者

右　　照　　会

钦奉全权公使大臣男爵璞

道光二十二年十二月二十四日

钦命太子少保兵部尚书总督两广部堂祁，

钦差大臣广州将军红带子伊，

钦命兵部侍郎巡抚广东部院梁，

为照会预交银两事，窃本大臣前在江宁与

两江督部堂耆，

前两江督部堂牛，会同

贵公使商议合约，酌定银数内，癸卯年六月间交洋银三百万圆在案。经本大臣等

奏明，癸卯年六月所交洋银三百万圆以洋行商欠之数先为归还。兹据各洋行汇缴洋银五十万圆前来，先行专员赍送

贵公使，请烦查收，仍希

见覆施行。须至照会者

右　　照　　会

钦奉全权公使大臣男爵璞

道光二十二年十二月二十七日

大清太子少保兵部尚书总督江南江西部堂宗室耆，

为照会事。照得准

浙江抚部院刘咨，据定海厅绅士呈称，英人日与定民为仇，或罚银钱，或加鞭挞，视绅士同捕役，指良民为匪徒，放牛牧羊，沿及山谷，间日进乡传呼恐吓，控告无门，民不欲生。咨请照会

贵公使转饬在定带兵官严加约束，或竟另易其人等因到本部堂。准此，查前准

贵公使文称，嗣后华英民人彼此友睦。各住他国者，必受该国保佑身家全安。又称，英商在内地暂居者只为利益自图，如与中国商民不睦，利益从何而图？必当常行管束等情，载在条约。今驻定官兵不能与定民和睦，以致定民身家不安。

计算英国官兵驻扎定海尚需时日，若彼此不能相安，诚恐激而生事。定海孤悬海外，厅官又驻扎大榭山，一时弹压不及，别启衅端，殊失

贵公使诚心和好之美意。应请贵公使飞饬驻定带兵官严行约束英人。本部堂亦已咨会

浙江抚部院，晓谕定民，务须彼此相安，不得相仇。是为至要。为此咨会

贵公使查照，并候福禧靡既。须至照会者

右　　照　　会

大英钦奉全权公使大臣世袭男爵璞

道光二十二年十二月二十八日

大清太子少保兵部尚书两江总督部堂宗室耆，
为照会事。照得本部堂在江宁省城与
贵公使面定和约之后，吾两人倍加知心，彼此无欺，
上天鉴之。迄今已将三月，屈指
贵公使由浙闽而至粤东，此时定已到粤，与
钦差大臣广州将军伊议定税饷事宜矣。我两国从此永
远和好，诸事善定。本部堂因两江地紧要，不克亲赴粤东与
贵公使会晤面谈，不胜怀想。再前于道光二十二年十月初十日有照会

贵公使公文一件，系交
钦命浙江宁绍台道鹿转寄。又于十一月十三日有照会
贵公使公文一件，因闻
贵公使已由闽赴粤，恐中途错误，照备两分，一寄钦差大臣广州将军伊，一寄钦命闽浙总督部堂怡。分别转寄，日久未接覆文，究竟曾否递到，兹遣候升守备张攀龙前去粤东问候福禧。再本部堂于十一月二十九日又有照会一件，寄
钦差大臣广州将军伊转递，约计张攀龙到时早已收到矣。为此照会
贵公使查照。须至照会者
右　　　照　　　会

大英钦奉全权公使大臣世袭男爵璞

道光二十二年十一月二十九日

钦命太子少保兵部尚书总督两广部堂祁，
钦差大臣广州将军红带子伊，
钦命兵部侍郎巡抚广东部院梁，
照会事。照得
贵公使照会，内开粤东洋盗甚多，愿协同合力剪除等因。足征不分畛域

之意，曷胜欣慰！今将酌议各条开列于后。

一来文内开彼此各办快艇二三大只，人械俱齐，合同前往，共破一节。查

贵国船只坚原利在外洋，本省快船灵捷宜于内港，应请嗣后如虎门各炮台之内，仍由本省文武员弁自行严缉外，凡遇有外洋盗匪，由本部堂大臣饬令文武官带同兵役与贵国兵船分投巡缉。

贵国兵船如拿获强盗，即解交九龙地方官，分别转解省城办理。

一来文内开大宪调拨文武员弁到各海岛，若有各船出入给其牌据并写名号于船傍，以便查核。定于某日之后出明告示，如有船只，无论大小，若无牌据者，当以贼船论，抄封入官，并从重究等因一节。

查此一节为辨别官船真伪起见，自属周详。但水师向来捕盗多有扮商诱缉者，缘缉捕，理宜严密，正欲使盗匪不知其为师船乃易得手。若涉张扬，反令该匪得以知风逃窜。且各省商船来粤者多，势难由粤遍给船牌，其本省原给牌照中途或有遗失一时未及补给，亦难概以贼船论。贼船与官商各船其踪迹情形自有不同，临时容易辨认，应随时留心查察，可以不必另立条款。

一来文内开晓示，各人不必向贼打单一节。

查洋面盗匪横行，因而有打单之事，果能随时擒拿，商船往来无恐，打单之风不禁自绝矣。

一来文内开洋盗被擒有据者，即送大宪正法一节。查

贵国兵船无论拿获何项匪盗，或交内地文武官，或交缉匪员弁解省。饬承审官一经讯明情罪，即分别照例办理。以上各条，均照来议略加参酌，期于无弊，仍希查核办理。须至照会者

右　　照　　会

钦奉全权公使大臣男爵璞

道光二十三年正月　日

钦命太子少保兵部尚书总督两广部堂祁，

钦差大臣广州将军红带子伊，

钦命兵部侍郎巡抚广东部院梁，

照覆事。本大臣等接到

贵公使上年十一月二十二日照会一件，内列各款，均已阅悉。

除税则船钞二款现与

贵国委员和衷公商，一俟英商税费清单送到，即行秉公

议定，另文照覆外，合将其余各条先行备文照覆，希即查照核覆施行，须至照会者

一、管事等官一款

所议五处港口领事官专管税务船钞，不干涉生意一节，最为妥善。盖买卖本系商民自相交易，事甚琐屑。若官为经理不惟易滋窒碍，亦复难免弊端，今以公事归官，私事归商，亦属两便。但贸易不必官员经手，而走私透漏不得不设法稽查，应俟酌议简明章程，照会商办。

一、香港一款

所议香港不肯收税，别港带来之货由别港收税，由香港带至别港亦由别港收税一节，足征

贵公使一秉至公毫无自私之意。惟香港四面环海，舟

楫处处可通。恐有中国不肖商民，引诱英商私相交易，偷漏税饷，海关官吏无由查察，势必致税饷日形短缺，不可不预为筹及。应如何严定走私偷漏章程，两国官员互相稽察，以裕税课之处，仍由贵公使体察情形，立定条规，照会商办。

一、香港买卖一款

所议香港为洋货大栈，无论各国商人皆可安顿货物。若入口之货，经商人运往各省，其税即由各省验收，出口之货，则由各省先征饷税，然后发落。正如货落洋船无异一节，本属简而易行。惟商民良莠不齐，正不得不预防走私漏税之弊，现在另议章程，照会商办。

一、内地关津税务一款

凡出口入口各货，必须经由内地各关，其输税则例较海关尤为轻减。现

拟仍照旧例，断不致有碍流通。惟各口开关以后，闽之黑茶，浙之湖丝，皖之绿茶，豫之大黄，江西之磁器，苏杭之绸缎，势必就近往福州等口贸易，不能如以前之聚集于粤东。在英商于产地置货，价本既轻。而华商就近贩运，既省脚费又省关税，获利尤重。惟中国各关，如韶赣等处，既无各项货物经由，税额必致日减，不得不以各海口之赢余补内地之亏缺。至所有各则例，均在各关存贮，俟调取到日摘录送阅。

一、香港居民一款

香港居民既与各国商人杂处，难保不滋事端。设或有犯，即系轻罪，仍须送至九龙地方汉官惩办，更为妥善。缘粤民风气强悍，最易恃众逞力，倘英官遽加责惩，难保无顽抗

不遵，转非因地制宜之道。现即拟于九龙地方移驻巡检一员，以便钤束华民，就近审理。此系为贵官预筹善办之法，并非别有意见。

右　照　会

钦奉全权公使大臣男爵璞

道光二十二年正月　日

大清太子少保兵部尚书总督江南江西部堂宗室耆，为照覆书。顷接

贵公使来文，内称

钦差大臣广州将军伊因病出缺，

贵公使拟俟麻恭回粤，即赴上海或宁波，与本部堂会晤，商定诸事，早得妥当，即在江南颁发等情，具见

贵公使诚心和好，本部堂不胜喜悦。但一切税饷卷据俱在广东，本部堂未曾查核，经手查办之

钦命江苏按察司黄、侍卫咸亦未回江。

天朝定例，

钦命大臣如须他往，必得恭候

谕旨遵行，不敢自主，且除水师官兵应出洋巡防外，其余

钦命大臣凡有陆路及内河可通者，均不准冒险出洋，乃是大皇帝爱惜臣工的美意。此事若非黄、咸两位大人与本部堂暨贵公使三面会晤，难以定局。而黄、咸两位大人若欲折回江南，必得奏明请旨，由内地行走辗转担延，又长途跋涉，约计总得三个月之久，

方能聚在一处。有劳

贵公使来江守候，本部堂心既不安，且因之欲速及迟，耽误英国商人买卖，本部堂更所不忍。况

钦命两广总部堂祁

奏报

钦差大臣伊出缺之折，计算日期早已到京，一两日之内必当奉有大皇帝谕旨。倘蒙

谕令本部堂赴粤，本部堂必当兼程行走，四月初旬即可与贵公使在粤会晤，定议开市。即奉

简派别位大臣，亦不过四月中旬，即可以到彼。本部堂系原议之人，不能置身事外，仍应和同会商，与

钦差大臣广州将军伊在日，并无二致。本部堂已将

贵公使之意，奏明

大皇帝矣。

贵公使幸弗稍有疑虑，在粤静候数日为要。相应照覆贵公使查照，并候

福禧靡既。须至照会者

右　　照　　会

大英钦奉全权公使大臣世袭男爵璞

道光二十三年三月初一日

大清太子少保兵部尚书两江总督部堂宗室耆，为照覆事。照得本部堂按准

贵公使于

道光二十二年十二月十九日自粤省所发来文一件,知贵公使已与钦差大臣伊,

钦命两广总督部堂祁,

钦命广东巡抚部院梁,会晤筹议通商税则章程,

其台湾杀戮英人一案,

贵公使在江南时并未闻知,非于和好后另生枝节,亦不便因此介怀,并称自来粤至今,未尝一刻不以和好为念等情,具见

贵公使明白诚信,坚持和约。现在台湾之事,已奉大皇帝特派大员渡台湾查办,更征我天朝皇帝大公无我,曲示怀柔,不肯因杀戮在先,和约在后,置之不问。凡属英国官商必当顶戴鸿恩,中心诚服,消除前日之嫌疑,永敦将来之和好矣。现在又准

钦命浙江巡抚部院刘咨,准

贵公使文称,由定海派委都司官祺烈带领吐吇呤哔啰哒小船一只,由宁波菲山海岛直至香港,测探沿海沙水,意在改正洋图,以便商船来往,并无别心,不必猜疑等情。查粤闽江浙洋面,水势深浅不一,沙礁林立,商船重笨,自应测定海道,以保无虞,但中国海道愈至内洋,水势愈浅,沙礁愈多,舟行每多阻碍,将来英国商船比来,断不能常用火轮船引带,亦难常雇中国渔船引水,致多靡费。本部堂之意不若由深水外洋行使之为稳当。此非本部堂心存疑虑,欲令英国商船不近内洋只,因我两国既经和好,即当彼此相顾,确有所见不得不推诚相告。

贵公使素称解事,英国水手亦非不谙水性者,想不以本部之言为谬也。如将来英国货船由何洋往来,先行照会,以便通饬沿海营县遵照。再查上年十二月初六日浙江石浦地方有未氏碧得已士二船,忽称前往福建、广东,忽称前往福州、登州,本部堂当恐石浦同知因言语不通,致有舛错,即经咨会

钦差大臣伊,向

贵公使查询在案。又本年正月初九日江苏川沙洋面有两桅船,一只从南驶来,本部堂正在派员查问间,即于十一日望南驶去,是否即系祺烈所带之

船。以后定海船只往来鼓浪香港二处，并不向沿海地方买取食物者，应听其便。如须经由内洋买取食物，务必

由驻定带兵官知会宁绍台道，飞行沿海知照，以免猜疑。总之，广东税饷事宜早定一日，则各处买卖亦可早开一日，买卖既开，英国商船即可北至上海，南至香港，通行无碍，即如前有咪唎、佛兰西二船停泊定海，本部堂明知其意不过等候

贵公使定议通商，而愚民无知妄事警疑，以为不知其来意何居，现在虽据报已南去，究不知其已来回粤。设于中途另生枝节，谁能为之辨别并非英国船只。本部堂别无他虑，唯恐沿海居民夜长梦多，固结不解，于英国通商事宜殊有关碍。为此照会贵公使查照，并候福禧。须至照会者

右　　照　　会

大英钦奉全权公使大臣世袭男爵璞

道光二十三年正月二十四日

后 记

时间过得真快。2019 年将至，而自己一直行走匆忙。记得 2011 年年底，自己从威斯敏斯特（或译作西敏寺）大学收拾完研究材料匆匆翻过哈罗山，再到西哈罗，沿途一人虽觉凄清，但不列颠已处节庆之中，毕竟圣诞就要到了。若有中国旧历新年作参照，极易理解英国人花很大心思装饰圣诞树的劲头。当时脑海中闪过立于哈罗山头的一瞬，其时举目四望，山脚万家灯火在清冷的空气中悲伤而失望地眨眼，至少在我看来如此。

行色匆匆，自己度过异国他乡的难得求知境遇；走过山水，一段一个人品尝孤寂的日子。彼时彼地，面对自己四十岁的总结，人生剩下的就是责任，重压之下大多寄情学术。而在不列颠图书馆查获大量珍稀文献，或能开启人生另一种学术面向？

一

本书考释的珍稀文献大多源自不列颠图书馆。不列颠图书馆原为不列颠博物馆的一部分。1974 年博物馆与图书馆虽已分家，但文物、文献区分及共通，似有难以分家之处。2011 年 9 月笔者抵英后，随即参观不列颠博物馆，其时博物馆正有专题展览，展品若钱币、钟表，呈现出商品及科学的力量。

所展钟表序列从老式到现代，从侧面折射人类对时间维度的界定与把握。或有了时间的维度，人类的空间维度才得以支撑，人类的视野才得以立体。从展览介绍来看，所涉钟表大致有共通的原理。博物馆藏品丰富，触发我诸多的联想，如英国人类学之发达乃至对世界历史整体上的把握，从近代严复翻译的英国学术论著即可窥见一斑。而就社会科学而言，博物馆、图书馆在学养上提供的“见多识广”或决定了他们学科探索的深度与广度。

不列颠博物馆馆藏宏富，虽然参观由一开始兴致勃勃的聚精会神较变到很累，但很有感触，华人的主要兴趣多在中国馆，里面基本上是中国文化的精品，部分源自敦煌及圆明园。中国馆正厅有敦煌壁画，还供奉儒释道的代表人物。此亦见西方文化界对中国历史的解读。管理员说展览只是馆藏的十分之一，可见藏量之丰富，过目的每一件展品都是艺术家或工匠耗费心血的艺术精品，若要研究藏品历史蕴涵，可以预约特定时间看材料。由此可见博物馆的开放性以及学术研究的功能。

鉴于不列颠博物馆、图书馆可提供研究的便利，笔者在英国访学的日子除在威斯敏斯特大学传媒艺术与设计学院、伦敦大学亚非学院等听课外，也基本上按照科研计划呆在不列颠图书馆。每天早上九点后从西哈罗住所出发，下午五点半后离开图书馆，傍晚多以散步伦敦街头小巷的形式打发时光，以避开乘地铁的高峰期。逗留期间，一般是欣赏市府景致，诸如浏览 ST. Pancras International 周围漂亮的哥特式建筑。不列颠图书馆建筑风格朴实无华，其隔壁建筑就是 KING'S CROSS RAILWAY STATION，具有浓郁的欧洲风情，是伦敦通向巴黎的跨越英吉利海峡的地下列车的重要起点所在。KING'S CROSS 系四通八达的中转站台（The Meeting Place State at St Pancras），中转站台有一非常高大的雕像，系面对火车即将启程，一对男女即将分别的情形：拥抱又要松手，女性热烈而又眷恋，刻画的用力程度从一只踮起的高跟鞋即可见。整个雕塑充满动感，展现出青春飞扬的意蕴。而奠基石雕刻让人惊叹，图形或描绘或隐喻：日常生活中的情感分离或类似世界大战中开赴前线的生死离别。连接伦敦与巴黎的火车即将出发，人们即将分离。

是卿卿我我的战争分离，还是因日常谋生颠沛流离而伤悲？因为火车即将远离，还是缘于近处离愁别绪的“你我”？是山间隧道的遥远，还是人生的无常乃至无奈，更是出没尘世有莫名的忧伤？观感或是如此，至少伤感的我有如此感喟。傍晚时分，雕饰的周边是华灯初上的车站，临别惆怅是熙熙攘攘游人即将散去的诗歌，也是咖啡店飘逸的浓浓香味无序地在夜幕即至的星空暗自弥漫。人生没有不散的筵席，离去是永远的主题。两次世界大战后平和的时光记载着战争的永远残酷，创伤源自肉体或心灵？笔者日记涂抹这些时光的碎片，偶有怀旧的情绪。2011 年 10 月 15 日，笔者于图书馆关门后逗留于 KING'S ACROSS RAILWAY STATION，时有欧美“金发碧眼”刻意模仿雕塑恋人离别的情怀并拍照。雕塑与“临摹”呈现的是历史与现实的比照，“此时此刻”的固化与“彼时彼刻”的鲜活，相映成趣。我又仔细观察了雕塑中神态各异的思考者，或为形形色色的芸芸众生，或为举重若轻的盖世人杰，或为生路或为将来？雕塑有一特大写意的“眼镜”，呈现的社会镜像或系深浸于读书或系复杂的凝思？镜片上多重叠加的“镜像”折射出旅途的千姿百态。所以交代这些，意在呈现海洋军舰造型的不列颠图书馆不仅是文献资料的储存及其阅览所在，更是 ST. Pancras International 的几何图像叠加，立体展示知识海洋开拓国民精神的空间形塑。

精神形塑在实体空间的设计别具匠心：不列颠图书馆拟航空母舰的底座，而隔壁 KING'S ACROSS RAILWAY STATION 象形军舰主机及雷达等建筑。建筑图像的叠加取景于视觉错位：要有距离，两者要联系起来，才有空间意义上远近重叠而产生的重影。图书馆广场上陷入凝思的牛顿雕塑，守望的仍是知识帝国海上颠仆的风光？不列颠图书馆的座右铭是 NOTHING IN LIFE IS TO BE FEARED, IT IS ONLY TO BE UNDERSTOOD（笔者译文：世事无可畏惧，关键先知。“先知”当与知识积累密切关联）。

笔者往不列颠图书馆查资料时，正值世界性金融危机及欧洲经济不景气波及各行各业。不列颠图书馆也不例外，而学术类型的图书馆关系国家的智力支撑，文献典籍对民智开掘的价值与意义不言而喻。古今中外，概莫能外。

自发现珍稀文献始，笔者大多时光都用在图书馆辑录资料。一些珍稀资料涉及清代嘉兴军防等，材料源自鸦片战争期间英国国防部门等。从这些材料可见鸦片战争前后中方部分军用马匹刚调拨到位，就倒地而亡，由此可见清朝地方政府腐败；一知县押送钱粮，竟要过 12 道以上关卡，又可见官僚到什么程度。诸如此类，可见清王朝国家机器锈迹斑斑。材料所涉历史语境重构与鸦片战前的中英外交策略是什么关系？两次鸦片战争中方战败，“弱国无外交”。这些文献很能说明问题。将这些材料整理并考辨，对重新认识与反思中国近代史以屈辱姿态开端的原委颇有帮助。至少有如下印象：英方国防部及军方对清帝国了解细致入微，从双方来往文书文本的话语到外交思想上的迂回策略，从军用马匹到军用地图中战舰的布置，从政治经济上相关珍稀文献涉及中国的政治制度乃至盐类等制度运作，等等。总之，通过这些珍稀文献可见英国对中国的了解是多方位、多层次的。此大多是阅读文献的随感。

查找诸如此类的珍稀资料有时靠运气，大多靠持之以恒地下功夫。而笔者一直梦想又时常疑惑伦敦访学的日子能否在珍稀手稿本等文献的发掘上大有收获。想来也是，大英帝国毕竟是工业革命语境下的世界中心，在亚当·斯密经济学意义上资本与商品乃至攫取剩余价值的利益驱动下，四处开疆拓土，战利品中亦有意或顺带得到很多珍稀文物文献，且保存得很好。结果亚洲等一些国家要准确把握与定位自己的历史，一些关键性的资料竟只能到不列颠图书馆等查看。图书馆珍稀文献甚多，自己只是辑录所需要的绝大部分。历史上一个国家的强弱甚至关系到珍稀文献的占有程度，想想真是令历史学者心寒。文献当然不能随意复印，否则怎么能称得上珍稀？从这种角度来看，不列颠图书馆等确实做得很好。

二

查找资料，考释文献，无疑需要时间与精力。这些年随着生活及社会关系的运转乃至职业需求，笔者做的题目涉及领域越来越多。一方面缘于自己在新闻传播学领域谋生，在所任教的大学里面开一些媒介文化、媒介政治甚至是新媒体等诸如此类的课程属情理之中，备课要花去大量的时间阅读英美等国的学术资料等；另一方面，从海外搜录有关珍稀资料要整理与考释，内容涉及近代社会的方方面面，要多方面的知识与理论。这也需要积累。严复在劝导弟子熊纯如的信函中称，年纪大了且身体不好，而刻苦用功、出成果要在年富力强之时。笔者研读此函，心里很有触动。在现实生活中，王庆成老师在我从英国访学回国时曾来电子邮件交代：此时此刻最重要的就是拿出代表性成果，其次做事要认真、踏实。王老师人在美国，我虽常给他写电子邮件，汇报自己的研究状况与生活状况，可惜少有机会见面。而 2018 年 8 月 9 日，我知道，自己终究要接受一个事实：老师在相隔十多个时区的国度去世了，一个睿智的大脑停止了思想。时下学界讨论，新中国成立后史学存在实证意义上的史料派与史观派之争，但若要衡量一方是否出彩，终要看其是否有论著传世。老师在世时，亦说过：论著大多是时代的产物，但一些论著若在 50 年之后仍被提及或细读，当属经时光的检阅而传世。若从科学层面衡量老师的史学论著，老师的眼光与实证功夫无疑是一流的；每次检阅老师给我的邮件，都让我精神愉悦。老师信件远远超越私人交往的范畴，字里行间呈现的是一个爱国知识分子希望用自己的智慧为国家乃至民族踏实做事的情怀。但老师真的不在了，我现在若写邮件将永远得不到回复。在悲伤中，我不断安慰自己，老师走了，但老师考释不列颠图书馆所藏珍稀文献等的学术遗产呈现的睿智及科学精神将继续影响后来者，尤其是仍在旅途的我。

自伦敦访学归来，假期所做的事情就是广泛阅读材料。由于研究历史要记忆的太多，笔者在现实生活中常常忘事，偶然上街，回来时常常面对日新月异的城市布局而迷失回家的路。研究资料涉及的人与事却常过目不忘。亲朋好友常提及此，自己苦笑不已。可能看资料过于投入，晚上有时梦见自己与历史人物对话。学术与生活融合，情不由己。研读文献涉及内部文件或文集，还有书信等。在写作过程中，参考的书籍繁多，为了使用方便，短期不再整理与归类，任凭它们躺在书房的地板上，一片狼藉。随着研究的推进及其购书的增多，笔者在书房活动的空间越来越小，找书耗时越来越多。而在研读珍稀文献时，情感与理智亦遭受冲击，从英国搜集来的文献多为鸦片战争乃至义和团运动及八国联军侵华期间的军情类资料，阅读时尤其触目惊心。文献录载历史艰辛，也反映落伍时代的近代国家在“物竞天择、适者生存”丛林法则下只有“寻求富强”这一条路可走，剩下的就是为了达到目的的政体。相关的思想、制度及其理念当放在这一尺度下衡量。面对近代历史上血的教训，除了考察亚当·斯密所代表的古典经济学近代转向及其对中国的启示外，更需从民族国家的层面探讨社会的重建。近代的中国多灾多难，希望经历挫折与历史风雨后的祖国能变得更加强大。

三

回首6年前伦敦访学及查找文献的日子，无疑是一种过往与经验。在不列颠图书馆也常遇到一些英国及其历史上属地名门望族的后代来图书馆查资料，意在明了家族的历史。

相比之下，笔者就读英语专业时从来没有想过有一天能到不列颠。英国是遥不可及的，高中英语学得好可以顺利地通过大学入学考试，这是人生中非常关键的动作而已；自己更没有想到有机会坐在不列颠图书馆里安静地辑录有关中国近代的珍稀文献。大英帝国曾是全球意义上的统治者，世界的重要文献精品汇聚这里。后人若要了解本国如唐代敦煌边塞文献及近代太平天国及两次鸦片战争等战况，往往要到英国才能找到真正的核心文献。在图书馆通过稿本的调阅，笔者强烈地感触到大清帝国的昔日余威与荣光。这里有清帝国的满文，有金粉制成的书籍，有各式各样反映北京或上海等地的社会文化的栩栩如生的图画。藏在图书馆的珍稀卷宗级别很高，多是中国文化的精品，从敦煌的文献可见，从《永乐大典》的部分存本可见。图书馆亚非图书室或阅览室围墙基本上挂的是东印度公司时期的绘画精品，还有生动鲜活的雕饰，多系世界各地的精品，多属战利品，当然也有赠送的或购买的。图书馆手稿复制价格及审批手续让笔者望而生畏，亦心起感喟，倘要看原本就要不远万里来到这里。

笔者没有想到自己会有机会在不列颠图书馆静静地坐着，在这里翻阅尘封百年及以上的第一手文献。少年时幻想过离开乡土，不再重复父母的生活，对于未来竟曾想过做文字训诂，但从来没有想有机会思考与阅读有关国运的诸多珍稀文献，并有时光打量民族兴衰荣辱的过往。

英国藏有大量鸦片战争期间的往来照会及其文件，而向达、王重民等作为图书馆交换人员在查找近代史资料时受英方限制，并未获得阅读广泛资料的机会，这从《鸦片战争资料》的史料汇编中可见一斑。向、王二先生的精力集中在敦煌文献的收集与抄录整理上。1984 年春，王庆成虽也在英国查资料，但时间很短，约 40 天，后公布了一些珍稀史料并考释，后辑成专著，但集中于太平天国资料的收集。后来虽陆续有中国人到英国查资料，但大多注意英国的国家档案馆有关中英外交的胶卷等，实际上不列颠图书馆藏有大量的中国稿本文献。第一手资料显然是历史重建及其解读的关键。考察近代中英关系史可以从外交或文化等层面解读。就逻辑而言，讨论近代中英关系，就要进行比较，明白事实与现象反差背后的学理等。

相比较而言，近代英国系工业文明的中心，国民多有全球视野，而清代中国是东方农耕文明的核心地带，朝野仍处在天朝大国的虚幻想象中。双方有不同的社会秩序及其学理支撑，进化论与循环论就是鲜明的对比。这些资料呈现的两次鸦片战争乃至八国联军侵华时期中国社会转向及其镜像十分关键。此涉及承载中国传统文化的道统、经世之学的政统在面对西学东渐时代语境中传统性或现代性抉择的两难。在遭遇西方挑战之前，清前期乃至中期虽不时有思想的异端产生，但传统与政统总体和谐。列强的坚船利炮改变了这些。

作为史学研究，现在看这些手稿本与中国档案公布的文献有共通之处，但在当时作为军情材料等显然有典型性。有限的珍稀文献展现的是整体意义上清末帝国遭遇弱肉强食的丛林法则意义上时代的真实。这里一个重要的问题是，这些呈现历史真相的材料是从什么地方来的，又如何进入图书馆并成为珍稀文献？当然，如果没有小马礼逊等搜获这些材料，鸦片战争英军战胜可能就没有那么神速。以往学界将中方在两次鸦片战争中失败的原因归结为愚蠢、狂妄自大等，并没有多少学者从珍稀文献所涉军机层面考察中英未战之前英方人员对情报的搜集，以及由此导致的开战之后中方所处的被动局面。而对鸦片战争前后的英国而言，这些珍稀文献往往非常典型地展示了大清帝国浮夸而又虚荣的时代图景。简言之，历史与时代、真实与虚妄在这些珍稀文本中交汇。就学理探索而言，这些资料可以作文本分析，显示事件发展的逻辑。就探究历史真相而言，珍稀文献考释涉及两次鸦片战争乃至八国联军侵华的历史进程，又彰显应对语境中晚清政治要人的得失成败及其经验反省。

自英访学告一段落，为了推进对不列颠图书馆辑录的珍稀文献研究，笔者为此举办了两次全国性的“文献传播与历史研究”学术研讨会，并在《史学月刊》《安徽史学》等刊物上发表了两组成系列的学术笔谈，相关成果得到相关专家的指正。相比主要功夫集中于这些珍稀文献考释而言，校勘及其审读工作亦花费了我相当多的精力，也得到了诸多师友的指点。部分成果刊发后，亦多为中国人民大学复印报刊资料《历史学》《中国近代史》转载，而《高等学校文科学术文摘》亦部分转载。在此感谢学术界的关注。特别是安徽大学学报编辑部的张朝胜老师和安徽大学出版社李加凯同志及匿名审稿专家，为书稿审读及编校等付出诸多心力，特致谢意。